领孩子走进世界名校

HE WAY TO THE WORLD FAMOUS UNIVERSITIES

12位成功学子背后的故事

霍长和　臧娜　著

辽宁教育出版社

图书在版编目（CIP）数据

领孩子走进世界名校：12位成功学子背后的故事/霍长和，臧娜著. —沈阳：辽宁教育出版社，2007.9（2014.1重印）
ISBN 978-7-5382-8046-3

Ⅰ. 领… Ⅱ. ①霍…②臧 Ⅲ. 家庭教育—经验 Ⅳ. G78

中国版本图书馆CIP数据核字（2007）第135829号

辽宁教育出版社出版、发行
（沈阳市和平区十一纬路25号　邮政编码110003）
沈阳航空发动机研究所印刷厂印刷

开本：880毫米×1230毫米　1/32　字数：200千字　印张：7.25
2007年9月第1版　2014年1月第16次印刷

责任编辑：李文山　徐　悦　责任校对：马　慧
装帧设计：吴光前

ISBN 978-7-5382-8046-3

定价：20.00元

作者的话

如果你在繁华的现代都市街头，随便问一个普通的中国人（这个人具有一定的文化知识），有没有听说过“哈佛”“牛津”“剑桥”“耶鲁”“斯坦福”等大学？回答无疑是肯定的，因为这些学校太有名了。如果你进而问道：你身边的人有在那里就读的吗？回答则大多是否定的，因为能进入这些世界顶级名校的中国学子，毕竟凤毛麟角。

本书的12位青年学子，就分别就读于上述学校。

他们是怎样的人？

他们有着怎样的成长经历？

父母在他们的成长过程中起到了怎样的作用？

这些，是许多望子成龙、望女成凤又不得其门而入的家长渴望了解的。

我们相信，上述问题，在本书讲述的12位学子的成长故事中，可以找到满意的答案。不过，有一点我们应该提醒广大家长朋友：他人的成功经验可以学习和借鉴，但成功没有模式。即是说，别人那样做获得了成功，你照葫芦画瓢却未必收到同样的效果。因为，一个孩子的成长，要受到家庭、社会、学校、自身条件等各方面因素的制约，而每个孩子面对的上述各种因素是不尽相同的。

那么，期望在子女教育上有所作为的家长朋友们应该怎么办？

作为本书的作者，对此，我们也开不出万灵药方。不过，我们倒可以将培养12位优秀学子的家长的成功经验作一点归纳，将其要点介绍给大家。如果说在子女教育上“条条道路通罗马”，那么，这些“要点”，可谓之“此条道路最便捷”。

这些要点是：

- 子女教育，要从父母抓起。
- 要把子女教育当做一项事业来做。
- 要帮助孩子从小养成良好的生活、学习习惯。

- 要培养孩子的计划性，按计划行事的能力极为重要。
- 好孩子是“忽悠”（即鼓励）出来的。
- 要培养孩子具有宽阔的胸怀和坚强的意志。
- 要尊重孩子的良好兴趣，以及在求学、就业等方面的正确选择。
- 要树立平等观念，面对孩子，既是家长，又是朋友。

目录

CONTENTS

哈佛大学、耶鲁大学、斯坦福大学、剑桥大学、牛津大学、东京大学、京都大学……24位家长为您讲述12位考入世界名校的中国学子的成长历程，共同探索高素质人才的成长轨迹。

李天舒的成长之路 001

李天舒，男，1984年7月2日生人。

2003年荣获东北育才“大友太郎奖学金”，于当年10月赴日本留学。

2004年3月考入日本东京大学经济学部。

2006年4月荣获美国国际教育协会授予的“高盛全球百名青年领袖”称号。

机会总是留给有准备的人 025

苏小恬，女，1988年11月生人。

2000年通过中央音乐学院校外音乐水平等级考试钢琴八级；2002年通过业余钢琴十级；2006年通过国际日语能力测试一级。

2005年5月作为中国高中生代表参加“中国百名高中生第七次访日”活动，被选为中央电视台特约记者；2005年7月代表辽宁省参加在北京举行的中华学联第二十四次代表大会，并受到胡锦涛主席、温家宝总理等党和国家领导人的亲切接见。

2006年12月被耶鲁大学提前录取，并获得每年51 182美元的全额奖学金。

家庭教育的目的——让孩子尽早不再需要家庭教育 050

张恺元，男，1984年10月生人。

2001年，赴香港参加全国数学奥林匹克竞赛，获金牌，同时获得“陈省身杯”数学奥林匹克竞赛团体冠军，并因此取得了保送名牌大学的资格，北大、清华等国内名校可任选，他最终选择了北京大学数学科学学院。

2005 年初，先后收到美国五所世界顶尖大学的全奖博士研究生录取通知书，最终进入斯坦福大学数学系应用数学专业攻读博士学位。

家庭教育考验父母的智慧 071

潘睿，女，1985 年 2 月 22 日生人。

2003 年荣获东北育才“大友太郎奖学金”，于当年 10 月赴日本留学。

在东京 ABK 语言学校学习半年，现就读于日本东京大学工学部系统创成专业。

爱他，就让他飞 088

孙摩西，男，1986 年 7 月生人。

2004 年，在首届全国中学生英语写作大赛中获得二等奖。2004 年赴英国学习 A-level 课程（英国中学高级水平考试），获得全 A 的成绩。

2006 年考入剑桥大学三一学院（Trinity College）数学专业（Mathematics），并获全额奖学金。

从小对孩子苛刻点儿 107

张硕，女，1983 年 7 月生人。

2003 年 3 月考入日本京都大学。

2007 年 4 月考取日本京都大学材料工学专业研究生。

2003 年 7 月获井深大（索尼创始人）奖学金。2005 年 4 月荣获美国国际教育协会授予的“高盛全球百名青年领袖”称号。2007 年 4 月获伊藤国际教育财团奖学金。

投资教育，花多少钱都值 120

邢振铎，男，1985 年 8 月生人。

1998 年考入东北育才学校六年制班。2001 年作为交流学生前往美国华盛顿州进行为期半年的学习交流。2002 年赴英国曼城曼彻斯特语法学院（Manchester Grammar School）留学，该学校排名英国高中前五名。2003 年成功通过牛津大学面试，获得有条件录取通知书。2004 年考入牛津大学数学与统计专业，四年本硕连读。

让孩子选择一条适合自己的路 141

李沫思，女，1987 年 6 月生人。

1998 年 11 月，以小学生身份参加沈阳市人民政府举办的“沈阳市第三届外语大赛”，进入决赛，并获得外语大赛特别奖。

2004 年 12 月，发明“便携可调式微型静音耳塞”，获得国家专利。

2005 年 9 月，出版处女作《没人替我们成长》。

2005 年 12 月，被耶鲁大学提前录取，并获得每年 46 000 美元的全额奖学金。

给孩子生活的动力和热情 164

王岭，男，1981 年 6 月生人。

2000 年荣获东北育才“大友太郎奖学金”，于当年 10 月赴日本留学。

2001 年 3 月考入日本东京大学法学部。

2005 年考入东京大学法科大学院。

2007 年 3 月法务博士毕业后备考日本律师资格考试，到目前为止还鲜有中国人通过这一考试。

2003 年 4 月荣获美国国际教育协会授予的“高盛全球百名青年领袖”称号。

世界上最难攀越的山，其实是自己 181

丛林，男，1985 年 2 月生人。

2000 年获新加坡中华总商会和教育部提供的全额奖学金，赴新加坡华侨中学留学。

2002 年考入新加坡华中初级学院。

2004 年参加英国中学高级水平考试(A-level)获得满分全优的成绩。

2005 年考入哈佛大学，并获得每年 46 850 美元的全额奖学金。

从“青苹果”到“红苹果” 196

高尚，男，1982 年生人。

1995 年考入东北育才学校优才教育实验班日语特长班。

2001 年 10 月赴日本留学。

在日本关西语言学院学习半年，现就读于东京医科齿科大学齿学部，毕业实习阶段。

朱蓓蓓，女，1983年生人。

1995年考入东北育才学校优才教育实验班日语特长班。

2001年10月赴日本留学。

在日本关西语言学院学习半年，2002年考入东京大学经济学部经营学科。现就职于日本三菱商事。

2006年世界大学排名前十名简介 215

2006年世界大学排行榜100强 219

后记 223

李天舒的成长之路

小档案：

李天舒，男，1984年7月2日生人。

1991年入沈阳市和平区光荣二校读小学。1997年考入东北育才学校优才教育实验班日语特长班。2003年荣获东北育才“大友太郎奖学金”，于当年10月赴日本留学。

2004年3月考入日本东京大学经济学部。曾参与组织中日韩三国大学生商业设计大赛、支援柬埔寨初等教育的NPO团体的筹款活动等，并先后参加了赴越南和韩国的学术考察活动。

2006年4月荣获美国国际教育协会授予的“高盛全球百名青年领袖”称号。

三分钟敲开东京大学之门

2004年9月22日，沈阳晚报用半版的篇幅刊载了记者鲍佳禾所写题为《沈阳小子，三分钟敲开东京大学之门》的文章，披露了李天舒报考东京大学的全过程。一夜之间，这个默默无闻的高中生，成了沈阳市民街谈巷议的新闻人物。

据有关权威部门统计显示，东京大学在2006年世界百名大学排行榜上名列第14位。作为世界名牌大学，它的留学生入学考试十分严格。初试前，所有报名者需过一遍“筛子”，即选送个人材料，材料内容包括：留学生统一考试成绩，托福成绩、高中三年的成绩以及一份报名表，还有一份原高中学校用日语或英语写的推荐书。在报名表上，还需注明考生所在班级的人数和排名。许多考生在这一关就被淘汰。

在日本留学生统一考试中，李天舒表现得十分出色：日语327分(满分400)，数学考了满分（满分是200分，日本的考试在计分时要参考试卷的难易系数，那次考试的题目在参考了难易系数后，满分为190分)，综合科目189分（满分200)。由于他的数学和综合科目在当年的所有考生中是最高分，高中三年的成绩一直名列前三名，于是顺利闯过第一关，进入复试。

复试分为笔试和面试。笔试需写两篇小短文，一篇用日语写，另一篇用任意语言写。

笔试没有遇到任何障碍。

真正的考验在面试。

一般面试，总是考官与考生做一问一答的交流。东京大学的面试，方式有些奇怪：向你提出一连串问题，并且要求你在三分钟内不间断地做出回答。

好在有备而来，李天舒答得还算流畅。

“你在大学里想学些什么东西?”李天舒话音刚落，面试官抛出了这样一个问题。

“我对东亚地区中、日、韩经济统合以及中国国企改革这两个问题很有兴趣。”李天舒从容应对。

面试官对这个回答似乎不太满意，他又步步紧逼：“我们研究所里已经有很多中国人研究这个问题了，为什么你们都对这两个问题感兴趣?”

如果说刚才看到面试官不动声色的表情，李天舒还多少有一点紧张，那么，现在他紧绷着的那根弦，松了下来——他明白面试官问题背后的真正含义了。他不假思索地说：“我要研究它绝非因其热门，而是这两个问题关系到吾之国计民生，亟待解决。”

面试官的脸上第一次有了一点笑意。“那你都作了哪些准备?”

“我曾读过诺贝尔经济学奖获得者——印度经济学家Amartya K Sen的《贫困的克服》，这是一本关于开发经济学的著作。”

说完这话，李天舒不等面试官发问，又接着说：“我希望能成为国际公务员，为世界上贫困国家的人们贡献自己的力量。”

李天舒注意到，听了他这句话，面试官显得十分激动。

李天舒一共报考了三所日本大学，除东京大学外，还有京都大学和一桥大学。2004年2月至3月间，这三所大学都给他发来了录取通知书。他选择了东京大学。

神秘的"胎教"

李天舒的父亲名叫李振勇，现为沈阳晚报副主编。由于儿子的成功，常有人向李振勇请教如何培养孩子。2007年2月8日下午，笔者也把这一问题抛给了他。

我们对孩子的教育没有别人那样精心地设计，但是我们也确实是很用心。依我看，孩子的教育应该是从小就开始，甚至是从零岁就开始的。用我跟我们报社的小青年说的话，是应该从你们搞对象时就开始的。可能在找对象的时候，你就应该有这么个思想准备，找个什么样的对象，将来要培养一个什么样的孩子，对自己的未来有个设计。

20世纪80年代还不像现在这样很明确地讲胎教，讲早期教育，讲怎么给孩子进行智力启蒙，那时候刚刚开始有这种观念。反正我们夫妻是从一开始就挺关注这事儿的。有人问，胎教有没有用？我也说不好有没有用，但我可以举我家的例子。

我妻子刚怀上这个孩子的时候，我就给这个腹中胎儿起个小名，叫"大闯"，虽然还不知道男孩女孩。为什么起这么个名字呢？那时候刚结婚，也没想要孩子，但是就有了，就是说，他是"闯"进来的。后来上医院去检查，医生说这孩子胎音特别好，心跳特别有劲。我也希望这孩子长大以后要更勇敢，更有闯劲儿。所以就给他起了这么个小名。

从那时起，我们夫妻就尝试着跟腹中的胎儿沟通，尤其后来有一些胎动了，我就经常像逗小孩似的边叫着小名边逗一逗。那么这个尝试到底有没有效果？孩子出生的时候，有这么个事，挺有趣的。

我爱人的妹妹在沈阳市红十字会医院当护士，孩子当时是在她那个医院出生的。那时医院有规定，刚出生的孩子，三天之内不让看，就放到婴儿室里。我这不内部有人么，孩子的老姨就把孩子抱到产房门口让我这刚当上爸爸的先睹为快。当时，孩子正紧闭着眼睛在睡觉。我就叫了两声"大闯！大闯！"我看得很清楚，我一召唤，那孩子眼睛刷地就睁开了，我说："睁眼睛了，睁眼睛了。"他老姨当时光顾看我表情了，等她看的时候，孩子眼睛又闭上了。她说："你净瞎扯，刚出生的孩子，眼睛哪能睁开？你太激动了，神经作用吧！"我说："不是，我一叫他真睁眼睛了。"这个小老姨就是不相信。第二天我弟弟到医院来了，孩子的老姨又把孩子从婴儿室里抱出来，这次是抱到病房里。大家围成一圈看孩子，孩子还是紧闭着眼睛在睡觉。我说，昨天的事儿你们不信，我再叫一下你们看看。我一叫："大闯！大闯！"嘿！孩子的眼睛刷地一下，又睁开了。这次大家都看见了，也都信服了。所以，你说胎教有没有用？我看，起码对这个名字，对这个声音孩子是有反应的。

我觉得做父母应该是做有准备的父母，从一开始就得精心地做。那时候已经有胎教音乐了。这东西有没有效果，究竟能有多大效果，我不是专业研究人员，不好说。但我理解应该有效果——要是听音乐，孩子的母亲心情舒畅，胎儿在她腹中也应是心情舒畅的。

还有就是母乳喂养。

我和我们报社的小青年说，培养孩子不一定要费多大劲，但有一些事是必须做的。比如说自然分娩对孩子有好处，母乳喂养对孩子有好处。从小没有母乳，喝牛奶也行，但是孩子可能就缺了这么一课，孩子的身体是长起来了，但是心理上的抚慰可能就缺乏。一说到孩子的成长，很多人只知道学习、补课，其实有很多东西从根上就已经做下了。我们的孩子从小就不爱哭，总是乐呵呵的，不任性，什么事情，只要你把道理讲清楚，他就听你的。为什么？可能与母乳喂养有关系。我家这个孩子吃妈妈的奶一直吃到18个月。现在许多年轻人，为了保持体形，不愿意自然分娩，或者不给孩子吃母乳，这对孩子的影响可能就是终生的，孩子从根儿上就缺少了最基本的东西。

早点给孩子讲故事

在李天舒没出生的时候，父亲李振勇就买了不少怎么培养、教育孩子的书。"我注意到有一本书，写的是每个月孩子应该发育到什么程度，应该有哪些反应"。在孩子出生后，李振勇夫妇就仔细地观察孩子的发育情况，并与书中的记载进行比较。他们感觉李天舒每一个月的发育水平比书上的记载都要提前一个月，比如书上说孩子八个月能冒话，他六个月就开始冒话。明显感觉，这个孩子说话特别早，懂事特别早，等到七八个月的时候，就能一个字一个字地说话了。孩子三个月的时候，李振勇就开始给他讲故事。“有人笑话我，说那么点小孩能听懂啥。我觉得他好像能听懂。他睁个眼睛听，他的表情和你的表情是有配合的，他说不出话但也是有配合的，你笑他也乐，哈哈的。”

“那时候，我给他讲故事，天天讲，把我讲得都没有故事可讲了。没办法我就给他讲《三国演义》”。李振勇说，《三国演义》是文言的，得把它变成白话文，再讲给孩子听。孩子很爱听，有时候他下班回来得晚了，已经困得不行的孩子还在等着他，不听上一段，孩子不肯睡觉。“《三国演义》，孩子是从三四岁时就开始听了”。

与此同时，李振勇开始给孩子买各种书。“我们那时候的工资收入不高，那点钱，除了保证日常生活，基本上都买书了，看什么儿童书好就买什么书”。“那时的童话书非常多，我就挑质量高的买。有那么一套，一共六集，每集十本，全是挺大开本的，而且是彩色的。那套书画得特别好”。由于那套书是一集一集地出，他只得碰到一集买一集，买到一集就盼着下一集。到外地出差，他也不忘到书店看一看，有好几本书就是在外地书店买到的。后来，他终于把那 60 本凑齐。

李天舒在读书

但其实，他是随着买随着给孩子讲的。“开始孩子不识字，我就给他讲，后来他自己几乎都能背下来了。到六七个月，他能冒话的时候，每个情节他都能给你指出来了。等到能说话了，他拿这本书给他姥姥讲”。

除了没完没了地给孩子讲故事外，李振勇还注意保护和培养孩子的各种兴趣。

在李天舒很小的时候，李振勇夫妇就弄了个夹子，夹上一沓纸，让孩子随意在上面写和画。“他画那些东西，你看啥也不是。我问他画的是什么，他就给你讲，一套一套的，可是你还是啥也看不出来。时间长了，他画的就多少能有点意思了”。

那时候，有些书被小天舒看得破破烂烂的，他就自己拿着剪子，把书上的蝴蝶、青蛙之类的小动物剪下来贴到墙上。“咱们家里有一面墙被他贴得花里胡哨的，能有上百张图。有些人为了漂亮为了美，把家弄得干干净净的，往墙上弄一点东西都不行，我们不管那个，就是让他随便造”。

童年的李天舒在画画

李天舒四五岁时，父母就把他送到少年宫学画画，同时还找了位老师教书法。“现在看来，学点啥都比不学强。他小时候那些东西就没白学。上初中以后，他为班里办的小报和板报画画、写字。他的书法和绘画还得过不少奖，省内的，国内的，国际的，都得过。这些东西对他都是一种培养”。“教他书法的是一位老革命，他战争年代是一个地下工作者。老爷子特别喜欢孩子，让孩子到他家去，免费教。跟这位老人家学写字，对孩子的心理影响特别好”。

培养"静气"

静气，对于孩子而言，就是在学习上能坐得住。事实上，这就是一种自我约束能力和抗干扰能力。

李天舒很小就显示出了这种能力。

"岳母和我们住在一起，老人家有七个孩子，一到过年过节，包括平时周末，这些大舅哥、大小姨子都到我们家来。谁来了都得吃点饭，一起喝点酒。但是不管谁来，包括他们的孩子来，他们无论是看影碟、看电视还是玩游戏，如果给自己规定的学习任务没完成，天舒都不会走出自己的房间。当然，他这边完事了，你听那门'咣'地一声，他出来了。出来后，该怎么玩就怎么玩"。

平时李振勇夫妇在客厅里看电视，不管有什么好电视剧、好电影，他也是不把学习的事情做完，决不从房间里走出来。

小学升初中前，为了报考东北育才学校，李天舒进了一个补习班，授课内容包括"奥数"、英语和语文。那个班一共有180多人，他第一次的考试，排在80名以外。一个月之后再考，位列50多名。第三个月的考试，已经进入二十几名的行列。春节期间，李振勇去看望开办补习班的老师，他问老师："你看这个孩子考'育才'有多大把握？"老师说："你儿子肯定行，他一只脚已经迈进去了，就差一个后脚跟了。"果然，李天舒如愿考上了"育才"。

在三个月内，李天舒从80名到50名再到20名，一个月向前迈一大步，我们无法知道他付出了多少心血和代价，只知道那段日子，他竟坐坏了家中的一把铁椅子。"初中分流考试那年，他开始突击，又把那种铁椅子坐坏了一把。"

他的这种静气——"坐得住"的能力来自哪里？是与生俱来，还是后天培养的结果？

我们就此问过李振勇，他说："这可能与孩子的性格有关，但培养应该是主要的。"李振勇还补充说，这种静气，事实上是一种意志品质，它还包括自我约束能力，不用他人督促；没有不良习惯和嗜好；意志坚强，肯吃苦，不怕困难；做事有节制，有目标，有计划，有始有终，说到做到。

为了培养孩子这种能力，李振勇可谓煞费苦心。

为了教育孩子有坚强的意志，有一段时间他和孩子订了一个协议：每周送孩子一句经典名言。比如马克思名言："科学上没有平坦的大道可走，只有在崎岖小路上勇于攀登的人，才有希望到达光辉的顶点。"毛泽东的名言："我们的同志在困难的时候要看到成绩，要看到光明，要提高我们的勇气。""有利的情况和主动的恢复，往往产生于再坚持一下的努力之中。"

在孩子的房间里，至今还挂着一幅字画，这幅画上面有鲁迅的头像，下面写着鲁迅的一句经典名言："哪里有天才，我不过是把别人喝咖啡的工夫都用在工作上的。"这是李振勇获得的一个奖品，他特意把它挂在孩子的房间里，旨在鼓励孩子珍惜时间，刻苦学习。

除此而外，李振勇还注意针对孩子的思想状况，直接做正面教育。

他告诫孩子，有所舍才能有所取，有所失才能有所得，谁也不能鱼和熊掌都得到。你想获得成功，就得先付出汗水。你又想玩游戏，又想看电视，还想踢足球，还想上网吧，还想蹦迪，想追星，最后还想学习好，天下哪有那么美的事？一个聪明人，应该知道自己什么时候该干什么，什么时候哪一件事是最重要的。

他还给孩子讲解"三世成侯"这句成语，说，所谓三世成侯，通俗地说，就是一个家庭要兴旺，得经过三代人的努力。那么一个民族要振兴不更是要靠几代人的艰苦奋斗吗？他告诉孩子，我们家就是一个平民家庭，我父母就是普通工人，我和我们家现在的一切都是靠我们一点一滴的努力换来的，你将来的一切也只能靠自己的努力才能得到。我们没有任何外力可以借助，也没有任何捷径可以投机。我经过努力成长为一个比较成功的新闻工作者，应该说比我爸爸进了一步；你的将来也一定应该超过你的父亲，这样咱的家庭才是兴旺的，如果大家都这样，咱的国家和社会才会不断进步。咱总不能像黄鼠狼下豆雏子，一辈不如一辈吧。

针对孩子做题经常马虎的问题，他对孩子说，所谓马虎，从本质上说是做事不专心致志。为什么总犯低级错误？就因为不踏实、不认真。这个毛病能不能治？如果认识到它的本质，就应该有办法治。

为了培养孩子严谨认真的好习惯，他叫孩子制订学习计划，让他按照自己制定的计划完成学习任务。特别是遇到节假日，就更是让他作好计划，什么时间复习，什么时间写作业，什么时间玩，都规定得清清楚楚。制定了计划，当然要坚持按计划执行。开始孩子不习惯，学习时有点心不在焉。他并不急，而是耐心地告诉孩子，每个人都有自己的弱点、缺点，而一个人要想成功就必须能够不断地战胜自己，克服缺点；如果连自己都管不住，这个人一定不会有多大出息。

一段时间后，孩子尝到了甜头：学习效率高了，成绩好了，自信心越来越强了。从此，他的学习计划制定得越来越细：每天起床、洗漱、锻炼、吃饭、学习、休息、玩儿的时间，都有条不紊；甚至细到在时间段上把学习内容做了具体划分，几点到几点做数学，几点到几点背课文，几点到几点复习外语；假期里哪一天哪一科的学习进度，都规定得清清楚楚。

从此，他对自己的要求越来越严，自律能力有了明显提高。只要他的学习计划没完成，不管谁来，他打个招呼问声好后，就把自己关在屋里学习，就是你在客厅里唱卡拉 OK，他也不为所动。当然，他也玩电脑游戏，看课外书，但到了自己规定的学习时间，他就立刻放下。因此他的学习成绩越来越好，也越来越稳定。

如何面对孩子在学习过程中的困难

李天舒是个出色的孩子，他的自律能力以及做事情的计划性，显示了超出一般孩子的成熟。但是，在李天舒成长过程中，也并非一帆风顺。

在小学阶段，他的学习一直很好，一直是班干部，从三年级开始就担任少先队大队委员。但刚考入初中时，学习成绩一度出现反复。李天舒当年的日记，记录了当时的一些情况。征得本人的同意，我们将其中几篇节录如下：

1997 年 10 月 10 日

这个星期一，我们进行了语文的周练；前天，我们又进行了数学周练。今天两科的成绩都出来了。

语文我得了99分，全班第一名……

然而，与之形成鲜明对比的是，我的数学只得了83分，在全班四十名学生中排在第三十一名。对于数学的学习我总是难以保持长久的热情，也并不怎么感兴趣，题倒是做了不少，就是做题时总也不够认真。其实，我也深深地明白：如果数学不好是很难在班里学下去的，如果数学不好，即使你文科再好，也没有别人两条长腿以百米的速度跑向前去快的。

1997年11月8日

这周的周一、周二，我们进行了我中学历史上第一次大考试——初一上学期期中考试……语文倒是没有什么特别的。由于家庭乃至各方面原因，语文成绩不错。对于这次总名次首次突破前二十名，功不可没……

最令我欢欣鼓舞的还是数学成绩……这次我终于初步扭转了形势，在班里排第十一名。不过要保持这个成绩的稳定，还有待进一步努力与奋斗。

日语的成绩可不容乐观，仅在班里排在第二十九名。

这四科中，我最不应考不好的就是英语……在这次期中考试中，我遭到了惨痛的失败……

1997年11月20日

……最近的这次日语考试我只得了69分，比最高分差出24分，比平均分78.5分竟也差出了近10分。……金鑫同学得了92分，同等的学习机会，这23分的不小差距，究竟是如何形成的呢？

这里反映了他因成绩不理想而产生的焦虑、迷惘甚至自责。

李振勇夫妻时刻关注着孩子的思想、学习状况，及时察觉了孩子身上出现的问题，“对于孩子的状态，我们也看在眼里急在心上，说实在的也很心疼孩子，心里也很矛盾。但是我和孩子妈妈有一个共识，那就是不给孩子施加压力。帮助孩子认真分析原因，总结经验教训，相信孩子一定能走出低谷。”

李振勇采取了两个做法：

第一，帮助孩子对成绩做辩证分析，让孩子在困境中看到希望，保持信心。

李振勇针对他的语文、英语成绩比较突出，数学和日语相对弱一些，帮助孩子分析：因为爸爸是新闻工作者，文科的修养相对要强一些，对你在这方面的影响也相对要大一些，所以你的语文要好一些；英语，你的起步比较早，而且你的语言天赋要好一些，所以这两科要强一些。数学上的弱，不是能力问题，而是我们家在这方面的启蒙教育和培养比较欠缺。但你的智商并不差，考初中前学“奥数”，你只用了三个月的时间，就从80名冲到了前面，这说明你具备这个能力。至于日语，那些成绩突出的同学，多数起步较早，入学前就开始学，有的入学后还在找人补课，而你起步晚，基础差，仅靠课堂上学那点东西，成绩自然不如别人。

李振勇告诉孩子，学习就像赛跑，有的人爆发力强，起跑快；有的人耐力好，有长劲。学习是考验耐力的长跑，而不是考验爆发力的短跑。你的知识面宽，肯用功，有毅力，经过一段时间，你一定会逐步赶上去的。

他还说，任何人都有优势和劣势，没有一个人是完人、超人；真正聪明的人，是善于扬长避短的人。他说，文科是你的长项，对此，有人一样羡慕你，也一样着急。而且你理科上的差距，可以通过努力撵上去，文科基础不好，想迅速提高却很不容易。所以你不必自卑。

第二，帮助孩子从失败中发现问题，找出症结，并制定解决问题的相应措施。

遇到孩子考试成绩不理想时，李振勇从不盲目指责。“孩子已经尽力了，成绩不好他也心急。我们的办法是先让他看看错在哪儿，会不会？是错在不会，还是错在马虎？如果是因为不会而出错，我就会问他，现在会了没有，明白了没有。如果明白了，就让他再做一遍，记住错在哪儿，争取不在同一个地方跌倒。如果因为马虎出错，我就会告诉他，这说明不是你不会，不是能力、水平问题。马虎的毛病当然要克服，但也说明不是你不行，你完全可以做得更好”。

经过分析李振勇发现，数学丢分，多数情况是马虎，是粗心大意。要解决这个问题，需要养成良好的习惯；少部分不是完全不会，而是基础不牢，题做得少，接触的题型少，不熟练，速度慢。于是，他建议孩子多做题，不要怕比别人多付出辛苦。

由于教育得法，孩子的低迷情绪很快得到了调整，并能够冷静、客观地自我分析，乐观地看待自己存在的问题。

从以下日记中可以看出他的变化。

1997 年 12 月 6 日

转眼间，我在日语班学习已有两个半月了，不算薄的一本《中日交流标准日本语》的书页也变灰了一半。可是，我的日语成绩却始终不见起色。这次日语测试，我考得还是不好，甚至分数还不如以前，不过它不仅使我意识到了所存在的问题，也给我增强了提高日语成绩的信心。

（在分析了不该丢分的地方后他继续写道）遗憾之余，我觉得自己并未丧失信心，相反却看到了自己的潜力，看到了希望。如果我能吸取这次周练的教训，不再犯类似的错误，我的成绩肯定会有大的提高。

1997 年 12 月 20 日

……不过，这两周从辩证的观点看并非十分糟糕。是的，这周语文对我来说考得并不好，两次数学也都考得很差。不过，令人欣慰的是，我的英语终于走出了低谷，取得了第八名；日语这次虽然仅高于平均分不到两分，但那也比每次排在后面强。

没关系，我觉得只要保持着乐观的精神，只要勇敢去面对困难，坚持不懈地努力，总会有成功的一天的。正如马克思所说："科学上没有平坦的大路可走，只有在崎岖小路上勇于攀登的人，才有希望达到光辉的顶点。"我一定要以勇敢与乐观的态度面对目前的不利处境，鼓起勇气，扎扎实实，努力拼搏。路还长着呢，我会走出迷雾，创造辉煌的。

从初一下学期以后，李天舒成功地摆脱了学习上的困扰，虽然学习成绩也时有起伏，但总体上各科均衡，到初二年级的时候，名次已居班级的上游，初三分流考试时，位列班里的前五六名。整个高中阶段，他的成绩基本稳定在班级的前几名。2003 年 10 月，他去日本留学。当年参加留学生统考，他的成绩在留学生中仍名列前茅。有意思的是，这个在初中阶段常为数学成绩不理想而烦恼的孩子，在留学生统考中数学竟得了满分。他问语言学校的日本老师："我的数学成绩能排第几？"老师风趣地说："世界第一。因为很多国家的很多希望到日本留学的学生都参加了这次统考，你得了满分，不就是世界第一吗？"

要学会帮助孩子减压

一个学生，从小学到大学，要经历无数次考试，每次考试，他都要承受或大或小的压力。如何对待孩子的这种压力？是为已有压力加码，还是比孩子更脆弱、更焦虑，先被压力吓倒？这对家长们是个考验。

李振勇的做法是，当孩子面对巨大压力时，要千方百计地帮助孩子减压。

李天舒在初中阶段读的是日语特长班，由初中升入高中，这种特长班要经过分流考试，一班之中，大多数学生能够升入高中日语特长班——其中的绝大多数人可以到日本或欧美国家留学，剩下的学生将被分流出去——参加一般的中考和高考。

所以可以这样说，初中特长班的学生，从入学的那天起就承受着担心被分流的心理压力——学习好的不敢说有百分之百的把握，因为考试无常；处在中游的更是不敢有丝毫的怠慢——稍有疏忽，成绩就可能下滑；在后面打狼的则想奋力一搏，以求冲入第二阵营。

分流前夕，李天舒的成绩在班里处于中上游，但若稍一松懈就可能滑下来。一旦滑下来，被分流，对李天舒的心理和自信无疑是巨大打击。

怎么办？

李振勇夫妇真的感到左右为难：既想鼓励孩子考好，又想告诉他考不好也不是世界末日，失败了也没什么；想多嘱咐几句，又怕说多了反倒变成孩子的压力；什么也不说，又怕孩子小，有些事情注意不到。

思来想去，在分流考试的前几天，李振勇决定给孩子写封信。在信中，李振勇写道：

天舒吾儿：

今天，为父我冒昧地提前给你写封祝贺信，祝贺你成功地通过了

“分流”考试，实现了“留在育才读高中”的夙愿。

我的祝贺是建立在对我儿及我儿良好的心理状态、科学的自信的临考状态基础上的，是建立在天道酬勤这一铁的客观规律之上的，因而，这祝贺并非下赌注。

我认为，在进入育才初中后的长达两年半的这场智力长途竞争中，我儿天舒以高昂的争胜斗志、强烈的必胜信念、顽强的毅力展示出了自己超出常人的特殊气质，在最后的冲刺关头爆发出了惊人的后劲，迸发出了一种舍我其谁的大丈夫气概。其实，当我看到我儿的这一切一切之后，你最终是否考试成功已在我心中淡化，我觉得我们父子最大的成功是在这两年中共同塑造出了一个好汉。

我的祝贺毕竟早了些，真正考场拼杀还要靠你自己。响鼓不用重锤敲，我只提醒你几句话：一、战略上藐视“敌人”，战术上却要重视。比如数学，现在并没有多少难题能难倒你，关键还是准确，只要是会的，就要做对，不会的宁可放弃。一贪多，会的做错了，不会的白费劲，就赔了。二、不要急，遇到难题别灰心，你放心一点，就是如果你不行，别人也没几个能行的，所以无所谓。三、不掉以轻心，这主要指语文、英语之类的你的“长项”，千万别犯轻敌的低级错误。比如语文的作文写“跑题”之类。另外，包括数学等科在内，有可能出现考试的题比你们平日周练考题还简单的情况，不要“大意失荆州”。

虽然提前“祝贺”，但我相信不会成为你的心理负担，你会把它视为鼓励，化为动力的。

其实，不管成功与失败，在人生的长河中这只是小事一桩，在爸爸和妈妈心目中，我儿永远是最优秀的。

其实，你准备得那么充分，久经战阵，这点小考也不必太看重，轻轻松松平平常常对待它，可能会更好。记得你小时说过一句话：“有爸爸在，我什么也不怕。”爸爸就在你心里，随时都和你在一起，所以，什么也别怕！

爸爸

2000年1月9日

李振勇把写好的信放到了孩子的写字台上。当天晚上孩子放学回家，李振勇没提这件事，孩子也没说什么。不过，李振勇发现信不见了。

分流考试成绩出来以后的一天，李振勇下班回家，看见他的桌子上也有一封信，封面上写着“父亲母亲大人亲启”。

以下是这封信的原文：

亲爱的爸爸妈妈：

你们好！

这大概是我有生十余年来第一次给你们写信。因为我们离得这么近，本没必要写信，但我觉得唯有写信，才能起到真正的作用。

这次给你们写信是想告诉你们我在育才以来思想感情的一段重要经历，以共勉与致谢。初到育才，我很不适应，总是好奇，又以自己的入学成绩自居，根本无心学习。然而随着一次又一次考试的打击，我不得不正视铁的事实，然而此时别人早已起步迅跑，而我则刚刚缓过神来。于是我努力去追，但迎接我的又是一连串的失败。就这样，我衰落了，颓唐了，再随着失败，我麻木了，乏力了。而且有时我还把自己的信念寄托在一些无关紧要而毫无关系的事情上（如：如果我能把这个帽子扔到那个凳子上，明天的周练就会考好），从而造成心理极不稳定，真是雪上加霜。

上个寒假我偶然听到这么一句话：“我觉得我是父母生命延续的另外一种形式。”我以前从不相信一句话会影响一个人的一生，但却真的发生了。我突然想到父亲从小苦读寒窗，总想成为伟人，然而由于种种客观原因，这个愿望未能实现。而母亲如果没有一些客观原因，相信也将成为一个伟大的女性（事实上现在也是）。是的，我是父母生命延续的另外一种形式。成为伟人，成为伟人！我瞬时间感到这不是一句口号，也不是一种信仰，而是我肩上义不容辞的责任！然而又有谁见过哪位伟人就这样浑浑噩噩过日子呢？于是我大脑中那些麻木的神经又敏感了，我找到了我人生的航向。许多常挂在嘴边的空话大话，一下子对我有了更深刻的含义，都成了我学习上最好的动力来源，而父亲的一封信更使我的状态达到了一个顶峰。

在这半年里，我一直在努力，是为我自己，也不是为我自己。我应该成为一个伟人，我的未来不是梦。于是，我绷紧全身的每一根神经和肌肉，不断地追逐着。开始，我还不太适应，晚上经常犯困。后来我调整好了状态，学习效果大大提高。再后来，我觉得我追的过程早已不是在跑，而是在飞。但时间已经不多了，可我知道只要这么学，留下是没问题的。如果我从进育才就这么学的话，早就独占鳌头了。

在这两年半里，我觉得我成熟了许多，懂得了许多。我将充满信心走向育才高中及我的未来。

最后，感谢姥姥这些年来对我的照顾，感谢父母，你们给我的确实太多了。我会奋斗终生的，因为我是父母生命延续的另外一种形式。

此致

敬礼

儿　李天舒

2000 年 1 月 25 日

李振勇说："这封信虽然语言稚嫩，但确实是发自肺腑的真情实感，可视之为一个 15 岁少年的立志宣言吧。事后和孩子谈起我的那封信时他说，我的信他反复看了多次，每次看后都非常激动，甚至流下了眼泪。同时他也说：'我从一开始就没想到过我会考不好，会被分流下去。'事实证明这封信写对了，它在孩子的成长过程中起到了至关重要的作用。"

不要只盯着成绩

学生在初、高中阶段课程很紧，许多家长都把目光盯在成绩上。因此，他们不支持孩子参加课外活动，甚至不让孩子当班干部，怕影响孩子的学习成绩。

李振勇认为这是一个误区，在他看来，参与课外活动，至少有两个好处，一是可以增长见识，提高认识问题和解决问题的能力；二是帮助老师和班级工作，能增强孩子的责任感、荣誉感和事业心，增强学习和克服困难的能力。

李天舒升入初中后，李振勇就鼓励他多参加课外活动，并积极争当班干部。班里选宣传委员，采用竞聘的方法，他在竞聘时说，他爸爸是报社的记者，从小受到家庭影响，文学基础好等等。结果当上了宣传委员。熟悉学校工作的人都知道，这个宣传委员不是摆设，每周要办板报、班报，开运动会时要组织大家写广播稿。他们班的班报名叫《桥》，班里有一个专门的宣传组，大家一起策划，办得有声有色。他和同学为这张小报付出了很多心血和汗水，当然他也从中得到了很大的锻炼。

还有，许多家长不愿让孩子看课外书，怕影响学习，怕影响考试成绩。李振勇说："现在回过头来看，孩子的很多知识和修养是从课外书中得来的。当然这课外书得有选择，因为现在的出版物很滥，包括报纸和刊物，要帮孩子选些健康有益的图书去看。"

李振勇也正是这样的。在他的支持下，李天舒看了许多中外文学名著和历史著作、名人传记等，曹雪芹的《红楼梦》，竟让他看了个滚瓜烂熟。他把《红楼梦》中的人物一个个列出，存入电脑，又把书中的诗词与其相对应，再为它配上适当的音乐和网上搜索到的图片。在作文里，他还模仿《红楼梦》里的词牌填词。

有一阵，李振勇发现孩子的作文里出现了大量有关金庸武侠小说的内容。他问儿子什么时候看的，孩子说早就看了。"这里我特别要感谢他的语文老师，这些语文老师特别鼓励孩子们读课外书。有的老师还给学生开出读书目录。有一位老师对学生们的影响很大，最近我在孩子们的博客里还看到他们在怀念这位老师，把她比为程灵素（《雪山飞狐》里的一位侠女）。这位老师不仅鼓励孩子们读课外书，还在作文的批语中不厌其烦地和孩子们共同探讨书中的人物。她的做法无形中培养了孩子们的读书习惯，鼓励了孩子们的读书热情，同时也引导了孩子们的读书方向，教给了孩子们读书的方法"。

给孩子“阳光教育”

在孩子的教育上，常可听到这样一句话：父母是孩子的第一任老师。这无疑是正确的。但是，当孩子升入中学以后，许多家长以为孩子在学校的时间更长，重要的事情都由学校管理，第一任老师的任务已经完成，可以松一口气了。所以，有的家长把孩子往学校一推了事，特别是那些事业上或生意上比较忙的成功人士，更是把孩子交给学校就不管了。最多照顾一下生活，过问过问学习，对孩子思想品德方面则较少关注。

思想品德教育，学校和家庭都有责任，对此李振勇认为：“可能家庭的责任更大一些。”

那么，家庭应该给孩子怎样的影响呢？

还是要提倡“阳光教育”，培养孩子的“阳光性格”。孩子上中学的时候，当父母的都已经有了相当的人生阅历，商场上的尔虞我诈，官场上的排挤倾轧，可能令你遭遇不公或挫折。但是，不管你如何愤世嫉俗，甚至“看破红尘”，都不应把这些负面的灰暗的东西带给孩子。让这些思想和世界观、人生观尚不成熟的孩子过早地接受阴暗的心理影响，不利于孩子的成长。

所以，李振勇认为：“如果我们想让孩子成为一个高尚的人，成为一个令人尊敬的有作为的人，就应该给予他‘阳光教育’。”

“阳光教育”包括一般的正面教育，以及励志教育。而后者更为重要，“励志教育对于孩子的影响可以说是极其深远的，可能会让孩子终生受益”。

在李天舒博客的署名处，他附了这样一段话：“精神抖擞地跳上这辆生活的马车，坐在驾辕的位置上，绷紧全身的肌肉和神经，吆喝着，呐喊着，继续走向前去……”

这段文字，体现了李天舒虽身在异国他乡，却保持着昂扬向上的乐观心态和积极进取的可贵精神。那么这句话又出自哪里？原来，上初中时，李振勇向孩子推荐了一本书：路遥的《平凡的世界》。这是一部长篇小说，共分上中下三册。这句话就出自这本书。

李天舒为柬埔寨失学儿童义卖

当时李天舒的学习成绩并不突出，理科，尤其是数学还比较靠后。“我不让他去努力做题反而让他看课外书，是不是疯了？不是。我认为磨刀不误砍柴工。用现在评价《大长今》的话来说，这本书应该是一本‘青春励志’书——可以教会孩子如何面对挫折和如何在逆境中崛起。我认为这是一本中国版的《钢铁是怎样炼成的》。”

李振勇认为，励志教育首先是让孩子树立远大理想，立志成才。他在对孩子的教育中，一直注重向孩子灌输“先天下之忧而忧，后天下之乐而乐”“修身齐家平国治天下”的思想，教育他要懂得爱和奉献，树立一种立志为国为民建功立业的英雄意识。“一个青年人，从小处说，要爱父母亲人爱师长同学；往大处说，要爱祖国爱人民爱社会主义；推而广之，要爱人类爱生活爱生命爱所有的动植物爱大自然”。

在李天舒出国留学之前，李振勇告诫孩子，随着当代科学技术的飞速发展，地球也越来越小，成了“地球村”，所以，一个当代青年要像《三国演义》里形容诸葛亮时说的那样：“有包藏宇宙之心，吞吐天地之志。”

为了达到以上教育目的，李振勇平时见到好文章总要推荐给孩子。

李振勇教育孩子的良苦用心，收到了理想的回报。

他在日本这两三年，学习十分刻苦，成绩几乎全优。在选择第二外语时，许多同学图省事，选择了中学时就学过了的日语，但他却选择了法语。我们知道，在国外留学，生活非常紧张，他的这种做法，无疑是舍近求远，“自讨苦吃”。课余，他还参与组织了两届中日韩三国大学生商业创意大赛，参与资助柬埔寨失学儿童的慈善活动。这些都显示了他的志向和抱负——做国际公务员，致力于世界和平和人类进步。

2006年4月，他先后接到美国国际教育协会和日本国际教育企划的通知，告知他成为“高盛全球百名青年领袖计划”从日本的大学选出的六名获奖者之一，也是那一年入选的唯一一名外国留学生。

“高盛全球百名青年领袖计划”由高盛基金会和国际教育协会发起，每年在全世界六个大洲的70多所知名大学中选拔100位成绩优异并具领导潜质的二年级本科生授予此称号，并颁发奖学金。它的选拔条件严格，手续繁复，李天舒能被日本的大学推荐，并最终获奖，足见他十分优秀。

在李天舒的博客里，我们看到他的两篇文章，从中我们可以约略看到这名青年留学生近期的精神轨迹。

在《“椭圆”的回忆——我的OVAL生涯》一文中，他介绍了在组织中日韩三国大学生商业创意大赛时，身为日方组委会成员，如何努力维护中方，也就是自己国家的利益的过程。“我在2005年2月的三国峰会期间，由于全力支持中国方面，与日方的感情出现一定的隔阂”，使自己的处境变得很难。但他对此并不后悔，“无论怎样，中国都对我具有更重要的意义。其意义不仅体现在血统上，我的人格、思维方式、自我意识等等都是属于中国的”。

另一篇文章题为《是狼？还是藏獒？》。《狼图腾》和《藏獒》是李振勇近两年推荐给他的两本书。在这篇文章中，他对留日学生的心态进行了分析，赞扬和肯定了藏獒式的忠勇，批评了少数留学生为了一己的私利，不惜伤害自己同胞的行为，呼吁留学生团体的团结。他写道：“在自己同胞之间也只知道占便宜，一切以一己私利为先的行为如果在中国留学生内部也蔓延开来，当什么友情、道义都不得不给一个‘利’字让路的时候，中国留学生这个集团就会失去其凝聚力，最终不复存在。这意味着什么？意味着我们将失去自己在这个社会中的归属，就像一条离群的领地狗，独自在荒芜的青藏高原上流浪！如果我们不想这样，就要放下自己的私心，拿出藏獒的责任心来，同胞之间无条件地互相帮助，讲情义，讲信誉。这样才能使大家都更愉快，更顺利地完成在日本的学业。”

采访李天舒(节录)

时间：2007年2月25日

地点：李天舒沈阳家中

笔者：通过你爸爸的介绍，我们了解到，你小的时候学习和生活就很有计划性，而且还能认真实施，能坐得住，这个对小孩子来说是很难的。这个习惯是从哪里来的？

李天舒：我觉得最主要的还是环境，首先是我的家庭环境。我父亲是从事新闻工作的，我们家书多，所以从小有看书的习惯，可能这也帮我养成了能坐得住的习惯。

至于计划性，应该说是“育才”那个环境给我养成的。在那里，自主学习非常重要，所以，在自主学习的过程中养成了那样的习惯，有计划地把需要看的东西都看完，完成自己的任务就相当于自己的学习告一段落。这是我在“育才”那个环境中逐渐养成的习惯。

笔者：你在中学阶段读了很多课外书，读书对你的成长有什么影响？

李天舒：读书对我来说非常重要，对我影响很大。青年时期的成长和读书是分不开的。我接触过“育才”其他的毕业生，包括“育才”之外“清华”“北大”的学生。他们有一部分人从来不读闲书，觉得读闲书是浪费时间，读书就应该从书上学到什么东西，功利性特别强。跟这些人交谈的时候，我发现他们可能很聪明，但是一种小聪明，很难做到有大智慧。他们讲到人生观、价值观等等，不能说非常幼稚，也不是很让人敬佩。我觉得，一个人在学校期间，头脑的好坏，也就是智商的高低，可能会起到比较重要的作用，但这是走出学校之后是否能够取得一定的成就，更重要的则在于对自己的把握，这是人生方向的大的智慧。你如果头脑好使，也许能把某一件具体事情做得很好，但这是在一件事怎么做之前，你一定会事先想到，今天做什么事情、今年做什么事情，甚至今生做什么事情，这样的决定，则很难仅凭脑瓜好使就行，它需要观念和思维上的东西来决定。这对一个一点书都没看过，或者说对前人怎么做的一点都不了解的人来说，可能就是很困难的。因为单凭自己一时的冲动是很难做成大事的；读书一方面增加学识，另一方面也能促进自己思考——对世界、人生的思考，对自己要实现的价值的思考。这些在我看来是比较重要的。

笔者：读书不会影响学习吗？

李天舒：能否学习好，不仅仅在你的脑瓜是否好使，像我刚才说的，计划和方法也是很重要的。在单位时间内能学多少，可能是由你脑筋来决定的，但是在下一个小时要学什么，每天的时间如何分配，这是自己对自己的把握，也是对这个学科的把握。这些东西未必是没有足够的思维能力的人能做到的，而且这个思维能力并不是天生的脑瓜好使就能决定的。

笔者：你在日本待了三年多，你对日本的中学教育了解吗？

李天舒：没有直接的了解，是听说的。感觉日本、韩国的中学教育跟中国还是相当类似的，可能是东亚的一种特色，应试的要素比较强。可能日本中学相对更多样化一些，每个中学可能都有一些有特色的搞法。但是从学习的水平上看，我觉得还是中国孩子要强些。中国人口的基数比较大，人才也要多一些，最顶尖的人才可能也要比日本多。我个人感觉，“清华”“北大”学生的素质还是要比日本顶尖学校的学生强。但是涉及到硬件、师资、研究水平等方面，可能就有差异了。我们大学有一个进行教授，他来东京大学的时候就感觉东京大学的体制跟美国大学的体制是有差距的，虽然说东京大学也是世界名校，但是体制方面和科研对教授的促进方面也还是不一样的，他到“北大”的工商管理学院作过演讲，接触了一些“北大”的学生，他回来就跟我说，他觉得中国学生还是非常不错的，非常有求知的欲望，上课时，学生的发言非常踊跃。但是在日本，他觉得学生们就是正常地去听课，没有让他感觉到那种求知欲望。另外他觉得中国学生非常自信，特别是“清华”“北大”的学生，感觉中国的未来就是肩负在自己身上，而且中国也是处于国力蒸蒸日上的阶段。他说中国学生觉得自己将来会在世界舞台上扮演一个非常重要的角色。但是在日本，他没有感觉到这些。

笔者：你在学习方法上有没有诀窍？

李天舒：我现在很难说做得多么成功，或者我这里说的自己能不能完全做到也不一定。其实要想学习好也并不困难，首先给自己做一些切合实际的、能达到一定效果的计划。第二是严格、坚决地把这个计划执行下来。能做到这两点，提高学习成绩将不是一个非常困难的事情。这里有两点需要注意，首先，你制定的计划是客观上能够完成。其次，不管受到什么影响，也要按部就班地把计划完成。

笔者：你认为智力因素——所谓聪明和笨，在学习中能占多大比重？

李天舒：智力因素不能说绝对不重要，但也不是一个最重要的因素，因为大多数人的智力因素都差不多。对这个东西要是彻底没有兴趣，你肯定是学不好的。所以，某门课成绩的好坏，反映的往往不是智力上的差异，而是自己主观上的原因。

笔者：许多人都觉得学习是件挺枯燥的事，你认为……

李天舒：我个人没有把学习当成乐趣，当然至少也没有把它当成什么负担，只是觉得它是自己应该做的一件事情。让每个人对所有的课程都感兴趣是非常不现实的，毕竟人人都有自己的爱好，但是我觉得爱好和自己应该做的东西应该是分开的。

笔者：你在中学阶段有没有出现过厌学的情绪？

李天舒：不能说绝对没有，但是我始终认为学习是自己应该做的事情，不能你喜欢就做，不喜欢就不做，我就是觉得自己该做的事情一定要做好。当然也有自己喜欢和不喜欢的科目，比较喜欢的，我会学得更好；在复习的过程中看一段自己喜欢的，再看一段自己不喜欢的，有个交叉似乎更好些。虽说兴趣和某个科目学习的好坏是有绝对关系，但对不喜欢的，也不能随便放弃。我刚到"育才"的时候数学不太好，但是没有学到彻底让我丧失信心的程度。那时我就提醒自己，作为必须学习的一门课程，就得用心去学。现在我学经济学，原来觉得最弱的数学（后来成绩也逐渐上来了）现在却天天在用。经济学里面数学用得特别多，现在可以说天天都在搞数学，这在初中时是很难预料到的。如果当时就选择放弃，哪还有今天啊！

机会总是留给有准备的人

小档案：

苏小恬，女，1988 年 11 月生人。

1995 年入沈阳铁路三校读小学。2001 年考入东北育才学校优才教育实验班日语特长班。曾任东北育才学校初中部第十五届学生会主席，高中部第十七届学生会主席。2002 年、2003 年连续两年被评为和平区优秀学生干部；2002 年被评为沈阳市优秀学生；2003 年 3 月被辽宁省教育厅评为辽宁省三好学生；2005 年被评为沈阳市优秀学生干部。

2000 年通过中央音乐学院校外音乐水平等级考试钢琴八级；2002 年通过业余钢琴十级；2006 年通过国际日语能力测试一级。

2004 年初代表东北育才学校出访德国圣·贝尔哈德中学；2005 年 5 月作为中国高中生代表参加“中国百名高中生第七次访日”活动，被选为中央电视台特约记者；2005 年 7 月代表辽宁省参加在北京举行的中华学联第二十四次代表大会，并受到胡锦涛主席、温家宝总理等党和国家领导人的亲切接见；2005 年 8 月代表东北育才学校访问日本富山高中。

2006 年 12 月被耶鲁大学提前录取，并获得每年 51 182 美元的全额奖学金。

2006 年 12 月 16 日，苏小恬收到了美国耶鲁大学的提前录取通知，当时我正在单位开会，中午当我见到小恬的时候，给了她一个实实在在的拥抱。这也是我们母女俩面对面的时候所采取的最热烈的庆祝方式了。作为小恬的妈妈，我见证了女儿为今天的结果所付出的努力和汗水，回顾小恬所走过的路，正应了那句话：机会总是留给有准备的人。

这是苏小恬的母亲赵宏所写的一段文字，它不但记录了那个令人难忘的场景，也为我们留下了诸多的思索和疑问，小恬究竟走过了一条怎样的路？机会为什么最终垂青于她？也许读了下面的故事我们会得出答案。

只要坚持就一定有快乐的那一天

我们的叙述是从朗朗的琴声开始的。

正如母亲赵宏所说，他们培养孩子的目的，就是希望她长大之后能够健康、快乐。“在孩子的成长方面，我们一直保持一个非常冷静的态度，当然我们也希望孩子能成才，但是我们更希望她快乐”。出于这样的考虑，父母在小恬五岁半的时候为她选择了学习钢琴，“这样，她长大之后不论快乐、悲伤都会找到一种很好的发泄方式”。

母亲的初衷是美好而简单的，但得到快乐的过程却不那么简单。

让孩子学琴的想法虽然确定下来，但是夫妻俩并没有急于实施，对于只有五岁半的小恬来说，这是她学习的开始，母亲希望孩子能真正对学琴产生兴趣，如果刚开始就是被动地接受，那么将会影响到孩子以后在其他方面学习兴趣的培养。母亲开始寻找机会，终于有一天电视正在播出钢琴王子理查德·克莱德曼的演奏会，平日里对音乐一窍不通的父母此时却表现出极大的兴趣，好奇的小恬也凑过来跟他们一起看。于是，赵宏抓紧这个机会问女儿想不想学钢琴，小恬竟毫不犹豫地说想学，母亲顺势教育女儿说：“买钢琴需要很多钱，既然想学就一定要坚持下来，否则就不要学；而且学习的过程很苦，但只有能吃苦的人才能最终站在舞台上接受大家的掌声。”

正像赵宏说的那样，买钢琴需要很多钱。对于事业刚刚起步阶段的年轻夫妇来说，这不是一个小数目，除了家里的一部分积蓄外，夫妻俩又向亲戚筹措了一些才凑齐了这笔钱。一天，一家三口围坐在一起，中间的桌子上摆了厚厚一沓人民币，妈妈把钱分成两沓，指着上面的一沓对小恬说：“这些是爸爸妈妈的积蓄。”然后，妈妈又指着下面的一沓说：“这些是我们从别人那儿借来的，你要好好学琴才对得起爸爸妈妈的辛苦，不能半途而废。”

三人围坐在桌前的那个场景小恬至今还记得，虽然事情已经过去很多年，但却因深刻而难忘。从那以后，小恬就开始学琴。现在回忆起那段日子，母亲赵宏的脑海里经常浮现的就是炎炎夏日小恬坐在琴凳上汗流浃背的样子，“那时候家里条件不好，夏天没有空调，十几平方米的小屋再摆上钢琴，整个房间闷热闷热的，而且不能吹电扇，因为怕把琴谱吹乱”。在这样的条件下，小恬经常一练就是两个小时，有时到了假期能弹四个小时。每天练琴时间的安排是有计划的，而且要绝对按照计划实行，到了预定时间就准时停下来，休息十分钟之后继续练习，这样形成了规律，邻居们甚至可以通过从苏家传来的琴声来准确地判断时间。

这样的训练是艰苦的，小恬时常坐在钢琴前偷偷流泪。出于对女儿的怜爱，母亲也曾经劝说她放弃，但是女儿的坚持更加坚定了赵宏的决心，她要陪着孩子练下去。赵宏认识到，在这个时候，孩子最需要的是鼓励而不是强迫，每一次的钢琴课母亲都非常重视，母女俩穿上最漂亮的衣服高高兴兴地去上课，小恬的几任钢琴老师都对她产生了很深的影响，“她的第一位钢琴老师是赵炜，虽然不是名家，但是在很大程度上培养了小恬对钢琴的兴趣；还有现在的钢琴老师——著名钢琴家李青——对她的影响也特别大”。起初是母亲用自己对钢琴老师的崇拜感染女儿，慢慢地，小恬也开始受到老师的感染，不仅是老师高超的演奏水平和深厚的艺术修养，包括老师的服装、发式、家居布置以及为人处世都在感染着小恬。对她来说，上钢琴课是一件快乐的事，母亲说：“每次的钢琴课对小恬来说都是一次激励，使得她回到家里立刻就想练琴。”

赵宏说，他们夫妻俩虽然对音乐一窍不通，但却抱有一种很单纯的喜爱，而且非常羡慕懂音乐的人。为了进一步培养孩子对艺术的兴趣，从小恬学琴开始，夫妻俩就经常带孩子去听音乐会，“记得那时候一场许忠钢琴音乐会的票花去了我们一个月的工资”。虽然起初不大懂，但他们仍然表现出很浓厚的兴趣，每次去听音乐会，一家三口都要精心准备，让孩子觉得这是一件很重要的事。“刚开始的时候，一场音乐会小恬差不多有半场的时间是在睡梦中度过，但随着年龄的增长和钢琴学习的深入，她对音乐越来越感兴趣，现在不管学习多紧张，只要有好的音乐会她是必须要听的”。慢慢地，听音乐会成为了一种不可或缺的生活方式，在孩子紧张的学习、工作之余，在经历了成绩下滑的失意之后，听一场音乐会胜过了父母的千言万语，小恬会迅速地从紧张的状态或者失落的情绪中摆脱出来，重新以饱满的热情投入到学习中去。

在对音乐热切向往并怀有朴素感情的父母的指引下，小恬对艺术产生了浓厚的兴趣，在初中二年级的暑假她顺利通过了业余钢琴十级考试。当被问到“既然你很喜欢音乐，为什么没有选择专门来做”时，苏小恬说：“我还不是属于特别有天赋的，家里也没有人懂音乐，我父母都是学理工科的。只是当做一种业余爱好，平时弹起来的时候心情也特别舒畅。”对于小恬一家来说，学习钢琴的最终目的并不是出于某种实际的需要，用赵宏的话说，“更主要的是培养了她吃苦耐劳的精神和良好的学习习惯”。正所谓曲不离口、拳不离手，钢琴的学习也需要持续不断地练习，为了保证学习的连贯性，苏琪和赵宏夫妻俩放弃了很多外出旅游的机会，有时甚至包括春节在内的很多节假日都不间断。母亲说：“通过钢琴的学习，孩子懂得了凡事要做就一定要坚持到底，不能半途而废，只要坚持就一定会有快乐的那一天。”

用积极、认真的态度对待每一件事

从某种意义上来说，学好任何一样东西都是要付出辛苦的，绝对意义上的快乐学习只是一种理想的境界，但由兴趣而带来的快乐却是开始一段学习进程之初所必须的。对于大多数孩子来说，在学习方面要保持长久的兴趣和注意力是很难的一件事，因此，由兴趣导入学习则更为必要。正如赵宏所说的：培养孩子的求知欲望是家长要做一件非常重要的事，如果没有兴趣，就等于学习没有主动性，到时候就是家长再着急，恐怕也无济于事，同时对周围事物积极的学习态度也将影响到未来，所以在小恬很小的时候，我们就注意培养她对一切事物积极、认真的态度。

无论是文化课的学习，还是包括钢琴、溜冰、滑雪在内的娱乐方面的学习，父母都用自己的积极态度来鼓励和感染孩子，希望孩子能够以积极、快乐的态度去悉心体会学习的过程。

小学一年级的时候，小恬参加了学校的舞蹈队。在排练手绢舞的过程中，由于在学校练习的时间比较短，对于一些难度较高的动作，她未能完全掌握。为了练好转手绢，父亲特意骑自行车带着小恬去买跳舞用的八角手绢，但是，跑了沈阳好几个地方都没有买到，最后只好跟舞蹈队的教练借了一只飞了边的手绢回来练。手绢太旧了，母亲就用针线把破损的地方缝好并且熨平，再拿给小恬练习，“这是一件很枯燥的事情，但是由于我们跟她一起练，像是在做游戏，这样就很有意思了”。父母对待这件事情的态度也感染了小恬，做事积极、认真的态度在孩子身上逐渐培养起来。

“小时候学踢毽，我们跟她一起踢，帮她分析让毽子落在脚的什么位置才最好；再比如学滑冰，爸爸教我们母女两个人，我跟她一起摔跤，让她觉得很有意思，能滑起来之后就让她观察专业运动员的动作，研究怎样使自己的动作再完美一些”。小恬的专注态度感染了身边很多的小伙伴，邻居家的孩子总会模仿着她做同样的游戏，学同样的东西。

刚刚升入初中的时候，苏小恬开始接触数学的因式分解，起初有些困难，而且对于同时担任班长和学生会干部职务的她来说，学习时间很有限，她因此有些着急，并且情绪不好。“我们从没有埋怨她，而是鼓励她，帮助她分析、解题，把每道题的特点和规律分析出来，渐渐她觉得因式分解题其实很简单，对数学也就逐渐产生了兴趣”。

在这些过程中，父母的言传身教对孩子产生了潜移默化的作用，让孩子体会到，无论是学习还是娱乐，认真的效果是不一样的，于是慢慢养成了习惯。

还有一件事情让小恬和母亲至今难忘。赵宏是一个喜欢文学的人，她非常看重书籍对孩子所起到的作用，但是有所得必将有所失，刨去日常的学习，钢琴练习占去了孩子课余生活的大部分时间，因此，小恬对文学的兴趣一直不大。直到小学四年级的时候，她遇到了一位教语文的方老师，方老师经常把文学名著上的精彩片段介绍给学生，小恬渐渐喜欢上了这位热爱文学的老师，同时对文学也产生了浓厚的兴趣。孩子对某种事物的热爱常常是三分钟热血，而赵宏却非常珍视孩子这灵光一闪的瞬间，她带着女儿来到书店，把《朱自清散文全集》

《屠格涅夫散文集》等大量文学著作买回家中。虽然时间有限，只能有选择地看，有时候买来一本书只看其中的一小段，但父母仍然非常支持孩子，“现在家里书特别多，其中的很多小说就是那个时候买的”。回想起那段经历，小恬对母亲仍心存感激：“虽然很多书也就是翻一翻，看一看，但是我还是特别感谢妈妈，她明知道我是三分钟热血，还能趁这段时间给我提供很多机会。那段时间我涉猎了很多文学方面的知识，开阔了视野。”

作为土木工程师的赵宏却对文学有着浓厚的兴趣，对于她来说，虽然很难具体说清是哪本书、哪个人让她领悟了哪些道理，但是读书却是一个丰富智慧的过程。上初中时，小恬提出想看《三国演义》，但是几次都没有看下去，为了鼓励女儿坚持阅读，母亲利用业余时间同时看了与《三国演义》有关的电视剧、中学生读物以及原著。在每天上学放学的路上，母亲都会跟女儿讲起自己新近的阅读内容和感受，这样大约持续了两个月，小恬重新领悟到了这部名著的精髓并产生了极大的兴趣，“后来的那个假期，她把这部小说从头到尾认真读了一遍，而且受益匪浅。现在我们发现小恬对学习生活中的很多事情都相当感兴趣，也相当认真”。

时至今日，赵宏仍然认为，女儿从小读书比较少是自己最大的遗憾。但是，通过几次集中的阅读训练而培养起来的对学习的认真态度却使小恬受益终生。

“经常有家长问我，孩子考试的时候总是马虎怎么办，我想这和孩子平时的习惯有关系，你不能要求孩子平时对其他的事情马马虎虎，在考试的时候就不马虎”。父亲苏琪是一名外科医生，与做土木工程师的母亲一样，职业的性质要求他们凡事必须认真，这一优点在一定程度上也影响到了女儿。从学习钢琴杜绝错音开始，小恬一路走来所取得的这些成绩，与她多年养成的认真、刻苦的良好学习习惯有很大的关系。

在采访中，赵宏曾经很欣慰地说，这么多年来，他们夫妻俩没有在小恬身上错花过一分钱，因为孩子对待每一件事情的积极、认真的态度，使他们的每一次付出都得到了相应的甚至更为丰厚的回报。用赵宏的话说就是：孩子学什么像什么。

“学生工作让我更加从容、自信”

2001年，苏小恬考入了东北育才学校优才教育实验日语班。她曾经在一篇文章中写道：一路走来，我感到自己是如此幸运，我庆幸自己走进了育才，更庆幸自己加入了育才的学生会。因为正是这个由育才优秀学子组成的集体，给予了我沉甸甸的成长和受益终生的财富。

在采访中，苏小恬感慨地说：“我感觉自己是很典型的受学校影响特别大的那种学生，学校给我们的机会特别多。”当年，与小恬一同考入育才学校的几乎都是沈阳市各小学中的佼佼者，同学们之间难分伯仲，这让当时只有十一二岁的小恬心生胆怯，但是在班主任老师的鼓励下，她鼓起勇气参加了学生会的竞选，竟然通过了初选和复选，成为了学校初中部第十三届学生会的一员。“进入学生会对我帮助最大的就是见到了校园里优秀的人，他们都集中在了一起，集中在了学生会这个团体里，虽然他们不是各方面都优秀，但是每个人都有自己的长处，他们都积极向上”。

起初，苏小恬在学生会的职务是学习部副部长，工作主要是跟学长们搞一些诸如学习经验交流会，创办校园英语角之类的活动。在活动的筹备过程中，小恬开始与外籍教师以及与活动相关的人士打交道，并结识了很多高年级的同学，向他们请教经验，开始了学习工作两不误的自我挑战。

用苏小恬的话说：在学生会的前两年是摸爬滚打过来的。因为缺乏经验，写东西总是犹犹豫豫，一篇工作总结或者是演讲稿经常是写了改，改了又写，有时在电脑前冥思苦想了一个小时，也只是写了不到一百字，急得她一个人在电脑前掉眼泪。一篇一千字的稿子常常要写到后半夜，第二天早上喝杯浓咖啡，再去上学。那种心情让小恬至今难忘。“为什么人家就可以安心学习，我却要奋力地抢时间才能学习，这种竞争根本不公平嘛”！上间操时，她一边心不在焉地做操，眼泪也一边“噼里啪啦”地掉下来，而这个时候常常又会听到广播通知各班班长开会，于是，她也只能赶紧抹去眼泪，一路小跑赶到教育处。

从小，苏小恬就是一个说话都会脸红的孩子，更不要说面对大家演讲。参加学生会需要竞选，可竞选时，她常常不是磕巴就是忘词，即使准备得很认真，在台上还是会紧张，“每次都像机器一样把脑袋里的东西一气说完，生怕稍微停一下就会把后面的稿子全忘掉”。

“有的时候，就是看着稿子也能读错，并且很离谱”。她出过这样一个笑话：“当时天气特别冷，我在外面读值周总结，全年组一共是12个班，我却念出来18班得了红旗，然后大家在下面笑，我都不知道，因为特别紧张。”虽然现在讲起这样的事，小恬常常一笑而过，但对于当时的她，这也许并不那么好笑。

随着锻炼机会的增多，小恬逐渐能够以一种更为积极的心态去面对这样的事。包括在课堂上，每当遇到没人愿意发言、气氛比较沉闷的时候，她总会主动举手，甚至答错了也不介意，“不管对错，老师总会给你一个评价，总会有提高”。

苏小恬说，在做学生工作的过程当中，她最大的收获之一就是学会自信和从容。“我无法说清楚是在哪一次活动时我一下子变得自信起来，因为这种成长是在一次次的磨炼和成功后慢慢形成的。在与他人的合作和交流中，我能感觉到自己在一点点成熟起来，渐渐变得稳重和自信”。随着时间的推移，一切都开始变得得心应手，演讲时那些离谱的错误不再出现，写稿子也变得不那么费劲了，“而且一次次地从挫折走向成功也让我在对待问题时有了不同的思考角度，我渐渐具有了他人没有的勇气去尝试新的事物，给自己争取更多的机会去成长。什么事情不能因为没做过就不去尝试，学生阶段就应该去挑战和锻炼，这个时候如果不抓住机会，以后真正需要你表现的时候，可能就会被笑话了”。

通过学生工作的磨砺，曾经如此羞怯的小恬变得越来越积极、越来越自信、越来越从容。于是，才有了此后她在各种国际、国内交流活动中的出色表现，才有了接下来的故事。

走出校门，迈出国门

对于很多中学生来说，在校期间能有走出校门甚至迈出国门的机会，这无疑是一种十分难得的经历。但苏小恬却在中学阶段幸运地得到了数次这样的机会，这不但得益于母校在业界的威望，而且与小恬自身长期以来的努力也是分不开的，正如本文开篇母亲所说的那样：机会总是留给有准备的人。

2005 年 5 月，苏小恬参加百名高中生访日活动，与日本耐久高中校长合影

2005 年 5 月，苏小恬作为代表参加了由中国教育部和日本日中友好会馆联合举办的“中国百名高中生第七次访日”活动。在九天的活动当中，访日团首先在北京接受了为期三天的集训，聘请清华大学教授为大家作有关中日关系的报告以及外事礼仪的培训。此间适逢 CCTV 少儿频道选拔为本次访日活动进行跟踪报道的小记者，时任育才学校高中部学生会副主席的苏小恬凭借着优秀的综合素质和同时掌握英日两门外语的优势在近百名优秀学生中脱颖而出，成为访问团中唯一一名中央电视台特约记者，对访日活动进行全程跟踪报道。

巧合的是，当时正值世界博览会在日本爱知县举行，访问团受邀参加了中国馆日的开馆仪式。“当时我报道了吴仪参加中国馆日开馆活动的事。”苏小恬回忆说。

作为两国之间的访问交流活动，访日团受到了日方贵宾级的接待。他们先后走访了东京、京都、大阪、名古屋等日本著名城市，并与当地的优秀高中生进行了交流。

2005 年 8 月，苏小恬代表东北育才学校访问日本富山高中。据一同前往的育才学校常务副校长高琛介绍："苏小恬在这里面表现得非常突出，当时我们到了富山县富山高中，她作为学生代表讲话，日语语音非常纯正，表情落落大方，让在场的很多日本学生感到非常惊诧。"

高校长还回忆起了这样一件事："还有一次，我们参加了由富山高中家长委员会发起的一个欢迎晚会，在丽山的山庄里边，日方家庭

2005 年 8 月，苏小恬参加日本富山中部高中交流活动，与日本学生一起吃烤肉

的父母和伙伴，再加上我们的十几个孩子，都进行了才艺表演，他们当时还练了一个太极拳的集体项目。日方曾有一个家长提出这样一个问题：'中国现在发展得很好，那么今后中国能不能打败日本？'苏小恬非常敏锐地带头回答：'我们是朋友。'一下就化解了很尴尬的场面，说明她在这方面很成熟。"

这样的过程让我们看到了苏小恬的成长。一路走来，她不再像刚入校门时那样不知所措，面对来自外界的更多的挑战，她总是能够从容、自信地应对。其间，虽然有咸涩的泪水、难言的苦衷，但成长不都要经历这样一个过程么！

2005 年 7 月，苏小恬代表辽宁省学生参加了在北京人民大会堂举行的中华学联第二十四次代表大会，并有幸受到胡锦涛主席、温家宝总理等党和国家领导人的亲切接见。短短五天的时间，让苏小恬结识了来自全国各地的优秀学子，他们当中大部分是来自国内各个优秀大学的学生干部，还有港澳台同胞和来自其他各个国家的海外学联的代表，包括像小恬这样的全国少数优秀中学的学生干部。跟这些优秀学子接触，苏小恬收获颇丰："言谈间我体会到那种青春的热情，更重要的是我感受到了他们每个人身上的那种朴实的人格魅力。"

大气使她交到了很多朋友

其实，苏小恬的国际交流经历是从 2004 年初开始的，当时还是初中三年级学生的她，代表学校出访德国圣·贝尔哈德中学。

"我第一次出国，接触的是西方文化。我们作为交流学生住在德国人家里，叫做 home stay"。当时，小恬住在一个叫娅斯密的德国女孩家里，"她比我大两岁，但是已经特别成熟了。因为父母离异，所以她跟妈妈住在一起。她当时刚刚有一个男朋友，很成熟。但是我当时根本都不知道这种事情，不知道该怎么应对，她每天还得带着我去跟男

2004 年 1 月，苏小恬代表学校访问德国圣·贝尔哈德中学，与 Home stay 交换学生在莱茵河畔

朋友约会，我感觉特别窘迫”。跟这个德国女孩相比，学生气过重的苏小恬似乎有些不搭调，齐耳的短发，戴着访问团统一配备的红帽子。“我现在一想，当时给人家的感觉就是很土、很落后，再加上她家庭的学历和修养也不是很高——父母也没读过多少书——她也不是那么懂礼貌。我当时第一次出国，有时下午放学，别的孩子都被小伙伴接走了，她却来得特别晚，学校老师经常要打电话找她”。

有一次，访问团去巴黎考察，半夜两点返回德国，同去的中国孩子都被接走了，可娅斯密却迟迟没有来，苏小恬在黑夜里足足等了半个多小时。见到娅斯密的时候，苏小恬并没有发脾气。“我觉得不是她对我不好，而是不重视，但是我也没有感到特别孤独，我觉得这么慢慢相处下去应该能有转机，不能总让她看不起我”。机会终于来了，在西方的传统节日“情人节”那天，娅斯密为自己的男友准备了一份节日礼物。“我就帮她设计怎么包装那份礼物会更有新意，她特别高兴的是我们能想到一起去，能陪她选东西”。也就是从那次开始，苏小恬跟这位德国姑娘的关系好转了，从刚开始的不被接受到最后能够在一起开心地聊天，两个人竟成了好朋友，这让娅斯密的德国同学都感到意外。

两周的交流时间过去了，临行的时候，苏小恬买来了很多贺卡在机场分发给德国朋友，大家挥泪惜别，之后的几年也都还用 e-mail 保持着联络。

“现在回头想想，最开始那段时间实际上让我很沮丧，那么晚没有人接我，还要等老师来接”。其实，这种大气、内敛的性格在小恬很小的时候就已经体现出来了。邻居家的孩子们凑在一起玩耍，只要有她在，就很少有纠纷；小学时候她得到了优秀学生证书，放在书包里一个多月母亲也不知道，最后还是老师通知赵宏的。

在小恬的眼中，看到的都是很阳光的东西，每个人身上都有值得她学习的一面；在她的口中，父母亲经常听到的是她对别人的赞赏和羡慕，大气的性格让她结交了方方面面的好朋友。

一个朴实、沉稳的学生领袖

升入育才高中部之后，苏小恬就进入到高中部学生发展指导处老师的视野当中，成为培养高中部学生会后备干部的重点考察对象。

育才学校高中部学生发展指导处的高丹主任曾这样说道：“虽然我们了解到她很多优秀的地方，但是她并不是很急于表现自己。在她高一的时候，我曾经问过她将来的志向是不是就是做学生会主席，当时，她给我的回答让我觉得这个孩子很成熟，她说：‘我现在还没有想那么多，我觉得应朝着最好的目标努力去做，现在说这些还有点早。’从这个角度讲，我觉得这个十六岁的孩子很成熟。”

对学生来说，学生会主席，尤其是育才这样的重点中学的学生会主席职务无疑是一个耀眼的光环。目前，国内诸如“清华”“北大”这样的著名高校在自主招生的时候都非常看重学生的社会工作和社会实践能力，国外的知名学府对这方面则更加看重。但在苏小恬看来，说得好不如做得好。

终于，在高中二年级的时候，苏小恬以较高的票数当选了育才学校高中部第十七届学生会主席。

从那一年开始，学校将学生会和学生活动分列开来，分别由学生会和社团联合会负责管理，因此那一届的学生会也更多地定位于走平民路线，强调学生会的服务性质。在苏小恬担任学生会主席职务期间，学生会针对学生学习、生活的实际问题做了很多切实的工作。比如倡议同学们要过一个朴素、节约的生日，主要的宣传方式就是写宣传栏，写海报，在学校里设立生日祝福区，准备一块大黑板，整理出当天过生日的同学名单，将大家的祝福写在黑板上。这样，既节约，又达到了全校师生共同祝福他们生日快乐的目的。升入高中之后，同学们都过上了寄宿的生活，饮食问题开始成为校园生活的另外一个重心。但是众口难调，学生同食堂很难达到百分之百的和谐，在学生会生活部的提议下，苏小恬带领学生会干部就学生反映出来的问题与食堂管理员进行沟通，着手解决同学们的就餐问题。“还记得搞食堂调查时，同学们都迫不及待地把意见和建议告诉我们，这种信任让我们感到沉匍匐的责任的同时，也有一种莫名的幸福。”在一次演讲中，苏小恬这样说道。

在与小恬身边的老师、同学接触的过程中，我们深切地感受到，作为一名学生领袖，她不但有脚踏实地的工作作风，还拥有同龄人中少见的处乱不惊的沉稳气质。

在苏小恬刚刚当选学生会主席的时候，班主任老师怕她担子太重，免去了她的班长职务，并在班里重新竞选班长。当时参与竞选的一共有三个人，其中之一的刘馨泽一直是小恬很要好的朋友，平时小恬在工作上有什么烦心事也时常向她倾诉。为了帮好友分担班级工作的重担，她主动提出参加竞选，也顺利地成为了班长。

当时已经是高中二年级，日语班的学生因为要参加日本高考，都在忙着准备日语过级考试，班级的日常管理出现了很大的滑坡，人心涣散，班级凝聚力减弱。刘馨泽也是一位很有责任心的班长，当她急切地想去解决问题的时候，却发现实际上大部分班级干部都比较松懈，所谓“双桥好走，独木难行”，苏小恬默默地观察了一段时间之后，决定找一个适当的时机跟同学们谈一谈。“我知道在这个时候，只有我能站出来在她最难的时候帮她一把，就像她对我一样。”刚刚就任学生会主席的苏小恬工作很忙，就在周六放学前，她一路小跑把学生会工作安排妥当后就赶回了教室。“还剩七八分钟就放学，也来不及准备太多，但有三件事一定要办到：一是希望振奋一下大家的士气，二是支持刘馨泽的工作，三是让所有班干部都要负起责任来。”苏小恬这样想着走进了教室。

已经不是班长的苏小恬站在了大家的面前，虽然内心很激动，但表面却很严肃。她先是把班级最近一段时间的状况一五一十地说出来，接着又说道：“为什么要对大家说今天这番话呢？因为我很为四班着急，也很为刘馨泽着急。你们不知道，她发现班级出现问题之后压力有多大，连着几天夜里她都躺在床上睡不着觉……。前几天有位学长跟我说：他们班总是不知什么时候就多了一把锉子，要不就是夏天不知谁悄悄拿来个苍蝇拍，他对我说这话的时候，是那么骄傲和自豪，我多么希望我们班也能出现这样一种氛围……其实仔细想想，全校那么多同学，只有我们 30 个人能一起走过六年的时光，这是多么不容易的事，我们真的应该好好珍惜在一起的接下来的这两年。我们都是一家人，吃住都在一起，我希望每一个人都能为这个家着想，我希望班委会的成员也都能负起责任来……今天我要告诉你们，每个人都是这个班的班长，换句话说，我们这个班，有30个班长，缺了谁都玩儿不转！最后，让我们珍惜在一起的时间，让我们给刘馨泽鼓掌！”一番肺腑之言重新激起了同学们的热情，“在此后的三周里，苏小恬所在的班级在学校的周评比中都得到了满分。

苏小恬的沉稳曾经给很多人留下了难忘的印象，曾经与她一同参与学生会工作的现任高中部学生会会长周沫说：“我们形容她就是一个处事不惊的人，开始大家觉得她对每一件事情都是比较平静地面对，时间长了才知道，其实她是经过大风大浪之后才变得沉稳，看起来一副平静的样子，其实在平静的外表之下内心有着无比的波澜。”

学习不仅仅局限于书本

学生工作锻炼了苏小恬的能力和胆识，增长了她的阅历和见识，正如她在一次演讲中所说：当我真正走近她并且成为学生会这个家庭中的一员的时候，我对“学习”二字有了一个全新的认识，原来学习不仅仅局限于课本知识的掌握，更包括生活中的点点滴滴。

“在讨论问题的时候，比如说我们本来是这么想的，可是同学们提出其他意见，我们到底是该接受还是该考虑，或者干脆拒绝不考虑，这也是对责任心的一种培养。不仅仅局限在学习这种很单纯的事情上。”

接着，她给我们讲了一个她为学生活动拉赞助的事儿，下面就是那段采访实录。

苏小恬：我开始觉得拉赞助挺难，实际上挺简单。当时我们要办一个主持人大赛，听说有个学生的家长是办齿科的，就把他约到教育处，说我们需要几个奖项，什么奖品。因为他办的是齿科，我们学校学生还这么多，合作肯定是有发展空间的。而且他的齿科好像是刚刚办成，很需要宣传，他给我们赞助了几千块钱，是以代金券的形式，同学们可以去看牙。齿科这个项目算是谈成功了。

笔者：当时你们还住校呢，拉赞助不方便吧，还想过其他办法吗？

苏小恬：我一般不出校门，都是把对方约到学校来。还有，我们学校的食堂不是经常进货么，跟康师傅、辉山乳业、可口可乐都有联系，我就找管理食堂的主任，让他帮我联系到他们，我再跟他们面谈。

笔者：有没有失败的例子？

苏小恬：当然有。最开始，我是通过114查北方图书城、何氏眼科、佳生护眼灯这些企业的电话，但是因为一点关系都没有，他们还说你是学生，感觉信不过；再有他们说一般年初的时候会作出一年的宣传计划，但是到了年底就很难再拿出钱做这个了。

通过这些实践，苏小恬了解到了很多书本之外的东西，她说："一位学生会的文艺部长曾经对我说，可能六年的育才生活之后我会忘记那些在日光灯下奋战到深夜的无数个晚自习，但一定不会忘记在学生会工作的日子。"

"再也不会遇到这样负责任的大队长了"

小标题的那句话出自苏小恬小学时的大队辅导员运老师之口，当时苏小恬担任学校的大队长。苏小恬小学毕业时，运老师对赵宏说："在苏小恬之前或之后我都不会再遇到像她这样负责任的大队长了！"从苏小恬高中班主任宋老师那里我们也听到了类似的话："她作为班长，班级管理特别周到、负责，完全能顶上一个副班主任的角色。"

其实这样的评价并不为过，苏小恬在一篇文章中写道：如果说初中的学生会只是为了锻炼才干，那么高中的学生会则让我更进一步懂得了作为学生干部是为了什么，我意识到这其中远不只是为了锻炼自己的能力，而是让我学会奉献和承担责任。明确了这一点，我参加学生会的主动性更大了。

担任学生会主席期间，苏小恬曾经组织过育才学校高中部第一届挑战杯主持人大赛，为了那次活动，她付出了很多。

"当时我是负责灯光和舞台的，我发现她做事有一个特点，先把大体的工作想好再分块分配下去，之后她跟每一块的负责人沟通细节上的问题。那时候我们在教育处一起检查主持人的走台和串词，虽然已经检查了很多遍，有时候我们都感觉没什么问题了，但苏小恬总能发现一些问题，比如其中一个词用得不好就再换一个。她是一个特别细心的人。有的时候我们只顾钻研细节了，她却能马上又回到大体上，总能在别人忽略的地方下工夫。”高中部第十八届学生会主席周沫说。

母亲赵宏也在文章中这样写道：在组织第一次挑战杯主持人大赛的时候，有一天我接到她的电话，说没有时间取定做的奖杯，让我帮助取一下送到学校。当我晚上五点到学校的时候听说正在彩排，我在校门口足足等了两个小时，后来是两个学生会的同学出来取走了奖杯。那天晚上他们都没有吃上晚饭，晚上 11 点钟她给我打电话说彩排发现了很多问题，当时我的眼泪就不由自主地流了出来。

苏小恬是一个有责任心的孩子，而她的责任心又不仅仅局限在学校。在家中，母亲时常会在干家务的时候听到来自她的提醒：小心别弄伤手、小心别碰了头，“她会处处让你感觉到有这样的女儿是一件很幸福的事”。在国外，她看到那些本来源自中国的传统文化在日本发扬光大时，感到不平和焦虑，在一篇名为《日本之行有感》的文章中，她这样写道：一方面我在心里鸣不平，另一方面又实在无底气将事实说清楚并确保得到别人的认可，所以说，许多时候中国的东西丢了，到了日本却能够生根发芽，这一点确实值得每一个中国人思考。

“这孩子品性好”

在“育才”的采访过程中，几乎所有熟悉苏小恬的被采访者提到她都会竖起大拇指说“这孩子品性好!”

学生发展指导处的高丹主任说：“现在在我们学校申请国外大学已经不是什么梦想，很多孩子也都开始实施，但很多孩子在实施过程中会向你提条件，比如要在家学习，不来学校等等，但苏小恬不会，她从没因为要申请国外大学而搞特权想不在学校，或者耽误社会工作、不遵守学校时间，因为她觉得她在学校是有示范作用的。”包括被耶鲁大学录取之后，母校请她回来给其他同学介绍经验，她依然是先回到本班教室等待老师安排，报告结束之后还回到教室去，不会提前离开学校，仍然严格地执行着学校对于其他学生的请假制度，就是要请假，她也会先找老师签个假条，从不给老师添麻烦。

“她是一个很正直的人”，苏小恬的几位同班同学张晗姝、郭芙、吴翔昱、马贺都不约而同地向我们提起高一时全班参加学校广播操比赛时的一件事。在那次比赛的过程中，班上的男生对班主任老师有一些误解，并说了一些泄愤的话表示不满，班级局面一时弄得很僵。为了替老师澄清事实，让同学们摆脱偏执的情绪，苏小恬利用一次上体育课的机会——体育课男女生分开上——把女同学留到教室里。她首先澄清了那次误会，并且列举了她所看到的班主任老师为同学们的成长所付出的种种努力，倡议女生要多理解老师，不能像男生那样因为不了解情况而采取偏执的做法。小恬在前面边说边哭，最后全班的女生也都被感动得哭了。通过这次沟通，她争取到了占班级人数大半的女同学的理解和支持，至少阻止了偏执思想在班级的蔓延。苏小恬回忆起当时的情形说：“现在同学们回忆起李老师也都觉得他是个好老师，他曾经在班会上跟我们说：‘我上大学时候一个最大的愿望就是能当一个好老师。’其实，他不知道我找同学们谈话，我当时也不知道这么做行不行，而且听说还有男生知道了这个事之后跟别人说：‘苏小恬也就是个女生，要是男生，我一拳头就打过去了。’我当时也很害怕，以至于当天的晚自习都很紧张。”

“恬姐”的两面性

虽然苏小恬在班里年龄比较小，但无论是男同学还是女同学都亲切地称她为“恬姐”。回忆起那个身高一米七二、始终面带笑容的苏小恬，这个名字还真的比较切近。“那是男生给起的，其实男生还是比较佩服苏小恬的，她是班长，而且什么事都能带头，就都跟她叫恬姐，其实她年龄比我们都小，在我们寝室是最小的”。与小恬同寝的姐妹郭芙说。

这个夹杂着尊重和亲近双重感情的称谓也让我们看到了“恬姐”的两面性。虽然经历了种种困难的磨练，虽然承担了学业和工作的双重重压，但苏小恬仍然保留着一种自然的天性，“别人都感觉她可坚强了，其实她非常感性，爱哭，有点事就可感动了，以前去同学家看电视剧，看到感人的地方她都会被感动得泪流满面。笑起来也是，以前我们初中老师说苏小恬笑起来就像五岁的小孩似的，笑声可天真了”。小恬也是寝室里的开心果，“她平时跟同学在一起的时候特别能融入大家，她要是在寝室的话，寝室的气氛就特别活跃，她一笑就哈哈地，一点不像她在大家面前表现的那样，她一到前面讲话就很有领导风范”。

在室友的描述中，“恬姐”的两面性“暴露无遗”，一面是慷慨陈词的学生领袖，一面是哭笑随愿的性情中人。曾经与她在学生会一同工作的周沫说：“她当学生会主席的时候，让你感觉她既是你的主席，你要尊敬她，而且她又是你的一个特别好的朋友，你什么事情都想跟她讲，让你感觉有些怕她，又有些想接近她，又怕又爱的感觉。比如平时组织完一项活动，我们开例会的时候可以庆祝一下，那时候感觉她是特别热爱生活的一个人，平时看起来那么文静的一个小姑娘，可以在大家面前又唱又跳，而且她有时候给我们讲一些笑话，让你感觉根本不是你认识的她，完全有她自己活泼的一面。”

是呀，那么文静的一个姑娘怎么会在大家面前又唱又跳呢？但“恬姐”就是这样的一个人，一个严肃沉稳的性情中人。这似乎有些矛盾，但人性不就是这样的吗？本质的纯真和奋斗的艰辛往往相伴相生，在这个过程中，完整的人性最终得以塑造。

鱼和熊掌可以兼得

育才学校学生的学习强度和深度在业界早有口碑，多年来几乎一直保持着每年二三十人升入“清华”“北大”的高考记录，并有越来越多的学生考入国外知名学府。在这个人才济济的名校中，学业的压力自不必说，而且苏小恬所在的班级是日语特长班，日语班的概念就是把日语当做特长来学，其余的课程跟其他班同步，而且即使是特长科目，要求也很高，高中毕业之后日语班学生要求100%通过国际日语能力测试一级。据日语班班主任宋玉良老师介绍：“在初中，日语班的学生一周有十节日语课，其中五节外教课，到高中之后外教课更为偏重一些。这样无形中对其他课程的学习带来很大压力，学生如果没有很强的适应能力和努力程度，学业方面难度很大。”

在巨大的学业压力下，苏小恬是怎样做到同时扮演好学生干部和学生的双重角色的呢？圣贤先哲曾经说过：“鱼和熊掌不可兼得。”但真理总是相对的，在某种条件下，在某个人身上，奇迹是能够发生的。

苏小恬为我们介绍她的经验时，第一句话就说：“我的效率特别高，属于被逼出来的。”小恬的高效率在学习和工作两方面都有所体现，据高丹主任介绍，在苏小恬做学生会主席期间，学生会例会的效率非常高，以往这样的会议把握不好就成了聊天会了，“但她跟所有的学生会干部强调这样一个思想，作为学生主要的任务是学习，不能让学生工作冲淡了学习”，例会的时间常常安排在晚自习，大家在明确了各自的工作之后就马上回到班级上自习。

对于如何提高学习效率，苏小恬是这样说的：“上自习的时候可能别的同学学的时间比较长，但有的时候会犯困或者精力不集中，而我只要坐在那都是很专心地在学。无论做什么事情都是这样，比如弹琴，两个小时坐下来就是在弹，这样无形中也是在节约时间。”小恬的专注在老师和同学中有口皆碑，班主任宋老师说：“在课堂上不管什么课都是跟着老师走，整堂课上，她一直很专注地听，眼睛雪亮地盯着老师，然后在下面记笔记。”同学郭芙说：“苏小恬要在那学习，你都不忍心打扰她，你叫她第一声她都不一定能听到，可专心了。”

用苏小恬的话说就是：“无论做什么事的时候都专心去做，不在上课的时候想着活动，或者在活动时又为作业担心。”

一方面是专心，另外一方面则是学会利用零散的时间。为了少占用大块的时间，苏小恬常常把工作分配到各个课间去做，每次下课她几乎都是第一个跑出教室，大家总能在走廊里看到她跟其他学生干部一起商量工作，“往往是一路小跑往返于东楼和西楼之后，恰好能在响预铃之前安稳地坐在教室，和其他同学一样准备下一节课”，小恬说。这时候，她的心里总会有一丝成就感。有时候工作把午睡时间挤走了，下午她就用咖啡奶提神或者下课到户外运动一下，“所以养成了不睡午觉下午也不困的习惯”。

鲁迅先生说：我只是把别人喝咖啡的时间都用在工作上罢了。这话不假。“我会在别人玩的时候，或者洗漱慢一点的时候，抽空背一会儿单词。”苏小恬这样说道，“有的时候演讲稿没时间背了，就一边做眼保健操，一边在嘴里嘀咕。”

然而苏小恬毕竟只是一个普通的女孩子，成长过程中也会有烦恼，也会有疲惫和动摇的时候。育才学校每年都会在初三年级组织一次分流考试，通过的学生可以直升高中部，而分流下来的学生则要参加中考重新选择学校。面对繁重的学业和学校的分流考试，苏小恬曾经想过要放弃学生干部的工作。“那时候，我最需要的就是有人能给我些建议，指导我作出正确的选择”。当时的团委书记柳玉英老师同小恬的一次谈话让她永生难忘。在老师的鼓励下，苏小恬作为初三年级参加分流考试学生中唯一一名竞选者参加了竞选，以高票当选初中部学生会主席，而且顺利地通过了分流考试。

提起初三时那段经历，苏小恬说：“后来我选择了坚持，因为即使在学习最紧张的时候，我发现自己也已经离不开工作了，利用工作的时间来放松自己，反而使我更能全身心地投入到最后的冲刺中。”其实这件事给我们的启示是多方面的，学习和工作并不是一对矛盾体，从某方面来说，工作恰恰可以提高学习效率，正如苏小恬所说：“因为自己比别人的学习时间少，所以反而更有动力了。”

“我不是那种特别聪明的女孩，主要体现在我不能一边搞活动，成绩还能保持在全班第一名、第二名，那样的话可能算是聪明，但是我能找时间学习，基本属于努力型的。”苏小恬曾经这样评价自己。用同学郭芙的话说：“她是特别典型的不是非常聪明，但完全靠自己后天努力取得成功的。”其实在我们看来，小恬非常聪明，她的智慧就在于她凭借着勤奋和高效在同样的时间完成了比别人更多的任务，并且发现了学习工作两不误的诀窍。

“几年的中学生活告诉我，吃得苦中苦，方为人上人”，经历了艰苦的磨炼，苏小恬享受到了学习和工作带来的双重成功。

在申请耶鲁大学的路上

高二下学期，也就是 2006 年 1 月，苏小恬受到学姐李沫思考取耶鲁大学的鼓舞，和父母商议作出了申请美国大学的决定。

申请美国大学首先需要托福和赛达（美国大学入学考试）考试成绩，为了能够取得比较理想的分数，这些考试苏小恬都考了三次。“我第一次考托福考了613分，一个挺低的分数，三个月之后还有一次机会，而且是最后一次旧托福的考试，我必须得考高分。那段时间我挺下工夫，问了一些其他考高分的学生是怎么学的，有个男同学说他晚上天天躺在浴盆里读英语听力的文章，读到口干舌燥为止，因为听力确实是最难得分的。当时我还没回家，在学校复习，天天拿《六人行》的磁带练，中午找时间回寝室去读，下午有一节体活课，教室里不让出声我就也回寝室去读，一天读好几次，把自己口语练好了听力也提高了，通过努力把成绩搞上去了”。

对于小恬来说，比较难的还是准备赛达考试。备考的那段时间，她天天去市图书馆看书。一次，刚巧被一位同学看到，发现苏小恬一个人坐在图书馆里，身边就是一瓶水，很单薄像一尊雕塑，从早上坐到晚上。“比如数理化那些考试全都用英文，虽然内容不深，但是有一些知识点是我在学校还没学过的，当时有不会的就拿到学校跟老师讨论，我给老师翻译这句话大概的意思，我们就一点点猜，有些知识点都是大学的内容。”苏小恬说。

结束了这些考试已经是2006年11月份了，随后进入到另外一个非常重要的阶段——准备申请材料。“准备申请材料的时候我跟其他人有些不同，因为美国很重视课外的东西，有的学生可能这方面的东西比较少，要现准备一些，或者找人帮忙包装一下，但是我准备这个过程还不是那么麻烦，把自己的这些经历整理一下就可以了。包括写那两篇小文章，美国大学都要求写小文章，各种主题，主要看你的写作水平和思想，我选的是《对中日两国人民的关系的一点看法》，因为以前去日本的时候也想过这些事情。另一篇是我做学生会主席参加各种课外活动的经历，这些都是我亲历的，所以不是那么难写”。

申请材料递交上去之后，苏小恬收到了耶鲁大学的面试通知书，随即前往北京，在一间办公室里她见到了微软国际部的一名高级顾问，也就是面试的考官。考试的主要内容是聊天，看似轻松，实则是通过比较放松的方式让考生展示出真实的自我。在这个过程中，他们谈到了很多问题，包括你的母校是一个怎样的学校，你曾经试图去改变了什么但没有成功的例子，你对中日以及中美关系的看法，家乡沈阳最具挑战性的问题是什么，在中国发展过程中最具挑战性的问题是什么等等。美国考官和这位中国小女孩谈得非常投机，因为他提出的很多问题都是苏小恬一直关注的，原来这位考官是克林顿任职时的顾问，曾经跟随克林顿出访过日本和中国上海。“我说最具有挑战性的问题就是环保，当时他递给我一瓶碳酸饮料，我说我很佩服日本人的一点就是，他们跟美国一样都是发达国家，但是日本人能不怕麻烦很注意环保，我去日本交流的时候看到那个日本家庭里有十个垃圾桶，都是分类垃圾，一个饮料瓶要分成三部分，瓶盖扔进一个桶里，瓶子扔进一个桶里，外面那层纸再撕下来扔到另一个桶里”。

一个小时的时间很快就过去了，结束了面试也就结束了整个申请过程，接下来便是忐忑的等待。不管最终结果怎样，多年来苏小恬的辛劳付出终于在关键时刻给予了她丰厚的回报。曾经有一位退了休的老警察说过这样的话：你可以一辈子没有开枪的机会，但是在机会来临的时候，枪里却不能没有子弹。那句古老的格言又回荡在耳边：机会总是留给有准备的人。

“我是如此的幸运”

2006 年 12 月 16 日，喜讯通过国际互联网从大洋彼岸传来，苏小恬以赛达 II（美国大学入学考试）满分、托福 663 分的成绩被美国耶鲁大学以全额奖学金提前录取。于是便有了开篇母子拥抱的一幕，但也仅止于此，家中并没有举行隆重的庆祝活动，反而在得知这一消息的第二天，苏琪和赵宏的嘴角不约而同地长了火泡。因为夫妻俩目睹了女儿在这个过程中所付出的艰苦努力，在他们的心中，更多的是疼惜和对未来的担忧，“小恬仅仅是考上了一个比较好的大学，她以后的路还很长，我们担心她会飘起来，而且女孩子那么要强以后会很辛苦，我们也见到过很多学生在国外读书特别辛苦，家长辞职出去陪读”。母亲说。对女儿发展一直保持清醒态度的夫妻俩并没有被喜悦冲昏头脑，他们对孩子最大的期望仍然是她能够快乐、健康，而获得喜讯之后最重要的一件事是对所有帮助过他们的人表达感激之情。

当苏小恬刚刚通过互联网获知被耶鲁大学录取的消息后，她第一时间就把这个喜讯告诉给自己的老师们和曾经帮助过她的人。在母亲的记忆里，女儿遇到过很多好老师。她说："小恬很幸运，她的老师们都对她产生了很大的影响。从第一位钢琴老师赵炜到钢琴名家李青老师，从小学郭莉老师、初中班主任张平老师到高中班主任宋玉良老师，以及育才学校的很多老师，她永远都不会忘记他们的教诲。"

苏小恬曾经写过一篇文章，名字就叫做《我是如此的幸运》，其间使用次数最多的词就是"幸运"和"感激"。正如母亲所说："小恬今天成功申请耶鲁大学得到过许多人自觉自愿的帮助，这中间有她的学校老师、课外老师、邻居以及以各种形式结识的朋友，我们觉得小恬非常的幸运，但这种幸运也和她平时的为人处世有相当大的关系，正因为她的性格上的优势，才使得她每到关键的时候总是有朋友相助，才有了今天的苏小恬，我想小恬也永远不会忘记这些曾经帮助过她的这些人的。"

教育要从家长抓起

行文至此，本该画上一个句号，但是在采访过程中，母亲赵宏的一句话仍然让我们割舍不下："邓小平说过教育要从娃娃抓起，我们觉得教育应该从家长抓起。"

苏小恬的成长过程在很大程度上受到了父母的影响。父亲苏琪是一名外科医生，毕业于中国医科大学，获医学博士学位；母亲赵宏毕业于沈阳建工学院，就职于辽宁省水利厅，是教授级高级工程师。也许是工作性质的关系，夫妻俩平时习惯于凡事认真，正像前文所提到的，他们的这种态度在一定程度上影响着孩子，他们对女儿也正是这样要求的。

家长宽厚的性情也为女儿所继承。苏琪和赵宏夫妻俩曾经连续三年资助聋哑孤儿上学，而小恬的姥姥、姥爷也是社会募捐活动的热衷参与者，长辈们的宽厚仁爱为小恬创造了一个暖意融融的充满人情味的家庭氛围，让孩子在其中自由地摄取养料。

那些浸泡在汗水和泪水当中的岁月，是父母给予了女儿默默的支持，小恬曾经在文章中写道："一直陪在我身边，真正理解我的就是我的父母，尤其是我的妈妈，无数个日日夜夜，她陪我累，陪我倦，甚至一起流泪，就这样，我走过了那些最艰难的岁月。"

"教育要从家长抓起"，让我们以此与那些已经为人父母或者即将为人父母的读者朋友们共勉。

家庭教育的目的——让孩子尽早不再需要家庭教育

小档案：

张恺元，男，1984 年 10 月生人。

1990 年考入沈阳市振兴街第二小学实验班。1995 年考入东北育才学校优才教育实验班计算机特长班。

中学阶段，曾多次被评为校三好学生、特优生。2000 年，被评为“沈阳市十佳中学生”“沈阳市优秀共青团员”。2000 年，赴合肥参加中国科技大学举办的全国数学奥林匹克竞赛，获三等奖。2001 年，赴香港参加全国数学奥林匹克竞赛，获金牌，同时获得“陈省身杯”数学奥林匹克竞赛团体冠军，并因此取得了保送名牌大学的资格，北大、清华等国内名校可任选，他最终选择了北京大学数学科学学院。

在北京大学就读期间，年年被评为校三好学生，曾经被评为“北京大学三好学生标兵”“北京市三好学生”，获北京大学最高奖学金（北大所有本科生、硕士生、博士生中仅评出 10 人），刚满 18 岁就被吸收加入中国共产党。毕业时，他的总成绩雄踞全院榜首，并被评为“北京大学优秀毕业生”“北京地区高校优秀毕业生”。

2005 年初，先后收到美国五所世界顶尖大学的全奖博士研究生录取通知书，最终进入斯坦福大学数学系应用数学专业攻读博士学位。

“北大数学科学学院第一牛人”“牛魔王”“大牛”，这一系列的头衔和绰号都是属于张恺元的。他对此的解释是：“牛，就是大家问你题的时候你啥都会。”牛不是吹出来的，即使您对此有所怀疑，一些类似神话的事情仍然存在，但我们想说的是：即便是神话，也是由人创造出来的。

让我们从张恺元的父亲张炜的家教心得讲起。

用家长的“四心”来培养孩子的“四自”

2006 年的夏天，张炜应儿子的母校——东北育才学校之邀来到“亲师有约”的讲堂上，为老师、家长们作了一次名为“家庭教育的目的就是让孩子尽早地摆脱家庭教育”的报告。而所谓的“四心”和“四自”也是他在那次报告中提出的。

张炜所说的“四心”，指的是爱心、用心、信心和耐心。在他看来，要使家庭教育取得好的效果，家长的这“四心”是必不可少的。

首先是爱心，指的是正确的关爱，而不是溺爱。“这种爱是出自孩子终生发展的需要，而不是眼前让孩子少吃苦、轻松、安逸；实际上，你主观上为自己培养孩子，但客观上却是为国家培养人才”。

其次是用心。“家教是一个完整的系统工程，需要家长付出很多心血，需要用心。就是说要动脑筋来考虑这些问题，要把培养孩子作为自己的一项事业来做。每个孩子的情况都不一样，不能套搬别人的成功经验，需要自己多观察、多分析、多琢磨，摸索出适合自家情况的家教方法。要讲究方式方法，讲究实效”。

然后是信心。“对自己的家教工程要有信心，不能遇到困难就灰心，就放弃。要不断发现新的变化、新的问题，找到解决问题的方法”。

最后是耐心。“教育子女一定要有耐心。孩子在改正身上存在的毛病时，要允许反复，但要找到原因，予以解决。这种办法不行，就换其他方法，一定要有耐心。对孩子不耐烦、训斥都是对孩子心灵的伤害。要用家长的信心来换得孩子的信心”。

这“四心”之间是相互联系的，“有爱心才能用心，用心就会有效果，有效果就会增强你的信心。遇到曲折时要有耐心，要用心分析，找到解决问题的方法”。

正如报告的题目所说的那样：家庭教育的目的就是让孩子尽早地摆脱家庭教育。意思就是说主要培养孩子一种自立的能力，而不能有拐杖就走没拐杖就不走。家庭教育的目的就是为了让孩子在各方面尽早健康成长起来，不用家长再为他们操心，他们也不再需要家庭教育。”对张炜来说，家庭教育的关键就是培养、锻炼和提高子女的自理、自立、自律、自学的“四自”能力。

首先要尽早培养和锻炼孩子在生活上的自理能力。“从小做起，生活起居、洗衣、做饭、收拾房间和个人物品、个人卫生，凡是孩子自己的事情，尽量让他自己完成，不要替代。对孩子的溺爱，是对孩子最大的坑害。教育培养他自己的事情自己操心的习惯。当孩子生活能够自理的时候，你也就解脱出来了”。

张炜还举了儿子的一些例子。“张恺元小学四年级时只有九岁，他可以自己骑自行车上下学；上初中时参加军训，就能够帮助同学打背包；上大学时坚持不用家长送行，到北大办理入学等各种手续比家长都快；到美国的第二天就自己开伙做饭，不久就买了汽车”。在国外的同学当中，张恺元以高超的烹调技术和娴熟的驾驶技术著称，生活上让家人非常放心。张炜强调说：“千万不要把孩子培养成书呆子，那样即使成绩再好，到社会上也是不行的。”

接着，张炜又强调了“自立”对孩子的重要性。“培养孩子早立世、早懂事，培养他们独立的思想意识，提高他们对学习、生活、社会的认识和看法。要立长志，不能常立志。让孩子学着考虑怎样安排自己的事情，用什么方法能够提高学习效率和学习成绩，怎样才能跟老师和同学更好地沟通并保持融洽的关系”。

第三点是自学能力的培养。所谓自学能力，就是主动学习、积极学习的能力，“人们对任何一件事情的态度，决定了投入的程度。主动和被动地学习或做事情，其结果大不一样。自学是主动学习和积极学习的体现，可以增强学习兴趣，提高学习能力。在学习上，只要肯动脑筋、肯下功夫，就会不断超越自我，不断进步”。

最后一点是自律，这是任何一个希望在某方面有所成就的人所必备的基本素质。“对自己提出严格的要求，并能够自觉地按照这些要求去做，不轻易改变自己的计划。制定一个计划不是难事，但要不打折扣地执行好，却不容易。不以事小而不为，要从小事做起，认认真真地做好每一件小事，积累起来，就会完成一件大事”。

实际上，张炜所提出的“四心”和“四自”也正是他对自己和对儿子的要求。然而这并不只是一个简单的期望，十几年来，他们也正是这样做的，因而，张恺元所取得的成绩也并不完全像神话那般难以琢磨。

家庭教育需要全方位沟通

对于张炜来说，家庭教育是一个需要全方位沟通的系统工程，孩子、家人、老师和社会，哪一个环节信息不畅都会带来一系列的不良反应。

首先是家长与孩子之间的有效沟通。用张炜的话说："家庭教育的前提是充分了解孩子，做他们的好朋友。"在这方面，他有一番详尽的论述，"和孩子相处，首先应该成为他的朋友，其次才是他的家长，这样才能充分了解孩子的性格、特点和弱点。有了良好的沟通环境，他有什么事情，就愿意向你请教，也才能接受你的教育和建议，你的教育理念才会得到有效地灌输。很多家长说，孩子有对立情绪，不愿意和家长沟通。我认为这都是因为没有处理好和子女的关系。家长要放下架子，动脑筋想想怎样才能和子女成为无话不说的好朋友。"

除了与孩子之间的沟通，夫妻之间的沟通和配合也很重要。张炜同时强调说："夫妻双方一定要在教育理念上保持一致并且相互配合，不要当着孩子的面争论教育问题。否则，孩子会感到无所适从。在家庭教育上最好有个分工，相互配合和支持。"

然而，当孩子的生活开始与校园发生更加紧密的联系的时候，老师和学校又成为了张炜实施家庭教育的重要着眼点。从儿子上学起，张炜就始终注意跟老师和其他家长的沟通，"我现在体会就是多跟别人沟通，多学习别人的经验"，在跟别人沟通的同时，还能充分了解孩子在学校的情况，从而全面掌握孩子的精神状态和思想动态，而这些仅仅通过几次家长会和考试成绩是很难了解到的。

儿子升入中学后，父亲张炜也"荣升"张恺元那个班的家长委员会主任。"每个班都有一个这样的委员会，跟老师沟通也比较方便。"在与老师沟通的过程中，张炜不只了解到儿子的情况，同时也了解到其他学生的情况，"这样对老师和同学的情况都熟了之后跟孩子就有共同语言了，班级发生了什么事，他都愿意跟我说。如果家长教育得当，你说的话对孩子会是一个很好的引导，你的信念在他身上可以很好地体现出来”。时至今日，即使儿子已经中学毕业多年，张炜仍始终关注着育才学校的发展，并把学校的主页加入电脑的收藏夹中，经常浏览。

在张炜看来，教育应该是全方位的。在学校，教育不仅仅是教授知识，除了班主任老师外，其他任课老师对孩子也会产生深刻的影响，还有同学之间的相互影响也不可忽视。同时，家庭环境、社会环境等各种环境对孩子的成长都会产生影响。“如果说各种环境都有利于他的成长，那么孩子肯定是积极向上的”。

张恺元的父亲张炜是江苏南京人，也许是南方人细致和缜密的性格使然，他的这番家庭教育的全方位沟通理论着实是对以往那种粗放型家庭教育方式的一种颠覆。在教育成本和教育目标日益提升的今天，我们看到，这种精耕细作的家庭教育方式正成为现代家庭教育的趋势。

父亲在家庭教育中的角色

古语有云，“养不教，父之过”，意思是生育子女，只知道养活他们，而不去教育他们，那就是做父亲的过错。张炜说：“父亲和母亲的教育理念有很大的不同，母亲注重表面和细节，父亲注重本质和整体。如果父亲用心参与教育，对孩子成长将会产生很大的影响。所以，在家庭教育当中，有能力的父亲应该担负起更多的责任。”

在儿子还很小的时候，母亲上班离家比较远，带孩子不方便，为了减轻妻子的负担，张炜独自承担起接送和照顾孩子的责任。“那时候我自行车有个斗，小孩可以坐在里边也可以站着，从恺元六个月开始，我就带他上我们单位的幼儿园”。常常是别人给孩子喂奶，张炜去给儿子蒸鸡蛋糕。

儿子到了上学的年龄，每次学校开家长会基本都是张炜出席，他对此的想法是这样的：“如果当父亲的做得更多一些，对孩子的教育会不一样。我后来发现，儿子学校里很多优秀的孩子，都是爸爸对教育很投入。我觉得男人跟女人的教育理念和观察问题的方式不一样，男人对孩子注重方向；女人是比较细微的，看到的是很具体的现象。”

一次在育才学校的家长会上，张炜受班主任之邀交流教育孩子的经验。看着台下众多的孩子妈妈，张炜的第一句话就是：“‘养不教，父之过；教不严，师之惰’。今天来开家长会的大部分都是女同志，回去请跟孩子的父亲说，当父亲的应该多用心。”张炜说，他现在一个比较深的体会是，男人如果介入家庭教育，那么效果肯定是不一样的。

张恺元给母校留下了深刻的印象，父亲张炜同样在老师当中有很好的口碑。

张恺元高一时的班主任李秀华老师说：“张恺元的优秀跟家长也有很大关系。他的父母，尤其是父亲对儿子每一步的成长都非常关注，而且是全身心关心教育。他不但关心自己的孩子，还关心班级，关心学校的工作，跟老师配合得也非常好。所以我觉得他的言传身教特别好，是孩子的第一任老师。”

张恺元高二时的班主任廉丽丽老师说：“张恺元的爸爸是一个非常有教育方法的人，而且口才很好。我那时候也比较年轻，可能会因为年轻，缺乏说服力，所以每次开家长会的时候，我都跟张恺元的爸爸说：‘张哥，你准备准备，看能不能把你的教育方法跟家长们介绍介绍。’”因为张恺元学习很好，所以父亲张炜的话就比较有说服力，每次家长会他都发言，家长们很信服他。廉老师的这一做法在班里起到了很好的效果。

说到这里，我们不得不介绍一下张炜本人。1982年，张炜毕业于武汉测绘科技大学，现从事测绘仪器的计量检定工作，教授级高级工程师。采访过程中，他的睿智与涵养给我们留下了深刻的印象，也许除了了解到恺元的一些成长故事之外，能够结识这样一位出色的父亲也是我们此行的另外一个收获。

在儿子面前，他是一个模范父亲；在妻子面前，他是一个模范丈夫；在老师面前，他是一个模范家长。张炜以行动告诉我们，在家庭教育中，父亲应该承担起更多的责任。

好孩子是“忽悠”出来的

“忽悠”，原本是一句东北方言，却让赵本山借着小品《“卖拐”》传遍了大江南北。张炜有句话说得好：“好孩子是‘忽悠’出来的。”跟通常所说的“好孩子是鼓励出来的”相比，前者在玩笑调侃中暗含着一种“以不争为争，以无招胜有招”的深层意味，鉴于上述特点，我们决定使用张炜的原话作为本节的主题。

据张炜讲，张恺元从小就有很强的观察能力。“打个比方说，小时候上楼梯，在他会数数之后，就告诉我说这个楼梯有多少台阶，这样的事，大人平时都意识不到。过交通岗的时候，他问我：‘爸，你知道信号灯的排列顺序么？’这些他都注意观察”。虽然有些事情对大人来说算不了什么，因为凭借多年的生活经验也能判断出来，但对于那么小的孩子来说，能在日常生活中发现那些似乎并不被人注意的事，也是很不容易的。“所以一遇到这种情况就要及时表扬。其实这种习惯我觉得是天生的，但是你如果表扬他，他就会更注意地观察，然后跟你讨论。你如果觉得惊讶，再表扬他几句，他就更高兴、更来劲了”。

不可否认的是，张恺元从小在数学上就很有天赋，这主要也是通过他敏锐的观察能力体现出来的。“小时候背乘法口诀，回来就告诉我说，他发现一个规律：凡是能被 9 整除的数，它的各个位数相加等于 9，比如 2 乘 9 等于 18，1 加 8 等于 9，3 乘 9 等于 27，2 加 7 等于 9”。那时候张恺元只有 7 岁，第二天父亲把这件事告诉了老师，老师也大吃一惊：“这是五年级奥数的内容，他居然自己发现了。”

又过了几天，他跑来跟张炜说：“爸，我又发现了一个规律，一个数跟这个数相乘的结果比跟它相邻的两个数相乘的结果要多 1，比如 5 乘 5 等于 25，4 乘 6 等于 24。”理工科出身的张炜当时就反应过来，“这不就是 a 的平方减 1 等于 a 加 1 乘以 a 减 1 吗——$a^2-1=(a+1)(a-1)$，扩大一点就是 a 的平方减 b 的平方等于 a 加 b 乘以 a 减 b——$a^2-b^2=(a+b)(a-b)$”。虽然只是发现了几个已有的数学规律，但在那样小的年龄就已经具备了如此敏锐的观察能力，这实属不易。

每个人都有自己的强项和弱项，即便是极具数学天赋的张恺元也不例外。父亲张炜说：“恺元属于有特长，但不是全才，不是所有功课都很好的那种孩子。”升入中学之后，学校每年都要在初三年级安排一次分流考试——分流考试决定哪些学生可以直接升入本校高中部——张炜担心儿子因为语文不好被分流出去，“后来我跟老师交流，老师说，这个不能，他语文也不是太差。但是跟其他科目相比，

056

他的语文要差一些”。

面对这种情况，也许有的家长会对孩子说：“你的语文比较差，还不抓紧时间好好学。”但张炜认为，家庭教育最重要的一点就是鼓励，家长应该以孩子的某方面特长作为突破口，帮助孩子建立自信，并将这种能力迁移到其他方面。

“能力迁移”是张炜提出的又一个教育理念，其核心内容仍然是鼓励孩子，帮助孩子建立自信心。他说：“人人都愿意听表扬的话，这样的话往往能鼓舞士气和斗志，孩子也是如此，需要鼓励和表扬。甚至对于孩子做得不好的事情都要以鼓励的方式说出来。”“我们当时并没有对他说：‘你的语文比较差，应该怎样怎样。’我们这样说：‘你数学那么好，要是把学习数学的劲头用在语文上，你肯定有收获。’”这一招果然灵验，通过一段时间的努力，恺元的语文成绩真的上来了。张炜补充说：“这种能力的迁移，其实对谁都一样，对什么事情用心了，是肯定会有收获的，只是每个人的兴趣点不同。”

不只是家长的鼓励，老师的鼓励对孩子的作用也是不可低估的。张恺元 11 岁上中学，比同班同学平均小两岁，虽然还不到入团的年龄，但老师为了鼓励恺元，还是让他第一批加入了共青团组织。初中一年级的第一次期中考试，张恺元排名全班第二，班主任陈锋老师夸奖他说：“这么小的年纪，学得这么好，将来一定有出息。继续努力，争取期末考第一。”类似的话，班主任老师跟张炜也是这么说的，“我们把这个信念传递给他，并且帮他分析，期中考试哪一科比较弱，应该怎样合理地分配精力”，结果到期末考试的时候，张恺元果然考了第一名。

在“育才”这个人才济济的重点中学里，长期保持第一名的成绩是不大可能的，但张恺元有一个特点，就是考试题目简单的时候，他的成绩不会比别人高出来多少，一旦难度加大，他的优势就很明显了。恺元当年的数学老师王惠玲的一句话让张炜记忆犹新：“张恺元是个好苗子，如果好好培养，将来你的什么理想都能在他身上实现。”也许是老师自己都不曾记得的一句话，却给了张炜巨大的信心和动力。

有人说：老师的鼓励是学生前进的动力。张炜把这句话延伸了：“我觉得老师的鼓励不仅是学生前进的动力，也是家长的动力。同时不仅是老师的鼓励，家长的鼓励、其他人的鼓励都是激励孩子前进的动力。”他时常跟别人开玩笑说：“孩子就是‘忽悠’出来的。我觉得教育孩子就是以鼓励为主，其实我们很多人都有体会，比如在单位做了很多工作，领导看在眼里不说，你心里会感觉不舒服；但是如果得到领导的表扬，心里肯定很高兴。”

与“奥数”竞赛结缘，走上夺取金牌之路

“世有伯乐，然后有千里马”，在张恺元读高中一年级的时候，一个决定他人生航向的人出现了，那就是苏建一老师。

“高一的时候，苏建一老师找到恺元让他参加‘奥数’竞赛。”张炜回忆说。苏建一老师是国家特级教师、国家数学奥林匹克高级教练员，从事“奥数”教学及研究工作数十年，经他培养出的很多学生在国际、国内多项赛事中取得了优异的成绩。“奥数”能够开发学生的智力潜能，而“奥数”竞赛更是对学生智慧和意志的一种磨炼，在国际“奥数”竞赛中，有些题目即使是数学家也感到棘手，仅有运算能力和应试经验是远远不够的，还需要高度的灵活。但在苏老师看来，“奥数”竞赛只适合少数学有余力、酷爱数学又极具天分的学生，因此，在选才方面要非常谨慎。

张炜说：“苏老师对学生非常负责任，认为你不适合搞数学竞赛，

张恺元与苏建一老师在一起

他不会让你走这条路。当时，因为张恺元数理化课程都比较突出，各科老师都动员他参加竞赛。我们考虑苏老师的‘奥数’竞赛经验丰富，而且权威，跟着他可能更容易出成绩，事实证明我们跟苏老师也是跟对了。”

高中二年级的时候，张恺元参加了在中国科技大学举办的全国数学奥林匹克竞赛，获得三等奖，当时他还不到15岁。“‘科大’主管招生的副校长跟他们学校招生办的主任说，想了解一下辽宁张恺元的情况，让他上‘科大’少儿班，并且本硕连读”。一个非常好的机会，但张恺元都没有跟父亲商量，就拒绝了，他对此的解释是：“明年我要去香港拿金牌，上‘北大’。”对于张恺元来说，去香港参加“奥数”竞赛是极具诱惑力的，而北京大学数学系更是他的一个理想。

确定了目标之后，张恺元把全部的精力都投入到了竞赛的准备当中。恺元当时的班主任廉丽丽老师对此留有很深的印象：“张恺元非常刻苦，不只是聪明的问题。我记得有一年他决定要参加竞赛了，假期就去学校学习，那一年雪下得非常大，别人都放假了，他就自己找个小屋学习，挺冷的。早上7点准时到，一直学到晚上5点，从来不间断，就连过年那几天也是，所以这个孩子的成绩不是白来的。”

学生在拼，实际上，跟学生一起摸爬滚打的还有一个人，就是苏建一老师。在竞赛的准备阶段，很多资料都是英文的，“我就让几个孩子翻译，强迫他们学英文资料，用英语答题。虽然我不懂英语，但我指导他们这样做。包括张恺元，我跟他一起拼了将近15天，最后他说考托福没费劲，那段时间为考托福也打下了一定的基础”。

2001年初，张恺元和几名同学在苏老师的带领下前往香港参加“2001年全国奥林匹克数学竞赛”，如愿地拿到了金牌，并且和两名队友一起为辽宁夺得了第一个团体冠军，获得了以著名数学大师陈省身命名的“陈省身杯”。

由一个学校、一个班级、一个老师带出来的学生，取得了“陈省身杯”，这在香港媒体轰动一时，各家报社纷纷在头版头条刊登新闻：辽宁三小将力挫群雄，勇夺“陈省身杯”。

人类有两大奥林匹克赛事，一个是体能方面的奥林匹克赛事，即奥运会；另一个则是智能方面的奥林匹克竞赛，也就是各学科的竞赛。在这样的大赛中拔得头筹，对冠军的奖励是保送名牌大学。

有人说，保送使学生失去了一次通过高考磨炼自己的机会，但在张恺元看来，搞“奥数”竞赛对人的意志力的磨炼要比高考大得多。“奥数”竞赛每次考试时间四个半小时，却只有三道题，这是对学生智慧和毅力的双重考验。在备战“奥数”竞赛的那些日子里，张恺元往往是一道题做不出来能憋一两天，甚至一个星期，并且不问任何人。父亲对此很不理解，儿子的解释是：“别人告诉你也没有用，你只会做这道题，但是自己想出来的东西就会得到升华，而且还可以想一想用别的方法能不能做出来。”

正如苏建一老师所说：“‘奥数’竞赛适合于某些有很强的破题能力和对数学的理解能力的学生，更重要的是，这些学生真正爱好‘奥数’，并执著地追求，勇于超越自我，超越别人。”

“北京大学数学科学学院第一牛人”

2001 年高中毕业，张恺元选择了北京大学数学科学学院。在他看来，选择数学专业并不仅仅因为擅长，而是因为数学是一切学科的基础，学好它，不论将来从事什么工作都可以站在一个较高的起点上。

张炜说，儿子在“北大”的表现有些像神话。

大学一年级时，有一次上数学习题课，老师讲解一道比较难的数学题，在黑板上写到一半，有些迟疑。“这时，老师回过头当着全体学生的面对张恺元说：‘来，你把这道题做下来。’其实，在老师讲解这道题的时候，他也在认真听讲并思考着这道题的解法。所以，他上台就顺着老师的思路，把这道题做下来了。”张炜说。接下来，老师当着众多学生的面说：“有张恺元在，上数学课我就不怕了。”在这里，我们看到了这位老师宽广豁达的治学风范，也看到了张恺元在数学上的巨大潜力。

大学二年级的时候学校开设了概率论课程，这门课的老师要求非常严格，开学之初他就告诫学生：为了让同学们学到更多的知识，课堂上所讲的内容将会比较深，习题和考试也会很难，不要指望考试得高分，这门课的总成绩将是期中考试和期末考试的成绩之和。老师的立于体外的专业知识逐渐变成了他思想体系的重要部分，成为一种思维习惯。

“正因为这样，大学的课程越学越难，而张恺元的成绩却越学越突出。他的数学成绩绝大部分都是 98 分、99 分、100 分。我们以为是老师出题容易呢，结果班级平均成绩 80 分左右，还有一部分同学不及格。张恺元的学习能力和水平已经远远超过大部分同学。”父亲张炜说。

在北大的几年，张恺元曾经被评为“北京大学三好学生标兵”“北京市三好学生”，获得北京大学最高奖学金。毕业时，被评为“北京大学优秀毕业生”“北京地区高校优秀毕业生”。很多人请张炜介绍儿子的学习经验，张炜说：“其实很简单，但是很多人不见得能做到，恺元现在的成绩，实际上是他长年累月坚持做好每一件小事的结果，这些小事积累起来必定成为一件大事。”

张恺元是一个地道的足球迷，据说世界杯实况转播他一场都没落过。看完实况转播已经是晚上九点钟了，当室友们正在寝室里兴致勃勃地谈论比赛的时候，张恺元则背起书包来到学校图书馆，在那里静下心来看一会儿书，十点半再回到寝室跟室友们交流他们的结论。对他来说，这样既观看了比赛，又分享了室友们讨论的成果，更重要的是，每天比别人多出一至一个半小时的学习时间，一个月下来就是一个不小的数字。

在学习上，张恺元从没让父母操心过，他一直严格按照自己的作息时间学习、生活，有很强的时间观念。在采访过程中，张炜曾经指着墙上的挂表问我们：“你们说现在是什么时间？”我们面面相觑不知道其中的奥妙，“一般人会说，现在是 11 点零 5 分，甚至有人说是 11 点刚过，但恺元会说，现在是 11 点零 4 分”，对于张恺元来说，时间是以分钟为单位的，“在这一分钟当中能做什么事就做什么事”。

“但他并不是把所有的时间都用在学习上，”据同学反映，一到下课，张恺元是跑得最快的，跟别的孩子一样好玩。“他该玩的时候玩，主要是学习效率高，他学习两个小时能顶上别人学三四个小时。”正是由于张恺元极高的学习效率，他很少熬夜。“也就是说，他的有效学习时间长，10 分钟不做 8 分钟的事。”张炜说。

在跟低年级同学交流经验的时候，张恺元一直强调的一句话是："功夫要花在平时"。在他看来，只要平时功夫下到了，其实考试只不过是花上几个小时的时间答一张卷子，非常简单。恺元的一位同学曾经谈到过这样一件事，一次赶上一个非常重要的考试，学生们对此的紧张程度不亚于参加国内的高考，但偏偏又赶上世界杯足球赛开幕式那场比赛在同一天的同一时间举行。为了能看到那场球赛，张恺元平时在这门功课上下了很大工夫，结果两个小时的考试，他只用一半时间就顺利答完了，回去看了下半场的比赛。用张恺元的话说："最重要的事情你在平时就已经做好了，考试的时候只是看你发挥得如何，能否在相应档次中取得比较好的位置。"

在北大数学学院组织的一次迎新生座谈会上，刚刚升入大学三年级的张恺元走上讲台，对新生们说："记得在我刚迈入'北大'校门的时候，有一位高年级的师兄对我说，我真羡慕你们年轻。这句话的含义，我想在座的同学都能明白。可是，今天我在这里可以自豪地对你们说，我不羡慕你们年轻。因为在过去的两年里，我已经尽全力了，并且在各个方面都有了很大的收获。我希望同学们能够珍惜时光、全力奋斗，两年后也能够自豪地对新生们说：'我不羡慕你们年轻。'"

人生是一条无法回头的单程旅行，过去的将永远过去，我们唯一能把握住的只有现在。时间对任何人来说都是公平的，有人精心打理属于自己的每一分钟，有人任由时间在手边倏忽而过；有人最终成就了自己的理想，有人却在混沌中了却此生。没有绝对的"天才"和"神话"，人与人的差别也许就在每天的分分秒秒间。

他有资格接受世界上最好的教育

实际上，张恺元当年在"北大"曾经为自己定下了一个目标，为了在大学毕业的时候自己能够在世界名校中随便挑选，就要做到在"北大"数学学院成绩第一。四年之后，在为张恺元申请国外大学所写的推荐信中，"北大"数学学院的教授们这样写道："他是北京大学在"北大"就读的张恺元作为学生代表参加了节目的录制。通过那次活动，张恺元对斯坦福大学有了更深的了解，并对这所世界名校产生了好感。那一次的近距离接触，使他最终选择了斯坦福大学。

不断超越自我 争取作出世界级的贡献

四年前，因摘得"奥数"比赛金牌而获得保送名牌大学的资格；四年后，又因出色的学业和表现而受到多所世界名校的青睐。张恺元不断挖掘着自身的潜力，并超越着自我。

2005年9月，张恺元来到斯坦福大学，开始了他的海外留学生活。

在斯坦福大学，他仍然表现出了极强的学习能力。第一学期，他选修了分析、概率等几门课程。听课只是学习的一部分，课后作业则需要花费大量的时间，作业的难度也比较大，在北大学习的四年中，也许只有几门课程的作业有这样的难度。可是，其他同学需要相互讨论才能完成的作业，张恺元却能够独立完成。期中考试时，他没有用草纸，直接完成了解题，并第一个交卷，最终以满分成绩获得全班第一。对很多人来说有一定难度的考试题目，在张恺元看来却很简单。

张恺元在斯坦福大学

张恺元的研究方向是应用数学，所以他在概率论这门课上下的功夫相对多一些。这门课程的总评分是 200 分，其中考试成绩占 120 分，作业占 50 分，研讨及其他活动占 30 分。张恺元最终的总评分是 198 分，遥遥领先于其他同学。对于在自己将来发展方向上很少涉及的课程，张恺元虽然没有下太多的功夫，但仍然能轻松通过。其中有一门分析考试，老师要求十道题只要做出三道就算通过，因为题目很难，班上有两名同学没有通过考试，而张恺元却做出了六道半，仍然领先于其他同学。

在完成自身学业的同时，张恺元还兼职助教。助教的工作之一就是为学生答疑，他每周在自己的办公室值三次班，每次两小时。来接受答疑的既有本科生又有硕士生和博士生，考试前一般是答疑的高峰期。在众多助教中，张恺元的答疑深受学生们欢迎，每到他值班的时候，来问问题的学生就比较多，最多的一次，同时来了七个人，把办公室挤得满满当当。

张恺元做偏微分方程这门课程的助教时，老师是在斯坦福工作了 40 多年的一位老教授。每次布置作业前，他都会让张恺元先做一下。期末考试前，老教授又把题目拿给恺元看，恺元提出有一道题在平时的作业中出现过，不能再出了，随即表示可以帮老师再编一道题。恺元编的题让老教授非常满意，考试结果出来了，班里只有个别同学做出了恺元编的那道题。老教授万分感慨地说："这么多年，还没遇到过像你这么好的助教!"

在那次为育才学校的家长们所作的讲座中，张炜说："人与人之间确实存在着智商等各种能力上的差异，孩子的智商可能不会改变，但他自身的潜力却是不可估量的。我认为家庭教育的作用就是帮助孩子不断挖掘自身的潜力，使他在各个方面充分发挥自己的能力，使他的发展得到最大化。"

在振兴街第二小学读实验班时，在班里众多通过考试从全市范围内选拔出来的同学当中，张恺元是最优秀的学生之一；升入东北育才学校后，他通过努力在这所人才济济的省级重点中学保持了以往的优势，还是班级里最好的学生之一；到了北大，在这所聚集了各地精英的最高学府中，张恺元依然是同侪中的佼佼者；而在斯坦福这样一所世界名校中，能够攻读博士研究生学位的都是各国的数学精英，但张恺元仍然保持着绝对的优势。

每到一个新环境，张恺元都能够不断挖掘自身的潜力，使自己的发展最大化，成为他所处环境中的佼佼者。考入斯坦福之后，在一次接受《辽沈晚报》记者高望采访时，张恺元说："到世界名校读博士研究生，我一定会竭尽全力，争取作出世界级的贡献。"

家庭教育的首要任务是教育孩子如何做人

张恺元是优秀的，但他的优秀并不仅仅体现在学业上，同时也体现在他为人处世的点点滴滴中。正如父亲张炜所说的："家庭教育的首要任务是教育孩子如何做人。"

张恺元 11 岁就上了中学，比班里的同学平均小两岁，也是班里年纪最小的学生。"按说年纪小容易被欺负，但是在学校没有人欺负他，因为他跟别人关系一直很好。而且他学习好，能够帮助别人，没人把他当小孩看。跟同龄人在一起交谈的时候，不管是男同学还是女同学，他都像老大哥一样。"父亲说。

高中二年级的时候，张恺元参加全国数学奥林匹克竞赛，得了三等奖，"当时沈阳市每年都评选'十佳中学生'，实际上这个名额每个班都想要，而他只得了个三等奖，还有更厉害的呢。"但学校最终把这个名额给了张恺元，因为给他大家是没有争议的。

育才学校的李秀华老师说："张恺元特别朴实，是一个非常单纯、没有杂念的孩子，在他心目中一切都是美好的，学习努力、上进，为人实在。实际上他年龄在班里是最小的，但是个子很高，长得挺壮实，喜欢帮助别人。"

廉丽丽老师对恺元的评价是："这个孩子还有一个优点，非常顾全大局，非常有爱心。"她还回忆起张恺元当初参加"奥数"竞赛集训时发生的一件事，"当时他参加集训，单独学习，已经脱离班集体了，其他同学正处在高三复习阶段，这个孩子就跟我说：'老师，大家学习都挺忙的，我负责给班里换水吧'，所以一到换水的时候他就回来，拿着两个桶默默地走出去，换完就走，也不耽误大家。"后来恺元还跟廉老师打趣说："老师，我给班级换水，一方面给大家节约了时间；另一方面，我拎一桶，扛一桶，还锻炼身体呢。"

育才学校平均每年都有数十人被"北大""清华"录取。在"北大""清华"，很多学生是以省为范围划定"老乡"的，但对于育才学校的毕业生来说，"老乡"的范围更多的是以母校为圆心划定的。进入北京大学数学学院之后，张恺元经常找下几届母校考来的学生谈心，并主动帮他们解决学习和生活上遇到的困难。

在"北大"，他刚满 18 周岁就被吸收入党；评选三好学生他全票当选。在素质测评打分中，满分是 25 分，张恺元得到了 24.75 分，也是全班最高分，这里不知道有多少同学给他打了满分。

在出国留学之前的 9 月 18 日那天晚上，张恺元特意去市政府广场参与录制了沈阳市民纪念九一八事变大型活动。他要把这些资料带到美国去，以此警示自己和同学们勿忘国耻，并且还要向来自世界各国的学生进行宣传介绍。

现在，张恺元虽然只身在外求学，但父亲说儿子在生活、学习和与人相处等各个方面都很让家人放心。正如张炜所说："家庭教育的目的，就是为了让孩子在各方面尽早健康成长起来，不用家长再为他们操心，他们也不再需要家庭教育。只要我们努力了，孩子尽力了，那么不论取得什么样的结果，我们都会很欣慰地接受，并且无怨无悔。"

家庭教育考验父母的智慧

小档案：

潘睿，女，1985 年 2 月 22 日生人。

1993 年自开原市红旗小学转入沈阳市启工二校。1997 年考入东北育才学校优才教育实验班日语特长班。2003 年荣获东北育才“大友太郎奖学金”，于当年 10 月赴日本留学。

在东京 ABK 语言学校学习半年，现就读于日本东京大学工学部系统创成专业。

三岁学会查字典的小书迷

1985 年 2 月 22 日，潘睿降生了。回忆起初为人母时的情形，母亲充满感慨地说：“我介绍给年轻妈妈的经验就是，从孩子生下来开始，你别认为她不懂事，而应该当成她什么都能听得懂那样地跟孩子交流，这样孩子成长得会特别快，懂事也特别早。”

从潘睿六个月的时候开始，父母就教她看图识字。“过一段时间以后，把上面的图挡住，再给她看下边的字，她就能念出来。实际上，刚开始她对字根本就没有印象，只是凭位置记，但是经过这样的反复刺激，她就把那些字都记住了。”母亲说。

父母每天都给潘睿讲故事，她也经常把故事讲给周围的叔叔阿姨听。“实际上，刚开始她根本不认识书上的字，那些故事她是硬背下来的，但是等她把故事都背下来以后，那些字她也就全记住了”。经过这样的日积月累，到两岁半的时候，潘睿就已经能够很流利地读报纸了。

对于很多年轻父母来说，忙碌的工作和子女的教育常常使他们分身乏术，渴求知识的潘睿更是成了妈妈的小尾巴，一遇到不懂的字就跑来问。“因此我就开始教她查字典，我说有了这个老师你就不用再烦妈妈了。她非常高兴，开始学汉语拼音，学查字典。”聪明的妈妈请到了字典这样一位好老师。

潘睿三岁就学会了查字典，从此读书的势头越发不可收拾。“她从小就特别喜欢书，我们周末的时候带她去逛街，书店是经常去的地方，她逛书店从来不烦，能在里边待很长时间，然后买一堆书回来。其实逛街的时候我们也给她买很多好吃的，但她回家之后从来不奔好吃的，肯定先奔书。她看书可以用‘如饥似渴’来形容，恨不得把这些书一下子都看完。”母亲说。即使是在周末，父母也没法睡早觉，因为潘睿要早起看书，他们要为女儿准备早餐。但是只要吃饱了，潘睿就会安安静静地坐下来看书，再不用人操心。

在一般人家，父母催促孩子学习的事时有耳闻，而在潘家，经常可以听到的却是父母怜爱的劝慰：“潘睿，看得差不多了，该玩一会儿了！”母亲对此是这样解释的：“潘睿小时候，她爸爸和我在家经常看书，孩子觉得爸爸妈妈都看书，她也应该看书，那种环境非常好。孩子只要从小培养起对学习的兴趣，长大就不费劲了。”

书籍是无言的老师，为蒙昧的孩童开启成长的大门，让年轻的父母常常在不经意间发现，身边这个小鬼居然懂得那么多。在潘睿不到四岁的时候，妈妈被提升为副厂长，很多人登门造访，“孩子就跟我说：‘妈妈，我觉得那些以前跟你关系不太亲密、现在总是围在你身边的人一定是奸臣。’我当时就特别奇怪，问她听谁说的，她说：‘《上下五千年》上就这么介绍的，凡是这种人都是奸臣。’”虽然孩子说得不一定对，但是能看得出，是书籍在指导她思考生活。

还有一次，潘睿蜷缩在床里哭得上气不接下气。“我说：‘你到底怎么了，跟妈妈说呀！’她说：‘我……我长大要当世界总统，我……我要制裁小日本。’”母亲这才知道，孩子是看了书上写的南京大屠杀的历史，承受不了了。

但是父母毕竟是孩子成长的旁观者，为了探究问题的实质，我们找到了回国休假的潘睿。她回忆起了儿时对自己影响最深的三套书：《答学前儿童问》《上下五千年》《世界五千年》。“小时候，我父母给我买了一套《答学前儿童问》，这套书培养了我对科学的兴趣，比如为什么下水道的井盖是圆的而不是方的，或者为什么同样的周长，圆的比方的面积大。我最喜欢的还有《上下五千年》和《世界五千年》，我对历史比较感兴趣，我觉得一个人只能体验自己的一生，而看书能懂得更多人的人生，对自己有借鉴意义。同时，可以看到他们在一些情况下作出什么样的选择，又得到了什么样的结果。我对历史和对理科的兴趣，就是那个时候培养的。”

学龄前是教育的黄金期

潘睿的母亲是一名药学工程师，1982 年毕业于沈阳药学院。那时候做制药生意赚钱要比现在容易得多，但是年轻的母亲放弃了早期很多赚钱的好机会，抽出更多的时间培养孩子。母亲非常看重孩子学龄前阶段的教育，她说：“孩子小的时候，尤其是学龄前阶段，家长要是多花一点精力，长大以后就省心了，不然大了以后，就是付出几倍的努力也得不到同样的效果。”

家里至今还保存着当年的“儿童成长记录影集”，孩子成长的每一个历史时刻都被清晰地记录下来：出生后六个月首次坐，九个月首次立，十个月会看图识字，两岁半识字一千多并能独立看小画册，三周岁起能独立看故事书，会 20 以内加减法……。虽然“影集”中记录的是孩子的成长，但在它的背后，我们分明看到了父母育儿的精心。

正是出于对学龄前阶段的重视，父母此时对孩子投注了更多的心血。在潘睿两岁的时候，父母工作都很忙，母亲就把女儿送到奶奶家待了一个多月。“但是后来发现不行，我就给带回来了，因为隔辈人实在是太溺爱孩子了。这孩子以前在家里，要是没有满足她的要求给她讲清道理就行。从奶奶家回来就变了，要是有什么不能满足她，马上就坐在地上撒欢，而且还学会了当地的方言，不怎么说普通话了，我们用了两三个月才把这些毛病扳过来”。

除了对孩子日常行为习惯的关注，父母对潘睿的学习环境也很重视。

据母亲回忆：“潘睿刚上幼儿园那会儿，看到老师讲课用那么厚一本书，就跟老师说：‘老师，你的书借我看看行不？’老师问她：‘你认字吗？’她点点头。老师拿来书说，‘你给我念一段。’结果她都认识。老师高兴坏了，就带着她到幼儿园各个班去给人家讲故事。”就这样，潘睿成了幼儿园的宝贝，深得老师的宠爱，“吃饭的时候，她喜欢吃什么老师就给她多盛什么，买了新玩具她先玩，买了新书她先看，中午别的小朋友都睡觉，而她不爱睡的时候老师就带她出去玩。”

但是，老师的宠爱反而让父母感到焦虑。“我们感觉她特别有优越感，可老师对孩子那么好我们还没法说，只好转到另一家幼儿园。到那里，我们跟老师讲清楚了为什么转园，这样老师心里就有数了”。换了新环境的潘睿回家跟母亲说：“新的幼儿园比原来的正规，老师说了，所有的小朋友都一样，谁也不能特殊。”通过父母和幼儿园老师的共同努力，潘睿认识到她跟其他小朋友一样，大家是平等的。由此我们想起了孟母三迁的故事，潘睿虽然没有经历三迁，但这其中也可见父母的良苦用心。

母亲还回忆起她唯一一次痛打女儿的经历，那是过早识字给潘睿带来的皮肉之苦，母亲的言语中带着些许疼惜：“那段时间我们刚搬进新楼，当时潘睿四岁。有一次我带她上楼，前面一个阿姨拎着两瓶汽水，她就在后边念：‘香蕉汽水，菠萝汽水。’人家一看这孩子挺好玩，就要给她。她实际上是想要，我说不要，可是走到楼上一看是住对门，人家就非要送两瓶汽水过来。我说：‘不行，不行，我们家冰箱里有。’她当时就说：‘妈，咱家冰箱里没有。’没办法了，我就跟人家讲：‘我们从来不给孩子喝碳酸饮料，怕对她胃不好。’实际上我们也确实不给她喝那些东西。把人家劝走之后我真是恼羞成怒，就打了她几个屁板，把她爸眼泪都给打出来了。但是我们俩教育孩子从来都是一致的，比如那次我打孩子，肯定是我不对，但他会在背后说我，当着孩子的面他也不拦我。你千万别以为小孩不懂事，她心里什么都知道，那次我打她都打出手指印来了，她也掉眼泪，但就是不哇哇大哭，因为她知道自己有错。”

正如母亲所说：“孩子小时候养成的毛病家长要是忽略了，以后顺延下去，就很难改了。”所以，才有了对四岁孩子的那次痛打，虽然当时那几巴掌打出了家里人那么多眼泪，但那也许是一棵小树长成参天大树必须付出的代价，母亲觉得值了。但那以后，潘睿再也没有犯过同样的错误，父母也再没有打过孩子。

说学龄前是一个重要时期，还因为在这个阶段孩子的接受能力很强，像海绵一样汲取她初到人世所未知的一切。母亲回忆说：“学龄前的孩子潜力实在是太大了，有的时候特别长的故事你让她讲她都能讲。我们单位同事都知道她能背唐诗，就跟她对诗，谁也对不过她。后来一个老所长实在对不过她，就来了一句‘红军不怕远征难’——这是毛主席诗词——这下才把她难住了。考生字也很难考住她。同事就故意考她药典里的字，药典里有些字特别偏僻，用这个才能考住她。”

家长对孩子一定要守信用

母亲说，有一件事让她一辈子想起来都觉得愧对孩子。

在潘睿还不到四周岁的时候，父亲单位让他们一家三口报名参加“独生子女家庭知识竞赛”。同事们说：“你女儿虽然小，但是很聪明，就让她去吧。”比赛规则是每名参赛者准备100道题，不管家长还是孩子。结果刚刚拿到题目，母亲就要去党校学习。但是，为了给孩子减轻负担，她还是帮女儿筛选出了70道比较简单的题目，告诉女儿说：“你背这70道题就行了。”孩子眨巴着眼睛问：“那要是考那30道呢?”母亲拍着胸脯说：“另外30道题比较难，就由妈妈帮你背。”

结果这一去，时间就不够用了，等到母亲回来已经没有时间背题了，只匆匆准备了一下就去参加竞赛。第一轮他们很顺利地通过了，但是到了第二轮，考到潘睿一个必答题，正好是那30道题里面的题目，是关于城市森林覆盖面积的数字型题目。潘睿眼巴巴地看着妈妈。没有办法，母亲只能对主持人说：“这道题我们没有背，就先过去吧。”她永远忘不了女儿那求助的目光，现在想起来还觉得对不住女儿。

那次比赛他们得了二等奖，虽然别人认为成绩还不错，但是潘睿心里很不舒服。回家之后，她跟母亲说：“妈妈骗人。”“我就跟她先检讨，再解释，说我当时不是存心骗人，确实是妈妈错了，可也只能讲点客观原因。其实当时我确实有点低估孩子的能力了，那 30 道题都给她，她肯定能背会，小孩的潜力很大”。

那次比赛的奖品是一套调料盒，虽然搬了很多次家，它还一直没有“下岗”。对潘睿一家来说，那不仅仅是一套调料盒，它让母亲始终记得：对孩子一定要守信用。

教育孩子只能智取不能强攻

有人说，孩子既是上天赐予你的礼物，又是上天派下来与你斗法的小鬼。其实要教育好孩子，做父母的还真得有点法术，就像潘睿母亲说的那样：对孩子有的时候只能智取，不能强攻，做家长的总得动点心眼。

因为父母工作调动，潘睿小学三年级的时候从开原来到了沈阳。父母非常希望孩子能培养起一些音乐方面的爱好，“我们俩都不懂音乐，孩子别像我们一样，人家去听音乐会，我们去看音乐会，那太惨了。”母亲打趣地说。

于是父母选择了电子琴，但首先要征得女儿的同意。

“我不学。”潘睿说。

“妈妈不是让你将来从事这个行业，只是作为一种业余爱好。”

“爱好，爱好，我不爱怎么能好呢?”

能言善辩的潘睿让妈妈只好选择了沉默。“后来我动点心眼，晚上就不理她，总像有心事似的，在那看电视”。

“妈妈，你想什么呢?”看到母亲心事重重的样子，女儿有些疑惑。

“没想什么。”

“妈妈，你生气了吗？是不是我不学电子琴，你不高兴了?”

“没有，那也不当饭吃，跟学习也没关系，一个电子琴，四五千块钱，你不爱好就算了，我还省钱。你又没有基础，现在又不爱学，我每天还得督促你弹琴，我哪有那个精力！'”

这一招还真管用，妈妈越是阻拦，潘睿越是想学。最后娘俩商议的结果是，请爸爸来决定是否学琴。为此，还开了个家庭会议。爸爸跟妈妈配合默契，因为妈妈“反对”，女儿拉父亲一票，才二比一通过了学琴的“决议”。

母亲更是趁机巩固胜利果实，跟潘睿约法三章：“事先得说好，你要是练琴就必须自觉，我不可能天天看着你练琴。”潘睿果然说话算话，一直学到了小学毕业，因为中学住校才停止了学琴。但是，几年的学琴生涯培养出了潘睿对音乐的理解和爱好。每次放假回到家，总要拿出琴来弹一弹。现在回忆起来，她也非常感激父母当年的“计谋”。

可以说，对子女的教育无处不需要家长的智慧。很多孩子只要考试考好了，家长就拿奖品来鼓励，潘睿也经常把同学们得到奖励的事情讲给父母听。“她实际心里说不定也是想要呢。”母亲抓住这样的时机顺势教育孩子：“他们父母的这种做法实在太错误啦！这样会让孩子认为，学习是给爸爸妈妈学的，不把孩子引偏了吗？学习是给自己学。现在爸爸妈妈工作都很好，主要是自己努力的结果，你爷爷奶奶和姥爷姥姥也没有用物质来刺激过我们。”

孩子心理健康非常重要

很多孩子都有不自信、脆弱等问题，还有很多孩子对青春期、对异性都有着不正确的理解，更多地表现在面对一些问题无所适从。虽然不能把它们一概而论为心理病症，但这些看起来细小的问题却会在一定程度上左右孩子的人生取向，因此心理健康对于孩子非常重要。

对于优秀的孩子来说，如何面对其他更加优秀的孩子，这是个问题。前面讲到过父母为了防止潘睿优越感太强而给她转幼儿园的事，其实，这样的思想也融入在家庭教育的点滴之中。“有一次看到电视上一个小朋友弹钢琴，我就跟她讲：‘你看，这个小朋友弹钢琴弹得多好！’当时她脸就红了，眼泪马上就下来了，跟我说：‘你们也没送我去学钢琴。'"母亲当时就意识到，如果见不得别的孩子比自己优秀，这样潘睿长大后会很容易受伤害。"所以我们千方百计地从各个方面告诉她，你只要努力就行，不一定什么都比别人好。人外还有人，山外还有山。时常给她讲这样的道理，所以孩子的心理就一直都比较健康"。

可以说，青春期是孩子的"更年期"，如何帮助孩子顺利度过这个阶段，对家长来说这也是个问题。"我们更注重潘睿的心理健康，尤其是在青春期时。孩子初次来月经的时候，我们在家里举行了一个简单的小仪式，庆祝孩子成年，给她一种健康的印象。"据母亲介绍，在潘睿十岁左右的时候，《人体的奥秘》这样的书她就都看了。"这样，她很小的时候就不会像别的孩子那样，大人说是从垃圾箱里捡来的也信，她对自己的来历很清楚"。

"早恋"是青春期的另一种容易发生的事。"这些，我们家长实际上非常关注，但是我们从来都能够正确对待，掌握分寸"。潘睿上中学以后，有些家长对母亲讲："你得注意，有挺多男孩老跟你们家姑娘联系，你得看着点。""我就乐了：'孩子这个阶段根本不知道什么叫谈恋爱，她愿意跟男孩接触跟谈恋爱根本就是两回事。'"虽然母亲嘴上这么说，但心里还是时刻关注着类似的问题。

有一次潘睿对母亲说："妈，有同学要陪我一起去英语角。"母亲心里打起了鼓："她们班女孩本来就少，男孩比较多。我想该怎么跟她说呢？还不能不让她跟男孩子接触。家长要管，但也得让孩子能够接受。"思来想去，母亲准备以理服人，她对女儿说："第一，你现在英语的口语还没有达到会话自如的程度，你可以在家先听听磁带；第二，你的同学学习都挺忙的，你不应该让同学陪你去。如果你确实想去英语角见识见识，试试自己的能力，那妈妈陪你去。"就这样，她说服了孩子。据母亲讲，直到高中毕业，女儿跟班里同学关系都非常融洽，早恋的问题也没有在她身上发生过。尤其是当上班长之后，男同学有困难找她，她也一样帮忙，还经常给同学打电话，做他们的思想工作。对此，潘睿当年所在高中的班主任宋玉良老师是这样评价的："潘睿是从学委当到班长的，那年他们班只有四个女孩，她一个女孩做班长，领导一班小子，男孩子都很佩服她。"

爱美是女孩子的天性。对于她们来讲，懂得如何欣赏美和如何美丽自己，是形成完善人格的重要部分。但有些时候，这同样是个问题。“对孩子的穿戴我们比较注意，不给她打扮得花枝招展，平时朴素大方就行了。刚上‘育才’的时候，别人买一套校服，她就买两套换着穿，平时就穿校服。”上了高中之后，班里有同学开始谈恋爱，潘睿经常对母亲说：“没事，像我长得这么丑，肯定不会那样。”这虽然是句玩笑，但对母亲来讲却是一个重要的信号：说明孩子在潜意识里对自己的外表极度不重视，甚至有自卑的因素。女儿是美丽的，母亲希望能够帮助女儿认识到自己的美。在潘睿 18 周岁生日的时候，她带女儿去拍了一套艺术照，“看，这个女孩漂亮不漂亮？”潘睿仔细端详着照片，照片中那个少女是那样的端庄，由内而外散发着青春的活力。母亲的目的达到了，她帮助女儿重新认识了自己。

转眼到了骊歌高唱的毕业时节，女儿即将出国留学。高中之前的潘睿是一个在穿着上从不挑剔的朴素女孩，而母亲此时却有了另外的想法：“我想，这个也不完全是优点。孩子长大以后毕竟得独立，而且美也是一门学问。”这样，利用去北京出差的间隙，她特意带着潘睿到北京的一家色彩工作室接受系统培训，从着装到化妆，全套学了下来。“我觉得这样能够进一步增强她的自信，而且将来什么场合穿什么衣服，包括去日本大学面试，这些学问她自己就都知道了。”母亲说，现在女儿在这方面根本不用她操心，自己完全能够应对自如。

像朋友那样给孩子帮忙

经常听到有家长说类似的话：跟孩子像朋友一样相处。但是，具体应该怎么做呢？回忆一下与你肝胆相照的朋友，他们总是出现在你最需要帮助的时候，那么，对待自己的孩子也应该这样。

“我这个家长不像别人，我总是喜欢站在孩子的角度去考虑问题”。在潘睿读高中的时候，母亲甚至曾经教自己的女儿“违反校规”。那时，潘睿是班里的班长，时逢中国足球队冲出亚洲挑战世界杯，潘睿对母亲说：“班里的同学都学不进去，想要看球。”母亲问：“跟妈妈说，你什么想法？”“我当然也想看了，肯定学不进去，心都飞了。”潘睿回答。于是母亲给女儿出了这样一个主意："把班里同学好好组织组织，大家去看球。别弄出太大的响动影响其他班级。看完了以后，让同学安安静静地回来上自习，然后你去找老师做检讨。"谁知，看完球后，潘睿高兴地给母亲打电话说："妈，我们学校特别理解，一看大家都要去，还没等我违反纪律呢，老师就组织我们集体去看了。"

孩子毕竟是孩子，再聪慧的孩子也有不知所措的时候，这时就需要家长从自身经验出发提供一些可供参考的建议。正如母亲所说的那样：孩子有些事特别需要家长帮忙，这时你千万别拿他们的事不当回事。

有一次学校搞了一个讲座，要求每个班出一部分学生参加。当时临近期末考试，同学们都在紧张备考，身为班长潘睿该怎样处理这件事呢？该派谁去呢？实在想不出好办法，最后潘睿只得向母亲求助。她又给女儿出了个主意："你让谁去就得让人家高高兴兴地去，不去的虽然在教室学习，也得让他们羡慕去的那些人，你再想想办法。"后来女儿灵机一动，"那我先让干部去，班委会不够，就派小组长，小组长如果不够，再从课代表里补充。"这样就很好地完成了任务。母亲说："有的时候，孩子确实需要你助她一臂之力！"

家中常年形成的民主气氛，使得父母跟潘睿沟通起来非常顺畅。"我们家特别民主，从来没有命令孩子做什么，都是讨论，潘睿有什么事都跟我们说。一般有的孩子大了跟家长沟通就比较少了，但是她现在有什么事也都能像朋友似的主动跟你沟通"。潘睿喜欢写东西，但是只要她不想给父母看的，父母从来不看，包括孩子的日记。"实际上，你想知道孩子在想什么，跟她沟通就行了"。女儿班上的很多家长——尤其是女孩的家长——想了解孩子的情况，就会来找潘睿的母亲："潘睿回家的时候，你帮忙问问。"跟父母的沟通让潘睿感到踏实，他们总会在自己遇到困难的时候适时地伸出援手，而不是居高临下地发出责难，也许这才是真正意义上的朋友。

一个文理兼修的杂家

现在，潘睿就读于日本东京大学工学部系统创成专业，这究竟是一个怎样的专业呢?

据潘睿介绍，这个专业虽然属于理科，但也有很多文科的性质，是东京大学首先创设的。“在日本考大学考生要自己报大学，之后一个一个地提出申请。通过考察，我觉得这种文理兼修的科目比较适合自己。这个专业在东京大学成立的时间不长，它主要是用理科的思维去解决一些社会问题，比如环境问题、能源问题等。要用理科的知识去分析，如何把研究成果转化为生产力，比如我们专业的学生也学编程，但不是为了我们自己去当程序设计师，而是考虑如何把程序设计师设计出来的东西应用到社会上去，或者说看社会有什么样的需要，我们再请程序设计师去做，起到中间环节的作用”。

潘睿是一个文理兼修的杂家，从读书的兴趣也能够看得出来，用潘睿自己的话说就是“兴趣比较杂”。但是兴趣杂并不等于杂乱无章，她向我们介绍了自己学习的窍门：“我比较喜欢把很多东西放在一起学，尤其是上了大学之后，有关联的科目就把他们作为一个整体看，这样每一个科目的学习都能对其他科目起到好的影响。在中学，各个学科分得比较细，比如物理、数学、化学之间肯定也有共同的部分，包括社会和历史都有共同点，不要单纯学一科，要把它们作为一个整体去学，就是所谓的全脑学习。”她还讲到了学习的目的性。她认为，有时候学习的目的性不要太强，不要只想眼前，应该有一个稍微长远的打算，比如将来要做什么。学习是辛苦的，如果没有一个长远的目标，是很难坚持下去的。“一天发愤图强可以，两天也可以，但是时间长了肯定得有一个让自己坚持下去的理由，那就是将来的目标”。

潘睿的荣誉证书

接着，潘睿又给我们讲了这样一个小插曲。那是上初中开学的第一天，她一边扫除一边看着小说——《故事会》里的悲剧故事，于是悲剧果然发生了，她被老师拉出去大批了一顿。可是，后来老师竟然让她当了语文课代表，算是因祸得福。潘睿解释说："我是学理科的，如果在理科方面学习比较多，我感觉不平衡的时候，会在寝室里或者在上自习的时候自己看点其他的东西。"对于学校和老师来说，她的这种经验似乎并不被提倡，但是那种平衡知识摄取的意识对很多学生仍然有借鉴意义。"而且我一直对那种所谓的小科很重视，比如历史、地理，它们反而是成就一个人的很重要的方面，理科是让人比较聪明，但是所谓的情商或者你的性格，还是在文科和小科中形成的"。

潘睿的母亲也曾经这样介绍过自己的女儿："她虽然是学理的，但是文科特别好，喜欢写东西，她从小学四年级开始就是全国少年作家协会的会员。"潘睿是一个心思细致、善于观察的孩子，经常能在日常生活中捕捉到素材。有一次，母亲因为工作繁忙忘记了父亲的生日，潘睿却把这件事记在了心里，并根据这件事，写了一篇名为"美丽的谎言"的文章，发表在《文学少年》上。

"还有一次，我去马来西亚出差，南北温差特别大，她跟她爸去机场接我，拿着棉大衣。她看到有很多人是拿着鲜花去接机的，回来就写了一篇《鲜花与棉衣》，写爸爸和妈妈的爱情故事。"说到这，夫妻俩幸福地对视微笑了一下。

在翻阅育才学校的校刊《优才摇篮》的时候，我们意外地发现了很多潘睿在中学阶段发表的文章，现截取其中的片段如下：

在马背上眺望无际的荒漠，那宽广的孤寂瞬间震撼了我的全身，我沉默了。正如亚马孙和撒哈拉都吸引了无数人的心灵，生命与死亡，果然都是值得敬畏的。他们同是自然最强烈的感情，是灵魂的最深处。也许单独来说，生命终究会被死亡所吞噬，但生命正是在明知无望的抗争中迸发出了智慧之火，创造出了如此绚烂的世界，生命整体的繁衍更是以生生不息的坚韧战胜了死亡。这就是我们追求的生命之美。可与牧民的交谈使我的欣慰涂上一笔灰色：这里，科尔沁草原，已干旱三年。如果六月份再不下雨，沙漠又会向前推移，代替草原的位置。因为没有云，所以连人工降雨都无法实行……

这样的无力使我心酸。现在，我们千里迢迢来感受沙漠的气息，难道未来的某一天，我们会不得不同样不远千里甚至万里地寻找绿洲的影子？

——《大漠残阳——内蒙纪行》

(《优才摇篮》2002年6月第54期)

《宇宙与人》全篇充满了一种可贵的感恩：对太阳的感恩——它赐给了我们优越的生存环境；对小行星保护伞的感恩——它使我们免遭撞击之灾；对超新星爆炸的感恩——它创造了许多元素，使我们可以披金戴银；对大气层和磁场的感恩——它们使我们避开了太阳大量的射线和粒子流；对伟大的人类女性的感恩——作为母亲，她们承载了人类智力发育超出生理发育导致脑容量过大为她们带来的苦痛……

总之，生而为人，在这个美丽的星球上，有如此优越的生存环境，我们是宇宙的宠儿，怎能不衷心地感激一切，并为人类及宇宙的发展而不懈努力呢？

——《星临万户动　月傍九霄多——简评《宇宙与人》

(《优才摇篮》2001年7月、8月第45期)

懒洋洋的光照在身上，真的很舒服。孤风不那么冷了。眼前迷离的光似乎幻化出自己的影子：那时他还是只小狗，无忧无虑，跟着妈妈和主人，在嫩绿嫩绿还带着露珠的草地上嬉戏……那做宠物出卖自由而得来的快乐，他不屑。后来是他自己选择了自由，无数的争斗与伤痕之后，他成了最强的一个。那才是真正值得留恋的日子呢。还有她，不知现在怎么样了，真想再见她一面。不！不行！孤风一激灵，不能让她看到我这个样子。还是让她只记得我最辉煌的岁月吧……

孤风已经感觉不到冷了，只感到阳光越来越强烈地照在身上，暖洋洋的。一个英雄应该在"归去斜阳正浓"时死去吧，孤风想。但我是乐观的英雄狗，我选择灿烂。孤风闭上眼，在早晨的阳光中平静地感受着死亡的气息。

——《一只狗的故事》

(《优才摇篮》2002年1月、2月第50期)

从这些字里行间能够看出，作者对生活有着很深刻的思考，旅途中、电影院里、生活中，无处不留下思考的痕迹，沙漠中的一棵树、路边的一条流浪狗，都会引起她无限的遐想。广泛的阅读和无处不在的好奇心，为潘睿推开了无数扇观察生活的窗子。

求学在东瀛

在潘睿提供的反映她在日本求学生活的资料中，我们看到了一篇名叫《对酒当歌》的短文，文中写道：

中秋夜。

今夜，东京的天空没有月亮，台风登陆，外面暴风骤雨。

平时很少去考虑，自己究竟想家与否，

在平常与同学的谈话中，也似乎缺省了这样的内容。

因为习惯，也许也因为不愿意去碰触心中的这部分。

终于真正懂了 Robert Frost 的那首尽人皆知的诗，

"Two roads diverged in a wood, and I-
I took the one less traveled by,
And that has made all the difference."

树林里分出两条路，而我——
选择了人迹罕至的一条，
从此决定了一切境遇的不同。

异乡的求学生活磨炼着学子的意志，而对于当年那个刚刚高中毕业的孩子来说，迈出这第一步又有着更多的艰辛。

潘睿高中时期的班主任、日语教师宋玉良回忆起那段经历感慨万千："潘睿高三时是以'大友太郎奖学金'第一名的成绩到日本的，但是在参加日本高考的时候数学没考好。她妈妈给我打电话，说她因为孩子没考好上火了，发烧感冒。"高中时代的潘睿学习很好，并且作为班长领导着除四个女孩外全是男孩的日语班，男孩子们都很佩服她，宋老师更是对她格外关爱。接到电话后，宋老师马上给远在日本的"大弟子"打电话，但是打了一天都没找到人。晚上他终于接到了潘睿打来的电话。孩子的第一句话就是：'宋老师，您别为我担心，考上哪算哪，没事。'"当时我的眼泪就下来了，一是为孩子的前途担心，二是为孩子这么懂事而感动。一个女孩在异国他乡奋斗，遇到了应该说是人生中最大的挑战。出国之前，潘睿背负着家长的嘱托、学校的期望。平时成绩一向稳定，又是当年‘大友太郎奖学金’获得者中的第一名，如果真的考不上，那是一件很让人失望的事。“当时我觉得这孩子太坚强了，太懂事了！”回忆起那段往事，宋玉良眼里仍然含着泪花。

但是因为潘睿良好的学习记录，一个月之后，她收到了东京大学的面试通知书，并且凭借较高的综合素质出色地通过了二试、三试，如愿考取了东京大学，迈开了求学东瀛的第一步。

在学习之余，潘睿最主要的是体验异域的生活。“我自己学了一段剑道，想体验那种气氛。虽然我不能像日本人那么投入，但主要是想感受一下他们的想法。我还曾经跟同学一起去庙里坐禅，日本的庙

潘睿在东京大学

宇很多。那与其说是宗教，不如说是一种文化，跟日本人的日常生活联系非常紧密。我们一起去庙里坐禅，盘腿打坐，吃僧人做的各种素菜，在异国他乡体验各种事情。”

目前，潘睿也正在实践着自己的专业，她和几个同学合伙开办的公司在2007年3月开业，主要业务是与跟中国有业务往来的日资企业合作，面向日本职员教授中文，主要方式是网上教学。“教材都是我们自己编的，比如编成电视剧的形式，这样易于接受。不过还是有一些困难的，因为我们都是学生，对社会情况不太了解，一些事情难免做错。我们经过很多次的改进走到了现在，还算可以，这一步毕竟迈出去

了。”潘睿说。在这个年轻的团队中，潘睿主要负责产品的研究开发及对讲师进行管理。“我自己也有一点教中文的经验，可以给他们做一些参考。另外我稍微有一点计算机基础，可以帮他们开发一些系统”。

一群敢于尝试、初试啼声的年轻人，让我们再次想起 Robert Frost 的那首小诗：

树林里分出两条路，而我——
选择了人迹罕至的一条，
从此决定了一切境遇的不同。

采访潘睿（节录）

时间：2007 年 2 月 25 日

地点：东北育才学校浑南校区会议室

笔者：在日本你打工吗？

潘睿：我翻译漫画，那种做成 e-book(电子书)的日本漫画，我把它们翻译成中文的电子书。电子书不用纸，对环境比较好，而且比较便宜。这个工作是同学介绍的，收入还好，主要是比较自由，不用到公司去，在网上接到任务之后翻译出来发回去就可以了，什么时候都可以做。

笔者：你母亲说你在日本读书期间也在坚持写东西，都写些什么内容的东西呢？

潘睿：就是随便写写，有些事情比较有感想就写出来，属于札记的那种。以前我有记日记的习惯，现在虽然不可能每天都写，但是有什么事只要有感想还是喜欢赶紧记下来。感觉形成系统之后，也会有出版的想法，但是要看情况，看写得怎么样了。我在作品完成之前不愿意让人看，以前写小说或者写作文也是这样。我曾经写过小说，科幻小说之类的，主要是自娱自乐，在班级里同学们读着玩。

笔者：听你母亲说你高二的时候还曾经学过茶艺，现在还做吗？

潘睿：我这个人兴趣很杂，当时突然对茶艺很感兴趣，而且到了高二，心里有很多想法，需要一种让心能够静下来的方式，就选择了茶艺。当时学了一个假期，觉得挺好的。一个是保健，自己对茶叶有了更多的了解；再一个放些中国古典音乐，给父母做茶艺，也是一种乐趣。我最喜欢铁观音，所以一般都拿铁观音做。

到日本之后我也体验过日本茶道，都是从中国传过去的，但我觉得还是中国的茶艺更符合我的性格。在日本就没做过了，因为茶具很大，带不过去。

笔者：你经历了中日两种教育，能谈一谈两者之间的区别吗？

潘睿：中国的基础教育在内容上学得更多一些，水平很高。相比之下，国外在课余兴趣和为人处世方面更加重视。在日本的中学，课余活动和学习是一样重要的，甚至有时候课余活动更受重视。比如他们有高中生棒球赛，为了能夺得全国第一，学生们都非常认真。包括大学在内，有很多学生团体，他们会尽量做得很专业。

笔者：妈妈说你小时候看了南京大屠杀的介绍就在床上哭，现在有什么样的想法呢？

潘睿：我的民族感情没有变化，那段历史还是那样的，事实就是事实，但是对一些事情有了更理智的看法，现在能够从另一个视角看问题，不像小时候光会哭。

爱他，就让他飞

小档案：

孙摩西，男，1986年7月生人。

1993年入沈阳市126中学附属小学。1999年考入东北育才学校优才教育实验班英语特长班。

2004年，在首届全国中学生英语写作大赛中获得二等奖。2004年赴英国学习A-level课程（英国中学高级水平考试），获得全A的成绩。

2006年考入剑桥大学三一学院（Trinity College）数学专业（Mathematics），并获全额奖学金。

孙摩西，这名字初听起来也许有些西化，甚至让人感到好奇。父亲为我们讲述了他为儿子起这个名字的初衷：“当时考虑儿子的名字最好不要跟别人重复，同时我比较喜欢外语，如果起一个西化一点的名字可能就不会重复。而且‘摩西’这个名字还有一些寓意。”

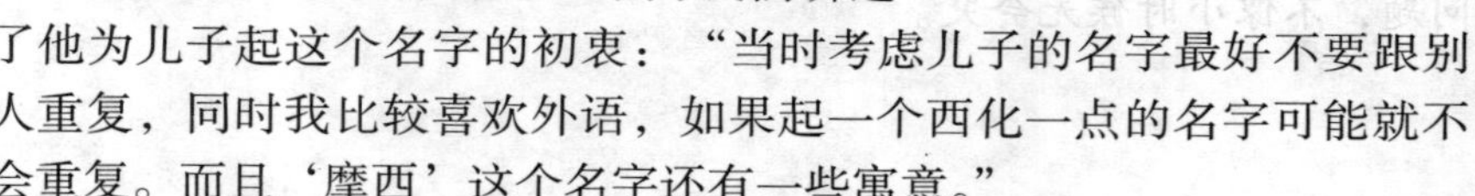

在基督教圣经传说中有一位犹太人先知叫做摩西，他深谋远虑、英明睿智，有崇高的品质和坚韧的意志。同时，在世界田径史上还有一位名叫埃德温·摩西的“400米栏王”，这位美国黑人短跑运动员在没有教练的情况下，在大学期间借助学校的科学仪器设计了独特的“13步跨栏法”，创造了连胜122场的纪录。他曾经4次打破世界纪录，10次被评为“世界最佳田径运动员”，并获得美国体育运动最高奖“沙利文”奖。

聪明、睿智、坚韧、健康、有道德感，父母将所有这些期望化作名字送给了儿子。实际上，他们并不仅仅给了儿子这样的名字，同时也怀着这样的期望引领着他一步步成长。

“他从小很有耐性”

很小的时候，孙摩西就喜欢拿着粉笔在地上画画，但是跟很多孩子的信手涂鸦不同，他对此是“倾注了心血”的。

与席地作画相比，孙摩西更喜欢在整张的大纸上画画。父亲在报社工作，经常会把在印刷报纸的过程中废弃的“纸皮子”带回来一些给儿子。如获至宝的摩西趴在一张如地图般大小的纸上开始潜心作画。也许是男孩子的天性使然，画画的题材只有一个，就是汽车。孙摩西的父亲说，“一张大纸上非常有顺序地排列着各种类型的车，汽车、卡车、有轨电车好多种，每一个都不大。而且他每次只画一部分，然后把纸卷起来留着下次再画。”常常是大纸的一边已经被磨得很残破了，而摩西却还在另一边专心地画着。

一两个月下来，一张原本空无一物的大纸已经被各式各样的汽车填得满满的。对一个还处于学龄前阶段的孩子来说，长时间集中注意力完成这样一幅作品并不是一件简单的事，难度也许并不在于作者本身的水平，而在于他是否有足够的耐性。“有的时候我们都觉得纸都要磨坏了，还画什么呢？但从这件事我们看出来他从小就很有耐心。”父亲说。

常常听到周围人口耳相传这样一句话：“孩子小的时候就像一张白纸，就看你如何去描绘。”实际上，这句话的前半部分是值得商榷的。正如美国心理学家大卫·科恩博士所说：孩子生来并不是一张白纸，他们来到我们身边时，身上就隐藏着偏好和某种特性。就像孙摩西从小就有不同于其他孩子的持久的耐性一样，每个孩子都有属于自己的天性，而孩子的天性来自于哪里呢？很多家长都能够在孩子的性格中看到些许自己的影子，父母带给孩子的某些先天的影响是构成孩子天性的重要因素。

正如母亲说的那样：“我们夫妻俩正好互补，我比较粗线条，只要大方向感觉对就可以了；但他爸爸是搞文字工作的，要对上级负责，必须认真细致，不能出错。我认为摩西比较像他爸爸。”

如果真的把孩子比喻为一张画纸的话，父母应该是这张画纸的制造者，他们调和出画纸本真的颜色，而孩子就在这种特有的人生底色上继续描绘着自己的未来。

责任感、进取心——给孩子受用一生的财富

在孙摩西父母的“育儿经”当中，责任感和进取心的培养是他们首先关注的两个方面。

母亲说：“我觉得家里的每个人都有自己的事业，父母的责任是做好各自的工作，孩子的责任就是把学习搞好，提高自身的素质。一个人如果对自己都不负责任，单纯说爱祖国爱人民就是一句空话，所以我们从小就注意培养孩子的这种责任感，首先要对自己负责。”

在母亲看来，摩西在学习方面是很主动的，并没让她操太多的心。“摩西小学二年级的时候，有同事跟我说他们家的孩子不爱学习，还要家长督促，而我家的孩子却主动要求我给他买‘大黄本’，做练习题”。

母亲不解地问：“你在学校不是已经有一套了吗？”

“不，我在家也要有一套。”儿子说。

“‘大黄本’是一种练习册，我给他买来之后他就在家自己做，根本不用我们督促，非常认真，做完之后就拿给我批改。有的时候我发现了一处错误，要给他 98 分，但他坚持要把错误的地方改正过来，于是就变成了 100 分，他会非常高兴，感觉特别天真”。

对于父亲来说，责任感和进取心是相互关联的，“有责任感自然而然就有进取心”。小学时期，孙摩西的学习成绩一直不错，而且让父母感到惊讶的是，每一科他都能学得很好。“摩西读小学五年级的时候，有一次学校组织考试一共考了 10 科，包括自然、思想品德、历史、美术、音乐、体育等等，他居然得了 1000 分（百分制），我当时非常惊讶”。在父亲看来，这既体现了孩子的进取心，也反映了摩西的一种责任感。“他觉得凡是学校要求上的课都很重要，一定要好好学，而且要取得好成绩。”父亲说。

什么才是孩子受用一生的财富？是万贯家财、千顷良田吗？家财万贯可以顷刻散尽，良田千顷也会转眼易主，唯一能够伴随终生的是从小培养出来的人格品质。在孙摩西父母看来，最宝贵的人格品质就

是责任感和进取心。

责任感和进取心是一个人立足于世、取得一定成就的至关重要的品质。列夫·托尔斯泰说：“一个人要是没有热情，他将一事无成，而热情的基点正是责任感和进取心。”很多家长愿意为孩子包办一切，从完成作业到生活起居，甚至动辄以物质刺激作为推动孩子上进的动力，最终让孩子认为自己所做的一切都是为了父母。摩西母亲的话也许对我们是一个启示：“一个人如果对自己都不负责任，单纯说爱祖国爱人民就是空话，所以我们从小就注意培养孩子的这种责任感，首先要对自己负责。”

有一种父爱叫严厉

在中国传统教育当中，父亲威严、冷峻的形象是根深蒂固的，而孙摩西的故事也离不开传统文化的大背景。

在诸如学业、前途等重大问题上，父亲经常会采取谈话的方式跟儿子沟通。而父子俩之间的这种谈话不同于单纯的聊天，一般都是很正式的，有具体的内容，所以要找一个合适的机会。母亲说：“他爸爸要是想找摩西谈话，都会事先跟我说，再由我转告摩西。他知道爸爸要找他谈话都会非常重视。”

除了正式的谈话外，在新闻媒体工作的父亲还用采访的方式了解孩子的想法。“在他很小的时候，我就想探究一下这个孩子的思想深度，通过设计一些问题，能够感觉到他眼中的世界是什么样子的。我发现摩西对一些问题还是很有自己的看法的。”父亲说。

实际上，儿子对父亲的敬畏是由来已久的。对于幼年的孙摩西来说，父亲的慈爱常常表现为严厉。“孩子小学五年级以前我对他一直很严厉，虽然也很喜欢，但并没有过分地溺爱。对他的一些要求我们绝对不会一味地满足，同时对孩子的一些不好的习惯也要严格要求。我的注意力主要集中在一些比较细微的地方。虽然没有棍棒相加，但总的来说，对孩子还是比较严厉的”。

有一件事母亲至今还念念不忘。“孩子小时候他爸爸对他比较严厉，他对爸爸非常敬畏。有一次摩西写了一篇作文，描写教室里的一盆花，写得非常简单，回家后他把作文拿给他爸爸看。他爸爸说：‘你写得既没有内容又没有色彩。’很严厉地批评了他。我进屋的时候，看到他爸爸把作文本打在他的头上，当时摩西满脸通红。”事后，父亲让儿子认真观察家里的一棵榕树，重新完成了一篇作文。

虽然儿子从中得到了教育，作文最终写得有声有色，但是母亲对此有些不满，“我觉得严父慈母是有道理的，但是这种严是有利有弊的。因为我不喜欢打孩子，我们夫妻俩在这方面观点不大一致，但我们从来不在孩子面前争论。他爸爸打完摩西之后我跟他说：‘你不要这样对孩子，把孩子的勇气和锐气都打没了。’”

尽管事隔多年，但这却成了父亲心中永远的痛：“现在回忆起来有点惭愧，孩子当时那么小，很无辜，打完之后我心里也不大舒服。”虽然对自己当年那种比较激进的教育方式心存愧疚，但父亲认为对儿子的严厉还是带来了一定积极的效果，“我想也许就是我的这种严格或者说对他不溺爱，对他责任感和进取心的培养是有好处的，使他意识到不好好学习就意味着压力，来自同学、老师和家长的压力，并且无法面对爸爸，从孩子启蒙的时候起就传递给他这样一个信息。

父亲对摩西的严格在亲戚朋友当中是出了名的。“现在很多家长对孩子百般溺爱，对孩子的任何要求——甚至非分的要求——都予以满足。这实际上就在孩子成长之初把他带入了歧路，特别是在品格方面出现了偏差。所以孩子从小品格方面的培养很重要”。

领孩子感受数学乐趣

对孙摩西的父母来说，家庭教育的主要任务是为孩子把握好大的方向。除了上面提到的责任感和进取心两个方面之外，他们也十分重视孩子智力方面的发展。

母亲说：“摩西从小对数学就比较感兴趣。当时，书店里有一套书叫做《数学机器猫》，里面有很多有趣的数学题。他非常喜欢，就让我给他买。回到家里他一口气把几本书里的题目全做完了。”虽然母亲对此有些不理解——那毕竟是做题而不是单纯的游戏，这么小的孩子哪来这么大的兴趣呢？但这却成为父母此后引领儿子走进数学的原始动力。

在父亲看来，儿子对数学的这种兴趣非常宝贵。“因为我是被文化大革命耽误的一代，所以没有培养出对数学的兴趣和感觉。但是我认为数学很重要——也许因为不了解所以感觉神秘——它应该是理科的一个基础，物理、化学、计算机等学科都跟数学有着密切的联系。所以在孩子小的时候一定要培养出他对数学的兴趣和自主学习的动力”。

父母希望儿子能够凭借着对数学的兴趣，在这方面深入学习。小学三年级的时候，母亲开始为儿子物色合适的数学辅导老师。“最初是我帮他找辅导老师，但学了一周之后他自己看招生广告找了一个‘奥数’班，试听之后感觉不错，就跟我提出转班”。这样，孙摩西开始了“奥数”的学习，并且成绩一直在稳步提升，成为辅导老师重点关注的学生之一。

对于“奥数”，孙摩西的父亲是这样理解的：“我认为‘奥数’能够解决孩子对数学的兴趣问题，是打开数学之门的方法和钥匙，它会活跃孩子的头脑，培养学生思考问题、分析问题和解决问题的能力，其作用是潜移默化的。”

据此，他还提出了一个颇具建设性的意见：“我建议能否在学校当中开设‘奥数’课程，最初也可以作为一门选修课，何必让孩子们舍近求远去校外学呢?”

在这里，“奥数辅导班”是我们无法回避的一个社会敏感话题，各方面对此褒贬不一。实际上“奥数”本身并没有错，只是被用于某些商业化目的之后就成了一些人赚钱的工具，使很多学生因体味不到学习“奥数”的乐趣而最终丧失了对数学的兴趣。著名数学大师陈省身说过这样两句话：“中国首先应该成为数学大国。”“数学好玩。”也许摩西父亲的建议为“奥数”的发展提供了一条思路，但愿我们的教育工作者能够利用好这把开启学生智慧的钥匙，为后代造福。

帮孩子培养外语语感

虽然已经大学毕业多年，但摩西的父亲仍然保持着对英文的热情。

在摩西很小的时候，父亲就利用骑车送儿子上幼儿园的这段时间教他一些英文单词。“那段路骑车需要 20 多分钟，这时候我就用英语跟他交流沿路看到的事物，汽车、楼房、行人，他都能一一指出来。我觉得这对培养他的外语语感很有帮助。”父亲回忆说。

在父亲看来，培养语感是外语学习中很重要的内容。“有的人学外语提升得特别快，有的人怎么学也学不好，主要是缺乏语感，我觉得这方面的培养很重要”。

因为小学一年级要学汉语拼音，母亲怕儿子同时学英语会弄混，就一直没有让他正式学习英文。在孙摩西上小学三年级的时候，一个偶然的机会，父母听说有一个叫苏珊的美国老师开了一个外语口语班，他认为这是一个培养孩子外语语感的好机会，而且汉语拼音那时候孩子也学完了，就替儿子报名上了口语班。第一次听课，孙摩西感到很不适应，因为班里很多孩子都有良好的口语基础，能够跟外教老师很好地交流，而摩西因为口语基础相对薄弱很难融入课堂氛围，这让他急得冒汗，巴望着早点下课。

陪摩西一同来听课的父亲看出了儿子的焦虑，对外语学习颇有研究的他感觉到儿子的这种不适应只是暂时的，对语言环境熟悉了之后自然会改善。他安慰儿子说：“你一定要坚持上课，坚持三天，到时候如果还是不想听，我们就不学了。”实际上，所谓的三天就是三周的时间，苏珊的口语课每周只安排半天。就这样，不知不觉时间过去了将近一年，孙摩西不但坚持了下来，而且对英语口语产生了极大的兴趣。

结业的那一天，口语班的孩子们聚在苏珊老师家举行了一个 party。孙摩西的母亲作为家长代表也参加了这次聚会。她回忆说：“当时每个人都要作一个演讲，苏珊老师说：‘今天我们就要分手了，大家学得都很好。我有一份礼物，是一本英文书。我想把这本书送给班里进步最大的学生——孙摩西。虽然到目前为止他的成绩并不是最好的，但他却是进步幅度最大的一个，所以我要把这本书送给他。’”

父亲说，那段时间的学习对摩西的听力和语感应该是一次革命性的锻炼，为孩子此后英语的学习奠定了良好的基础。但语感的培养还只是英语学习的一部分，“我认为英语学习的第二个层面就是语法，英语的语法为难了很多中国的年轻学子，孩子们对很多细枝末节的知识经常掌握不好”。在父亲看来，英语语法并不难掌握，在摩西有了比较好的语感之后，他请了一位高中的英语老师为儿子专门讲解语法。“他给摩西补习了大约四五次课，对英语语法进行了全面的梳理。这样就帮孩子把英语学习的整个环节都打通了，所以摩西没有理由学不好英语。”父亲说。

此后的事实也证明了父亲的说法，英语确实成了孙摩西的强项，并且在他成功申请世界名校的过程中也助了他一臂之力。接受过国内高等教育的父亲对外语学习颇有心得，“也许我们的这些经验很难登大雅之堂——因为学校不主张学生补课——但我们培养孩子学习外语的过程应该对学校教学有一个启示作用，包括培养学生的语感和对语法进行梳理”。

“爱我，就让我飞”

1999 年，孙摩西从沈阳市 126 中学附小毕业，考入了东北育才学校优才教育实验班英语特长班。父母原本认为儿子能够升入本校的初中就可以了，“但他当时一心想上‘育才’，而且态度非常坚决。”母亲说。在父母对此还很懵懂的时候，儿子已经把自己推上了竞争激烈的考场。因为育才学校是在全市范围内招生，根据各区的考生水平分别划定分数线，而孙摩西所在的和平区竞争最为激烈，他当时距录取分数线只差一分。父亲回忆说：“实际上，摩西当时的状况可上可下，但是由于他以往学习成绩很好，学校特意给他写了一封推荐信，这样他就被‘育才’录取了。”

入学之后，育才学校超常教育实验部的老师曾经为孙摩西做过测试，发现他是绝对具备进入本校超常教育实验班就读水准的孩子。老师们曾经多次遗憾地问摩西的父母，为什么没有让孩子报考超常班。母亲说：“我认为对于孩子来说，有个一个快乐的童年很重要。他以后从事什么样的职业我们并不强求，只要在成长的过程中他曾经努力过就够了。”

13 岁仍然是一个小鸟恋枝的年龄，然而生活在这样一个父母为各自的事业不懈追求、紧张忙碌的家庭里，孩子所能做的，就是从他们的庇护中走出来，尽早适应未来的挑战。于是，刚上初中的时候，孙摩西就申请住校了。

母亲说："我们家离学校不远，而且家庭条件还可以，但是他主动要求住校，认为住校可以节省时间。"当时申请住校的学生并不多，全班只有五名男生住校，基本上都是因为家离学校比较远。很多家长都担心孩子在学校吃得不好，但母亲认为："这都是无所谓的，孩子只要走出去，就要靠自己去闯，应该学会适应环境。"

有一次，母亲去学校开家长会，几个住校学生的家长跟老师反映说孩子宿舍的墙非常潮湿，而且长毛。"我从来没听摩西讲过这件事，之后我问他为什么从来没跟家里说过，他回答说：'这对我来说不重要。'"在母亲看来，"一个人能适应目前比较困难的环境，才能在以后更艰苦的环境当中应对自如；反之，如果长时间处在比较优越的环境当中，就很难再适应艰苦的环境"。

就这样，在中学阶段孙摩西始终坚持住校。回忆当时的情形，摩西初中时的班主任闫方老师说："孙摩西独立自主的精神非常强。他的家庭条件本来很好，完全没有必要住校，但他很喜欢住校，总是把自己的事情打理得井井有条。当时学校没有条件洗澡，但即便是在夏天，他的衣服也永远是干净的，内务整理得很好。"

摩西的母亲说，有一篇名为《爱我，就让我飞》的文章曾经深深地打动了她，"孩子从小就要学会独立思考、独立处理问题，这样会成长得很快。如果什么事都要求父母帮忙，就会产生依赖心理，当孩子走出去的时候，家长会感觉不放心"。

从小便离开环境优越的暖巢，独自在外求学，父母将儿子远远地放飞，却是因为爱。

"在家里，他不是那种学习型的孩子"

跟很多男孩子一样，孙摩西从小对"游戏"有一种特殊的喜爱。

刚上小学一年级的时候，邻居家的孩子玩电子游戏，孙摩西经常跑去"观战"。母亲说："那孩子比摩西大好几岁，他觉得摩西那么小，不会玩，让他在旁边看。”有一天，那个大孩子突然有别的事，就让在一旁观看的摩西替他玩一会儿。当了很长时间的看客，摩西的机会终于来了。“结果他打得比人家都好，以后那孩子就经常叫摩西一起去玩游戏。”母亲说。就这样，孙摩西与游戏结下了缘分。

但是，学校有明确规定，未成年人不可以出入游戏厅等场所。母亲回忆起儿子小学时候的一件事：“有一次我去市场买菜，看见摩西站在游戏厅门口，抻着脖子往里边看。当时是夏天，他热得满头大汗，但是还是特别执著地看。摩西这孩子还是很守规矩的，学校规定学生不能去游戏厅，他是不敢去的，但是站在外边看还不属于违反规定。我当时感觉这孩子特别有意思。”

升入中学后，玩游戏成了孙摩西缓解学习压力的一种方法。父亲说，在家里摩西并不是那种学习型的孩子。“在家里，除了完成正常的作业以外，他在业余时间里一般就是玩电脑游戏，我一直认为在电脑游戏里面他应该是一个玩家，应该有很高的水平”。

虽然对游戏情有独钟，但孙摩西的学习成绩并没有因此而下滑，反而稳步攀升，从刚入学时的班级第十四名一直上升到全年组第三名。他的这套学习、娱乐两不误的功夫是怎样练就的呢？熟悉孙摩西的老师们给了我们一些答案。

初中时的班主任闫方老师说：“孙摩西的学习效率非常高。有的学生回到家里要学到很晚才能完成作业，有些住校的孩子完不成作业就到厕所去就着灯光继续写，虽然摩西也是住校生，但他往往在晚上九点之前就完成了自习的任务。”

高中时的班主任杨永坤老师说：“孙摩西当时是班级的学习委员。因为我们是寄宿制学校，很多学生起床比较晚，但他起床比较早，早上第一个进教室的学生往往就是他。这个孩子的学习习惯非常好，精力集中，我走到他身边的时候他常常感觉不到。”

实际上，学习对于喜欢游走于学业和娱乐之间的孙摩西来说也并不是一件很轻松的事。在一篇文章中他表达了自己对此的看法：“我拼死拼活地学习是为了谁呢？是跟谁有仇吗？是跟学校吗？是跟老师吗？都不是！后来我突然醒悟了，我是跟我的未来有仇，所以我才拼死拼活地学习。”

低调处世，简单生活

当生活的背景色变得越来越芜杂、越来越喧嚣时，简单生活和低调处世似乎也变得越来越困难、越来越不合时宜。但孙摩西就是这样的一个孩子，低调而内敛。

“他不希望让同学们感觉到他比其他人优越。”父亲说。他回忆起儿子上中学时的一件事。“我工作很忙，很少有机会开车送他上学。有一次他生病了，我特意开车把他送到学校。但是他特别不喜欢我把车停在学校门口，让我在离校门口很远的地方停车，然后他步行过去。他不希望同学们看见他从车上下来，让别人感觉他很特殊”。

这样的事情不止发生过一次，已经成了孙摩西的一个习惯。“包括我送他去参加同学的聚会，他都对我说：‘离远一点停，别停到同学跟前去。’他很反感很多同学聚在一起，然后他突然从车上下来。他觉得这样跟同学不平等，他首先感觉不舒服”。

“小的时候，我们平时给他10元、20元零花钱，他都攒起来。但是我们如果一次给他200元钱，他肯定不要，他认为这不是他自己攒的钱，超过他应该支配的范围了。”父亲说。平时跟同学外出游玩或者聚会，父母总会提出给他多带一些钱，“有时候他跟我要100元，我说你应该多带点钱，他马上会说：‘带这么多钱做什么，用不了的。’”

考上大学之后，父母想奖励儿子一台电脑。“当时我们让他自己选，选什么样的都可以。那时候最好的电脑要几万块钱，但他觉得这样的电脑不能买，甚至根本就没法考虑，太贵了。他觉得八九千块钱的电脑就已经很好了。”父亲说。

孙摩西身高一米八四，跟父亲的身高相仿。“我的很多比较好的衣服他都能穿，我提出给他挑选几件，但他就是不要，他只要一些运动服之类的衣服”。对于摩西来说，生活简单就好。“他用的手机都是很便宜的，穿衣服也从不讲牌子。”父亲说。

母亲说，儿子出国这么多年，从没在国外买过衣服。“比如想买件衬衣，在英国，他要的衬衣一般卖六七十镑。他就打电话给家里，让我在国内帮他买便宜一些的”。

“生活低调，不张扬”一直在孙摩西父母的家教理念中扮演着重要的位置，母亲说：“我们从小就跟他说，虽然家庭条件比较好，但不要感觉自己很特殊。不该花的钱不要乱花。”父亲说，儿子只在两个方面不节俭，“一是吃东西，他觉得吃东西应该很注意，这可能是他妈妈灌输给他的；另一个就是买书，他买了很多课外书，把钱花在这上面他从来不心疼”。

母亲经常用比尔·盖茨的生活观念来教育儿子。富可敌国的盖茨夫妇生活很俭朴，这位世界首富的人生信条是：“一个人只要用好了他的每一分钱，他才能做到事业有成、生活幸福。”

家长要为孩子搭建平台

孙摩西的父亲一直强调这样一个家庭教育理念：家长要为孩子搭建平台。

“摩西在学校很出色，我也经常以孩子为荣，希望他将来能够上更好的学校。清华、北大当然好，但是考试无常，他在国内还未必有百分之百的把握考上清华、北大，所以我希望给他提供一个更大的平台，这样我就想到了送孩子出国学习。”父亲说。

实际上，父亲希望摩西出国读大学还有另外一方面的考虑。“国外的公司特别看重求职者的第一学历。所谓第一学历，就是大学本科，本科是哪里毕业的特别重要，所以我希望他能够拿到一个比较有竞争力的第一学历。而且，据我了解，国外的学界和业界是相互贯通的，学校比较注重学生实践能力的培养，学生们在大学里会接触到大量的案例，所以毕业后进入职业角色的速度很快”。

在留学国家的选择方面，孙摩西的父亲还是对英国情有独钟。“我曾经考虑过美国，美国是一个民主程度比较高、法制比较完备的国家，总体教育水平也相当高。但我还是对英国比较感兴趣，大学当中的治学态度比较严谨，人文环境也很好，相对来说更适合摩西发展”。

但是，通过怎样的途径才能考取英国名校呢，摩西的父亲对此进行了深入的研究。“要考牛津和剑桥，对国内普通的高中生来说，即使是学习很好的学生也是很难找到途径的。这样，我研究了一下他们的升学模式，英国的学生在初中毕业后就分成了两个层面，一个层面是针对那些将来不打算读大学的学生进行职能教育，比如时装、美发、烹饪等；另外一部分就是将来想进入大学就读的学生。在英国，要上大学就必须参加 A-Level 课程考试，也就是英国中学高级水平考试。A-Level 课程相当于国内的高中阶段，学制两年，每年有 6 次考试，一共是 12 次考试。学生最终用这个成绩去申请大学，换句话说，如果想上剑桥或者牛津，就必须要有 A-Level 考试成绩”。

对于国内的高中来说，高中阶段所有的课程在高中二年级就基本完成了，高三年级的主要任务就是准备参加国内高考。所以高二年级结束以后，对孙摩西来说国内高中部分的教育就基本完成了。于是，父亲决定送他去英国读两年 A-Level 课程。

出国签证的前前后后

虽然父亲主意已定，但对于孙摩西来说，出国还是不出，这始终是一个问题。

“在出国的问题上，他有些犹豫不定。有些老师并不鼓励孙摩西出国，因为孩子学习比较好，在国内是有希望考清华、北大的，老师们希望他留在国内发展；他爷爷奶奶已经去世，他是姥姥姥爷的掌上明珠，年纪又小，老人不想让孙子走，这样就造成他不想出国。但是我做完他的思想工作之后，他就又有了出国的想法。”父亲说。

考虑再三，孙摩西还是去领事馆办理了签证。但第一次签证出师不利，签证官认为孙摩西雅思考试成绩达到了 6.5 分，而且在校期间学习成绩这么好，应该去读大学预科而不是 A-Level 课程，这样的学习计划没有前进性。

拒签给全家人的心里都罩上了一层阴云，“那天我心情特别不好，在内心里我对儿子还是有一定期望的。回来的时候我坐在大厅听音乐，音乐也勾起我的那种心情，眼泪刷刷地就流下来了。他爸爸心里也很不舒服。”虽然事情已经过去很久了，但当时的那种情形仍然让母亲难以忘怀。

摩西对此也很沮丧，回到家里就趴在床上一声不吭。“但是半个小时之后，他起来跟我说：‘妈，没事，我回来继续复习。’”儿子的情绪也带动了母亲，全家人聚在一起商量下一步的对策。

父亲说：“第一次拒签之后我担心影响到他的学习，就跟他说，‘如果拒签了一次，第二次签证几乎不可能了，你就做不去的准备吧，在国内好好念。’”就这样，孙摩西重新投入到了备战国内高考的学习中来。

安抚住了儿子，夫妻俩又开始安排第二次签证：“正好我们要去读的这个高中有大学预科，我们就跟这个学校研究，是不是能给我们一个大学预科的录取通知书。”父亲说。

一个月之后，第二次签证如约而至。

签证的头一天，母亲对儿子说：“明天我们要去签证。”

听说还要去签证，摩西非常生气：“我不出国了，我现在已经进入到学习状态里去了，我要在国内念。”说完之后，他给自己冲了个澡，闷头倒在床上。

当时孙摩西的父亲正在外地，母亲无奈，只得打电话向他求助：“我没有做通儿子的思想工作，他跟我谈的时候坚决不同意去签证，而且有抵触情绪。”电话那边的父亲似乎很有把握：“没事儿，过一会儿我打电话跟他谈。”

一个小时之后，等儿子的情绪稍微平静了，父亲打来了电话。

“摩西，怎么样啊？”

“挺好的。”

“学习怎么样啊，有没有进入状态？”

“学习不错，进入状态了。”

“你真行啊，一下子就从拒签的阴影当中走出来了！”父亲的表扬让儿子放松了许多。

“听说你明天签证，你妈说你不想去了，怎么不去了呢？”

“我现在刚进入状态，不愿意去了。”

“儿子，在出国与不出国的问题上你经过了几次反复。想去的时候是豪情万丈，你不想去的时候又有不去的理由，究竟是去还是不去，这里边毕竟有一个是对的。你的志向这么高，在国内考清华、北大，如果一旦有个闪失我们就没有机会了。如果你出去拼一下，有可能考上世界名牌大学，我们为什么不出去拼一下呢？这样吧，我们再试一次，如果还是不行的话，就不出去了，安心在国内读书。”

经过父亲的一番劝说，摩西终于同意了再次签证。结果，他很顺利地就通过了签证。得知这一消息，孙摩西如释重负地把重重的书包放在地上，长舒了一口气：“这些东西即将成为历史，就把他们留给我的后辈吧！”

全奖考取剑桥大学

虽然通过了签证，但当时接收孙摩西的那所英国高中已经开学一个多月了，来不及适应语言，他直接投入到了紧张的学习当中。

按照常规，第一年的 A-Level 课程结束之后，学生就可以申请大学了，孙摩西选择了剑桥大学。母亲说，儿子报考剑桥大学的过程令她难忘。

“刚开始他想报考工程专业，他的很多同学也都报了这个专业，但是我认为学工程需要很多人通力合作，而摩西的性格比较内向。”考虑再三，母亲准备亲自去一趟英国，找摩西所在高中的校长详细谈谈，到底哪些专业更适合儿子，“因为毕竟我们对他在国外的学习情况没有学校了解得多”。

“您认为以摩西的学习状况，报考哪所学校的工程专业更有竞争力呢？”

“我认为帝国理工大学的工程专业也很好。”

校长的话很含蓄。“英国人就是这样，从来不把话说得很透彻。我有一种感觉，报考剑桥大学的工程专业，孙摩西的竞争力不是很大。”母亲说。

结束了跟校长的谈话，母亲问摩西他所了解的工程专业究竟是怎样的。听了儿子的讲述，母亲说：“你知道得不是很具体，我知道得也不具体，但是你那么喜欢数学，为什么不选择数学专业呢？实际上，在国外数学专业的择业方向很宽，金融业、保险业、航天业等很多领域都需要数学。”而剑桥大学有31个学院，究竟哪个学院的数学专业比较好呢？孙摩西十分看好三一学院（Trinity College），三一学院的数学专业是剑桥大学中最负盛名的专业之一，而这一专业每年在全世界只招收三十几名学生，竞争相当激烈。虽然报考其他学院的数学专业胜算更大，但孙摩西还是想给自己一个机会，拼一下。

但是工程专业的申请孙摩西已经准备了很久，个人简介也请指导老师修改了多次，这个时候改变专业他觉得很难跟老师开口。母亲对儿子说：“这是你人生最重要的关头，指导老师也希望学生能选择适合自己的专业。如果你要重新写个人简介，老师是不会反感的，他会非常认真地帮你修改，在这个时候我们就不要考虑那些问题了。”

正如母亲所说，指导老师仍然非常认真地帮孙摩西修改了个人简介。在给三一学院的推荐信中，指导老师这样写道：“如果三一学院录取了孙摩西，那将是三一学院一个很大的收获。”实际上，老师的这种评价并不为过，孙摩西在高中二年级的时候参加雅思考试，取得了6.5分的好成绩，在国外学习一年之后再次报考，就拿到了8分，就是在英国学生里面这样的分数也是不多见的；同时，在第一年的A-Level课程学习中，孙摩西更是取得了全A的成绩。因此，面对这样一个颇具实力的学生，学校和老师都寄予了很高的期望。

穿着剑桥大学校服的孙摩西

经过一系列的面试和笔试之后，孙摩西获得了剑桥大学颁发的“有条件录取”通知书。“这个录取条件是很高的，要求所有的成绩必须是A，还要额外考两科数学，STEP2成绩要达到1、STEP3成绩要达到2（STEP的成绩由高到低的排列是S、1、2、3……）”。这意味着孙摩西必须在最后一年的A-Level考试中保持全优，STEP达到要求，否则将与剑桥无缘，而剑桥大学其他学院的数学专业对STEP没有要求。“那时候，我们就替儿子捏着一把汗，他成绩这么好，万一达不到多可惜。”母亲回忆说。

孙摩西没有让自己、家人和学校失望，最终以A-Level全优、两科STEP均为S的成绩被剑桥大学三一学院数学专业录取，并获得全额奖学金。

母亲说：“孩子在外边这么多年，独立学习、独立思考、独立处理问题的能力得到了很好的锻炼，比如为自己安排学习进程和参加考试的时间，包括他执意报考三一学院的拼搏精神。从长远来看，我们对孩子的这种放手还是得到了丰硕的收获。”

回忆儿子的求学道路，父亲不无感慨地说：“我们给他搭建了一个平台，他在这个舞台上表演得很好。但是回想起来，我们也冒了很大的风险，如果孩子考不上这么好的学校呢？如果他不适应国外的生活，哭着想回国呢？但是我们所做的一切都是基于对孩子的信任，另外有一点冒险精神，还有一点点贪婪，希望孩子将来能发展得更好。

星辉斑斓话剑桥

“轻轻的我走了，正如我轻轻的来；我轻轻的招手，作别西天的云彩。……”诗人徐志摩的一首传世名作《再别康桥》引起无数中国学子对于剑桥的美妙遐想。

剑桥大学位于美丽的剑桥镇，著名的康河横贯其间。剑桥大学的31个学院错落有致地分布在这个只有10万人左右的小镇里，小镇也因这所英国著名的皇家学院而闻名于世。

然而，真正使剑桥为世人称道的却不是康河的美景。20世纪以来，这里曾经走出过60多位诺贝尔奖获得者和三任英国首相。在剑桥名人的璀璨星空中，有浪漫主义诗人拜伦、历史学家麦考莱、数学家和分析哲学的创始人罗素、哲学家怀特海、短篇小说家福斯特、凯恩斯经

孙摩西在国外求学

济学派的创始人凯恩斯、生物化学家和科学史家李约瑟、印度首任总理尼赫鲁、印度总理拉吉夫·甘地、马来西亚前总理赫曼、新加坡前总理李光耀、英国王储查尔斯等等。而牛顿、达尔文这样开创科学新纪元的科学大师更为后辈学子所深深敬仰。

在剑桥大学的众多学院中，规模最大、财力最为雄厚的三一学院更是剑桥的骄傲。

16 世纪晚期，现代实验自然科学和英国唯物主义的先驱培根就曾就读于三一学院，并在这里建立了自己的实验室，他的思想主张反映了英国资产阶级上升时期对科学和真理的追求，对后世产生了深远的影响。

1660 年，牛顿进入三一学院学习，27 岁成为数学教授，执教鞭 30 年之久。他总结了力学三大定律，发现了微积分，推动剑桥的数学、物理研究进入最辉煌的时期，成为剑桥的重要学科，并带动了整个大学自然科学的研究。

三一教堂前厅矗立着六尊玉石雕像：培根、牛顿、巴罗、麦考莱、魏伟尔、丁尼生。他们是“三一”的学子，更是英伦永远的巨人。这里曾经走出过 30 多位诺贝尔奖得主，《小熊维尼》的作者英国儿童作家弥尔顿以及上面提到的拜伦、罗素、怀特海也都是“三一”的骄傲。

“寻梦？撑一支长篙，向青草更青处漫溯，满载一船星辉，在星辉斑斓里放歌”。轻吟慢颂间，我们似乎感受到了古老剑桥的灵性和神韵，也似乎看到了那些穿梭于校园之中为探寻真理而来的才华横溢的少年。

“妈妈，这就是生活”

采访即将结束的时候，我们无意间问了摩西的母亲这样一个问题：“好不容易培养起来的孩子就这样远赴他乡，你有没有感觉不适应。”

她的回答是这样的：“很多人都跟我说：‘真不知道孩子是给谁养的，出去了就不知道以后到哪了。’我不要求儿子留在我的身边给我端茶送水，也不会为此而感到骄傲；相反，孙摩西现在给我带来的精神上的安慰却让我感到非常满足。我并不看重他今后能赚多少钱，只是觉得他能把自己的工作做好，生活得幸福就可以了！”

母亲回忆起当年她去英国探望儿子时发生的一件事：“我很了解他的生活态度。报考大学的时候我去英国看他，有时觉得无聊就请他给我推荐一本书看，他给我推荐了一个日本作者写的书，名字我记不得了，只记得书写得很淡。我对他说：‘这本书太淡了，就像水一样。’他回答说：‘妈妈，生活就是这样的，我认为这就是生活。’”

在剑桥灿烂的星辉下，生活依旧如流水般涓涓而逝，然而，在平静和泰然中，却悄然酝酿着新的精彩和生动。

从小对孩子苛刻点儿

小档案：

张硕，女，1983 年 7 月生人。

1990 年入沈阳市机车车辆工厂第三小学。1996 年考入东北育才学校优才教育实验班日语特长班。2002 年 10 月赴日本留学。

2003 年 3 月考入日本京都大学。2007 年 4 月考取日本京都大学材料工学专业研究生。曾任京都大学留学生委员会副会长、全日本大学生活协同组合联合会留学生委员会会长。

2003 年 7 月获井深大（索尼创始人）奖学金。2005 年 4 月荣获美国国际教育协会授予的“高盛全球百名青年领袖”称号。2007 年 4 月获伊藤国际教育财团奖学金。

“我们从小对她就比较苛刻”

“从小我们对她就比较苛刻，”讲到自己的女儿，母亲张秀萍首先用了这样的形容词，言语中似乎隐含着一丝不忍，“有的时候，她觉得妈妈对她一点儿也不好，但实际上，我们是为了她好”。怎样来解释“苛刻”呢？张秀萍为我们讲了这样几件事。

那是一个严冬的早晨，晨曦微露时，早起的人们就开始了忙碌，滚烫的豆浆、酥脆的油条，人们像往常一样裹紧了棉衣排着长长的队伍守在早点摊床边。队伍缓慢地向前移动，不远处一个瘦小的身影向这边跑来，大人们散漫游移的目光瞬间聚焦到排尾——一个小姑娘，厚重的外衣下面，居然是一双小拖鞋，赤裸着的小手端着饭盆，不时地打着激灵。一个声音说："这是谁家的孩子，家长也太不关心了，这么冷的天，让孩子穿拖鞋排队买果子呀！"紧接着，好几个声音说："让她先买吧！"大人们把孩子推到了摊床边。这个小姑娘就是张硕，"她当时还没有上学呢，我们做家长的就是想培养她独立办事的能力，什么事都鼓励她自己做。"母亲张秀萍解释道。

"那年她考上了育才日语特长班，赶上学校放假，孩子把很多东西都带回家来，光一个大书包就有 20 多斤重，都是她自己拿回来的，我从来不到车站去接她"。张硕到家之后，张秀萍看着散落在四处的书埋怨道："怎么这么乱，自己不整理好了？"女儿委屈地说："妈，你要求也太高了啦！别的家长都开着车或者骑自行车帮忙带，我都累成这样了，你也不心疼！""有的时候好像是我们做家长的挺苛刻似的，但是进了育才日语班就意味着出国，出国就意味着自己独立生活，不苛刻怎么行？"

在采访过程中，我们感觉到，从小对张硕的严厉很大程度上来源于张硕父亲张兴武的一个家庭教育思想：早期教育非常重要。"我认为在现在社会中很多教育就失败在早期教育没搞好，对一些家庭来说，早期教育说起来重要，做起来次要。现在每家基本都是一个孩子，娇惯得厉害，对孩子很多的坏毛病不管不问。我觉得孩子要是小的时候管不好，长大就很难管了。一棵长到碗口粗的歪脖树是很难直过来的"。进而他又打了一个比方："什么叫走上正轨？从小你把她扶上正路，她就沿着正路走，所以刚开始一定要从严。""过去有句老话说'孩子三岁看到老'，我认为孩子三岁世界观就基本形成了"。这样的说法似乎有些夸张，但是隐含的道理却是相当值得探究的。我们很多儿时的玩伴，多年后再次相见，也许长了个子，变了模样，但举手投足间仍然可见当年的影子。

幼年时期父母的"苛刻"在孩子心中播下了怎样的种子呢？当我们问到"在成长过程中，家长对你的培养有哪些方面让你记忆深刻"时，张硕首先提到的，就是家长管得比较严，"各方面都是，如果我什么事情做错了都会很害怕，就怕被爸爸批评"。

"当时沈阳跟日本的富山县富山市是友好城市，跟富山中部高中是姊妹学校。我们初三暑假的时候去日本富山中部高中交流，那时候正好是期末考试前后，分流考试已经结束”。在“育才”从初中升入高中要经过一个分流考试，有一部分人将被分流出去参加中考，“而我已经通过分流考试留在‘育才’了。当时因为这次交流活动，心有点散，期末复习也没有以前那么专心。我爸发现了这个苗头，就跟我说：‘才这点事你就不学习了。’我也怕期末考试考不好，没法跟我爸交代，去姥姥家玩的时候还在学习呢！”

“漂亮姑娘”和“假小子”

这种严厉的家庭教育方式确实近乎苛刻，但同时也培养了张硕那种经得起摔打的男孩子性格，在采访中，张兴武和张秀萍夫妻俩曾多次向我们提到孩子的这个特点。

“漂亮姑娘”和“假小子”似乎搭不上边，但是还有句话叫做“女大十八变”，在采访过程中，我们见到了回国休假的张硕本人，看着眼前饶有风姿的大姑娘，我们无论如何也无法把她同手头照片上的那个十几岁的“假小子”画上等号。照片上的张硕正紧抓着攀岩的绳索悬挂在半空中，齐耳的短发，配上短裤背心，虽然有些进退两难，但看得出来，她还没有放弃。“当时我上初中，夏天的时候我们一家和家里的朋友一起去植物园玩，我想尝试一下攀岩，感觉挺有挑战性的。但是，刚开始不会爬，爬到一半就爬不动了，岩壁可高了，感觉上不去下不来的，当时管理员都不让我上了，商量要把我拽下来，但是我还是没下来。我倒是没什么事，就是把我爸妈他们吓坏了。”母亲张秀萍一副心有余悸的样子说道：“这

张硕在攀岩

件事我印象很深，当时把我吓够呛，但是事后感觉姑娘确实长大了，有那种较劲的意识了。当时还有那种距离河面好几米高的滑道，她都敢尝试，顺着铁丝从河这边滑到河那边，主要靠惯性，没点技巧和胆量不行。”

“胆量大”是我们从张硕父母口中经常听到的形容词。“其实她的胆量也是我们一点点锻炼出来的，小时候她跟比她大一岁的小哥出去玩，一到晚上她小哥不敢自己上楼，她就把他送到楼上。小学六年级的时候有一段时间晚上补课，我们从来都没去接过，都是她自己骑车回来的，就是为了锻炼她。”

实际上，护送男孩子回家、飞车夜行这些事迹都不是凭空而来的，母亲张秀萍介绍说：“我跟他爸都不高，但是张硕长到了一米六六，从小我们就鼓励她锻炼身体，乒乓球、排球、篮球、足球她喜欢，在学校还参加长跑。”据张硕说，小学时候她是班里女子足球队的队员，而且跟班里男生的关系特别好，经常跟男孩子们结伴出去踢足球。

身体和性格方面的双重历练造就了张硕阳光开朗、敢闯敢拼的个性，使得未来一个来自中国普通家庭的女孩子能够在异国他乡不断挑战着人生中一个又一个高峰。

中学阶段从来不补课

至今为止，张硕只有一段补课的经历，就是上面提到的小学六年级时“飞车夜行”那段。“她小学六年级的时候，我们一个同事的孩子考到了‘育才’，说挺好的。张硕一年级的时候在班里就是班长，到四年级的时候是大队长，学习相对来说都在前边，所以我们也想让孩子尝试一下。但是英语要求达到初中三年级的水平，还要学‘奥数’，我们当时对‘奥数’不了解，听说学‘奥数’对人的大脑思维有好处，开发智力。既然有好处，先不考虑能不能考上，就找人给孩子补了一段时间课。”母亲回忆说。

短暂的补习生活结束之后，张硕顺利地考取了东北育才学校。据父亲介绍，张硕在中学阶段从来没有补过课，除了课堂所学之外，基本靠自己看书。

在当今的教育界，补课是一个比较敏感的话题，每一个学生、家长、老师对此都有各自的理解。张硕说："我最初认为在学校跟不上才需要补课。高中时我们住校，每周末回家。很多人都利用这段时间出去补课，我觉得周末好容易回一次家，想跟爸妈好好待一会儿。另外，我当时成绩挺好的，就没有补课的想法。"她还根据自身的体会分析了补课风盛行的一些原因："如果学校的教育方向把握好了，出去补课的人就会少很多。比如老师上课重点的问题讲不到，或者考试超前考。还有的老师觉得反正学生都出去补课，课堂上讲得差不多就行，这样形成恶性循环，出去补课的人就会越来越多。另外一个就是风气，如果身边的同学都补，你要是不补，在心理上就输给别人了，即使你能力真的比别人强，也会怕考不过别人。"最后她总结说："我觉得正常在学校学的内容就足够了，不应该出去补课，而且补课花钱很多，家里收入比较高的还行，如果是像我们这样的一般家庭，对于家长来说就是一个挺大的负担。"

有一个这样懂事的孩子，张兴武和张秀萍夫妻俩应该是很幸福的，也是很让人羡慕的。但是正如前面讲到的，正是因为在孩子幼年时期，家长的苛刻和用心良苦，才达到了张兴武所说的"把孩子扶上正轨的效果"。

"我的人生观和价值观是在中学阶段形成的"

对于很多曾经走过的人来说，中学阶段充满了沉甸甸的回忆。这是一个蜕去童贞、奔向成熟的过渡阶段，各种奇思妙想泉涌而出，正如张硕所说的，"我的人生观和价值观是在中学阶段形成的"。

"中学阶段的教育给我提供了很好的平台，比如初三时候那次去日本富山中部高中交流的机会"。"育才"每年都会通过比赛等各种方式挑选日语和综合素质较好的学生赴日交流，在育才学校校刊《优才摇篮》（第25期）中我们看到了张硕从日本归来所写的文章——《东洋风情——记在日参观访问见闻》，开篇写道：

大陆一点点缩小，再缩小，最后渐渐从视线中消失。安然地坐在飞机的沙发椅上，3秒钟的时间就让手表的分针走了一圈。于是，初次乘飞机的喜悦与不安和即将踏上异域土地的期盼与紧张在心中膨胀着。当那份心情已经不满足于仅仅存在于心中的时候，当那份心情即将溢于言表的时候，陆地再次出现在眼前。

“那次到富山我去了一周，虽然之前学了三年的日语，但跟高三的同学比起来还有差距，不过简单的日常会话是没什么问题的”。接着张硕说起了当时在日本的一些见闻：“在日本有路面电车，而且富山相对来说是个小地方，坐车的时候常常是从上车的地方买票，下车的时候没有人收票，直接把车票放在一个铁盒子里。如果想逃票非常容易，但是没有人那么做。城市井然有序。”

日本的水好，富山的水更是好中之好，凡是可见的自来水都可以直接饮用，神通川的水更是清而又“青”。尤其是“五个山”的河水与黑部的湖水，青翠的水，泛着光，透着亮，给人耳目一新的感觉。

张硕在文章中这样描绘了富山风情。

回忆起当时的接待家庭，张硕说：“接待我的日本家庭是一个七口之家，大概父亲是长子，所以跟祖父母住在一起，另外还有一个哥哥、一个弟弟。”

在日本，物品的个人所有观念十分强烈。爸爸的就是爸爸的，妈妈的就是妈妈的。跟接待家庭一同去爬山的那天，父亲带的是老式调焦相机，而母亲用的是一次性相机。母亲看到我的相机还问：“这相机不错，是不是你爸爸的？”愣了半天我才解释清楚这是我家的相机。当时母亲的惊讶程度不亚于刚才的我。

“我觉得日本教育跟中国不同的是，日本的父母很少干涉孩子的事情。我小的时候如果出门，都要跟爸爸妈妈说去哪了，回来再说说情况。而日本孩子出去的时候说声‘出去了’，回来的时候说声‘回来了’，父母很少过问，孩子大部分事情都由自己安排，独立能力和个人意识比较强”。虽然父母管得少使孩子获得了相对的自由，但是张硕认为，父母和孩子之间的交流也随之减少，“所以我觉得，在日本父母和孩子之间的亲情要比中国淡得多”。

以学生身份进行的赴日交流活动，学校是考察的一大重点。“我觉得中国孩子的学习能力和努力程度都远远超过日本孩子。对中国孩子来讲，学习是主要的，只在平时搞一些课余活动；但在日本，对一些孩子来说，课余活动是主要的，日本学校有很多俱乐部”。

俱乐部的种类相当丰富：有书法、绘画、棋类、插花、茶道、摄影、演奏、电脑、棒球、柔道、剑道……每天三点左右课程结束后，学生们就到自己选定的俱乐部去活动，直到放学。俱乐部里的训练非常专业，随时可以拿出作品参赛。所以日本学生几乎个个多才多艺。

“我觉得他们那种学习方式是过于宽松了，回想起我那段中学生活，虽然当时对学校那种严格的军事化管理有些想法，但现在感觉，孩子还是应该管得严点比较好。不过，在初中的时候，要是能再多一些课外活动，我觉得对学生的发展是有很大好处的”。

出国交流开阔了孩子的视野。在上面摘录的出国见闻中，通过一个初中生的视角，我们可以感受到东洋的各色风情，可以感受到一个孩子内心深处思想火花的跳跃，同时也可以感受到她的成长。

中学阶段在人的一生中确实会留下深刻的印记，这印记会影响到此后人生道路中的各种选择。在张硕高二那年，“育才”建起了四个科学实验室，分别同几个科研单位合作，定期请一些专家和教授过来讲课，让学生在高中阶段就能了解到大学是如何搞科学研究的。“我参加的是材料科学实验室，虽然只参加了一年，到高三就停止了，但是我现在学的这个专业跟那段经历有直接的关系”。实际上，父母当年希望张硕学习金融相关专业，但是她偏偏对材料科学情有独钟，“女孩子学这个挺累的，大四时经常在实验室里待到后半夜一两点钟才回家”，中学时期所留下的深刻印记在孩子的一生中都无法抹去。

“全日大学生协联”里的女会长

在接受我们采访之前不久，张硕刚刚卸任“全日大学生活协同组合联合会留学生委员会”会长职务，因为4月份研究生即将开学，“我是学材料专业的，进研究生之后研究方面会很忙，如果再管这些事情，研究方面也会受到影响。另外，自己也做了一年的会长，如果每年都是同样的人做，都会做差不多的事情，没有什么进步”。

接着她给我们介绍了这个叫做“生协”的组织以及她成为全国留学生委员会会长的过程。

这是一个学生组织，叫做学生生活协同组合。最早的“生协”组织于19世纪成立于英国，之后世界上很多国家都有了自己的生协组织。日本的生协组织最早成立于二战之前，二战期间中止了一段时间，战后得到恢复，到现在已经很多年了。在日本，首先是每个大学都有一个这样的组织，然后全国各个学校的“生协”联合在一起就叫做“全日大学生协联”，全称叫“全日大学生活协同组合联合会”。“生协”的基本资金来源是会费，大学生入学之后每人要交两万日元左右的会费（各大学情况不同，有的大学对留学生有优待，比如京都大学留学生只交四千日元）。“生协”利用这些基本资金来运营一些为学生服务的校内卖店，比如为学校建食堂。建食堂最开始要投资很多钱，如果每个人出五十块钱，一批人就是很大一笔钱。我们从出钱的人中选出一部分人来管理钱和整个食堂的建设。这里边会有一些利润，但“生协”是非盈利组织，所以利润都要返还给大家，会费也会在学生毕业的时候返还给学生。平时，我们也会用这些收入组织一些活动，给大家提供一些交流的机会。

我是通过留学生委员会进入这个组织的，留学生委员会是“生协”中的一个组织。全日本大概有十几个大学的“生协”里有留学生委员会，京都大学是其中的一个。每年“生协”的留学生委员会都会在4月末和10月末的时候举办一个主要面对留学生的新生欢迎会。那是一个大型party。我那届有200多人参加。有准备好的甜点，还有调酒表演。大家在一起跳舞，特别高兴。在那次活动上，我认识了好多学长和学姐，通过他们了解到了很多在日本生活的情况。我觉得组织这种活动挺有意思，当时就提出要参加这个留学生委员会。最开始我在京都大学留学生委员会做会员，之后做了副会长。

全日留学生委员会是全日大学生协联的一个下属组织，这个组织每年都要从全日本的各个大学选拔干事。一般是把整个日本分成十个地区，每个地区选一名代表。我们这个地区有三所学校有自己的留学生委员会。大家都有各自的困难,也有各自的经验。我在我们这个地区策划了一些交流会让大家在一起交流一下，互相提出一些建议。后来，又在我们这个地区建立了日本第一个地区性的“生协”留学生委员会。

那年，我就作为我们这个地区的代表参加了全日留学生委员会的活动，并且直接被选为副会长。全日留学生委员会每年开四次例会，并且组织一次全日本性的大型的留学生活动。因为几乎所有的成员都是学生，并且散居在日本各地，所以，专门有一个“生协”的职员负责发邮件，联系开会的时间、地点。会议大都在周末，大家从日本各地赶到东京去，汇报自己学校的活动进行状况，商量大型活动的安排等。

第二年，也就是去年，很多老成员都已经毕业了，委员会处在新旧交替的关键时刻。虽然当时我已经大四了，学业比较忙，但我还是接过了会长的担子，同时也作为留学生的代表成为了“全日大学生协联理事会”的理事（生协联与理事会的关系，有点像人代会和人大常委会的关系）。成为理事之后，几乎每月都要去东京参加理事会。在考研备考的那段日子，差不多每个月都有几个周末要从京都到东京去，还是很辛苦的。

张硕 2005 年在全日大学生协联全国总会上演讲

全日大学生协联的总部在东京，每年年底都要开一次全国性的总会。每个大学按照人数比例选出代表，比如一个有七八千学生的学校可以出三名代表，这三名代表有投票权，对去年一年中经费是如何运作的等方面的情况有表决权。各个大学的代表从日本各地赶到东京去，有点开全国人民代表大会的感觉。

我在大二时曾经作为京都大学的代表参加过全国总会，大三那年则是作为理事参加的。当时我印象最深的是自己面对一千多人发表演讲。在每年的总会上有十几个演讲，都是根据各个大学上报的近一年的活动材料精心挑选出来的，内容是介绍自己大学所搞的活动。我当时是代表留学生讲我在我们那个地区建立地区性留学生委员会的事，虽然第一次在那么多人面前说话，稍微有点紧张，但是因为讲我们留学生自己的事情，非常投入，很有激情，演讲效果也非常好。总会结束之后，大家要填写不记名的调查表，里面有一个问题就是你印象最深的演讲是哪一个，我所作的演讲得票最多，也是大家印象最深的演讲。

整个讲述平实无华，让我们对“生协”和留学生组织有了比较客观、完整的认识，只是在最后才透露了一下她个人的小成功。突然想起了张硕的父亲张兴武说过的一句话：“这孩子一点都不张扬，像她妈。”

破釜沉舟挑战井深大奖学金

对于很多留学生来说，争取奖学金也许是减轻自己和家庭负担的最好方法，对于张硕这样普通工薪家庭的孩子来说更是如此。但是奖学金的数量不等，视个人能力和情况而定，同时也是考验一个人胆识的事。

在谈到申请井深大奖学金的时候，张硕用了一个形容词：惊险。

“日本政府发放的奖学金是完全看学习成绩给的，入学前会参加一次统一考试，文科前一百名和理科前一百名有资格领取，这个奖学金是日本政府给的，金额相对比较少，每个月 52 000 日元，只给一年”。当时张硕已经获得了领取这笔奖学金的资格。

既然已经得到了一笔奖金，那么“惊险”一词又从何而来呢？接着张硕为我们介绍了井深大奖学金的情况。井深大奖学金是由索尼公司创始人井深大设立的，旨在奖励学习成绩优秀、思想积极进步、有组织能力和创新意识的优秀学生。“井深大奖学金每个月 15 万日元，相当于 10 000 元人民币，一共给四年，合计 720 万日元，也就是 50 万人民币，算是学部生里边最多的，但是必须进大学之后（四月末）才可以申请”。

在日本，很多学校规定学生不能同时享有两种以上的奖学金，张硕所在的京都大学尤为苛刻，规定已经获得奖学金的学生不能再申请其他奖学金。“这就意味着，要申请更高金额的井深大奖学金就必须在三月份放弃已经申请到的政府奖学金，虽然说每月52 000日元的政府奖学金比较少，但是一年下来也是60万日元，而且放弃政府奖学金也并不意味着100%能拿到井深大奖学金，很有可能最终什么都拿不到。犹豫再三，最后，同学中只有我一个人放弃了政府奖学金”。

那年的三月份，张硕放弃了已经申请到的政府奖学金，破釜沉舟申请井深大奖学金。“评选的方式是通过大学申请，每个大学都可以推荐一名留学生和若干名日本学生。也就是说，要想申请，必须先过学校选拔这一关。实际上，学校选拔的过程，一如我‘最好的打算’那么简单。因为整个京都大学里面，只有我一个人申请！其实，这多少也是在我意料之中的。因为那一年正好赶上日本留学生考试制度改革，整体分数比较低，京都大学的分数线又比较高，所以能考上京都大学的留学生，也都有资格拿到日本政府奖学金。事实上，考上京大的人我几乎都认识，也提前考察了一下周围的朋友是否拿到日本政府奖学金的情况，也算不打没有准备的仗吧！就这样，学校推荐比较轻松地拿到了。当时全日本有22所大学推荐了留学生，财团将从中选出5名给予奖学金”。一切申请工作结束之后就等待七月份的结果了。等待的过程是漫长而艰苦的，她为自己做好了最坏的打算：“能够申请到当然非常好，如果申请不到，日子会过得比较苦，每年60万日元的学费和生活费就要完全靠自己打工来赚了，而且这个钱无论如何是不能让家里拿的。我当时放弃奖学金的时候想，好多留学生没有奖学金，都是靠打工，既然他们能自己供自己，那我肯定也能做到。”

一席话让我们又想起了当年那个悬在岩壁上不肯后退的小姑娘，随着了解的加深，她的形象在我们心中逐渐丰满起来——一个自信、自强、不服输的好姑娘。

好消息终于在张硕生日那天传来，她得到了历时四年，共计720万日元的井深大奖学金。“我觉得相对来说，我比较会写材料，包括写‘我的理想’之类的作文，写得都很用心。另外一方面，在去日本的留学生里，像我们这种经过了中学六年高强度学习和专门日语训练的学生是不多见的，所以相对来说还是优秀一些”。

“她申请索尼奖学金的事我们刚开始都不知道，后来一个同学家长打电话过来，我们才知道。”母亲张秀萍埋怨女儿说。“主要是怕爸妈担心，因为我觉得即使告诉他们了，他们也帮不上忙，反过来还跟着我上火，所以我就没说。”张硕解释说。

不管怎么样，最后的结果是令人满意的。有人说“性格决定命运”，还有人说“艺高人胆大”，其实在面临选择的时候，往往是性格决定方向，能力决定成败，胆量过人者会选择险峰，但能否跨越则在于实力，上面的那则小故事也许正说明了这一点。

申请“高盛全球百名青年领袖”的那段日子

在张硕为我们细数的那些她比较难忘的事情当中，申请“高盛全球百名青年领袖”的经历可算一例。

“我是在学校的揭示板上看到这个消息的，当时要求学习成绩排名年组前10%以内，还要有领导才能。我分析在日本我所接触到的人当中，这两者兼备的比较少，因为在日本学生中，一部分进了大学之后就忙社团活动，学习及格就行；还有一部分就是专心学习，不管其他。所以当时我就提出了申请。整个申请的过程相当辛苦，分为好几个步骤，先要通过学校的申请，那是2004年11月份。正式申请是2005年年初，需要用英语写很多的材料。当时正好是期末考试，考试结束之后我就要回国，所有的材料必须在回国之前准备好，而且‘生协’那边还有一个地区的总会需要准备演讲，三件事碰到一起了”。这样大概有两周左右的时间，张硕每天只有三四个小时的睡眠，回国之后休息了很长时间才调整好状态。

“当时没有太大的压力，但还是很希望能够选上。不过申请过程本身也很锻炼人，很多问题是自己以前没有仔细想过的，经过这次准备清晰多了”。2005年4月，张硕正式得到通知，她成为了当年日本八名当选者之一，荣获2005年度“高盛全球百名青年领袖”称号。在东京召开的颁奖仪式上，张硕结识了很多同样颇具才华的人，她又一次证实了自己。

据了解，“高盛全球百名青年领袖计划”每年从全世界70多所知名大学中选拔出100位优秀的二年级本科生授予“高盛全球百名青年领袖”称号，并颁发奖学金。从2006年开始，中国大陆才开始参选。这是一个宽广的舞台，还是那句话“性格决定方向，能力决定成败”。这方舞台永远留给有胆识有实力的年轻人，张硕就是这个群体当中的一员。也许多年以后我们会在全世界各个行业的领军人物中看到他们的身影，也希望还能看到这个自信、勇敢的中国姑娘。

采访张硕（节录）
时间：2007年2月26日
地点：张硕沈阳家中

笔者：在日本生活了这么多年，能讲一讲你对日本社会的一些看法吗?

张硕：我觉得日本是一个高度发达的机械化社会，人与人之间的感情比较淡，包括上下级之间、同学之间。我觉得还是中国社会比较有人情味，每次回国一到机场，听到身边的人说沈阳话，感觉特别亲切。在日本，我们国内这些同学的关系非常好，谁有什么事大家都能帮忙。

我觉得日本人对自己民族文化保护得特别好，日本有很多传统的东西大家也都很难能接受，但都觉得这是日本传统的东西，一定要保留下来。日本人对日本文化还是比较了解的。我在日本语言学校期间感受最深的是，很多中国人对自己的国家不了解。比如一个班级的学生来自好多国家，老师问大家各自国家过年时有什么样的习俗，或者让大家介绍自己的国家都有哪些风土人情，一般来说，韩国学生、日本学生，或者来自欧洲某些国家的学生，他们对自己的国家都特别了解，问什么都能说出来，但很多中国学生不太知道这些。

我想，一方面是因为学习过于紧张，另一方面是中国的历史比较长，民族很多，不少事情大家都不是很了解。不过当时如果回答不上来还是很不好意思的，有些给中国人丢脸了。我觉得国内的学校还是应该在这方面多加强教育。中国越开放，就越有必要加强这方面的教育。

投资教育，花多少钱都值

小档案：

邢振铎，男，1985 年 8 月生人。

1992 年入辽宁省实验小学。1998 年考入东北育才学校六年制班。2001 年作为交流学生前往美国华盛顿州进行为期半年的学习交流。2002 年赴英国曼城曼彻斯特语法学院（Manchester Grammar School）留学，该学校排名英国高中前五名。2003 年成功通过牛津大学面试，获得有条件录取通知书。2004 年考入牛津大学数学与统计专业，四年本硕连读。

20 世纪 80 年代末的一个夏天，辽宁省幼儿师范幼儿园里一片喧哗。园舍改造工程正在紧锣密鼓地进行，院子墙角的一个大沙堆前围了好几个家长，其中一个家长非常着急地喊着："乐天儿，儿子，你快下来，别爬了。"顺着大家的视线望去，只见一个三四岁大的男孩正撅着小屁股奋力地向沙堆顶端攀爬，全然不顾下面传来的喊声。一旁的父亲皱着眉头说："孩儿他妈，这个儿子你管不了，太淘！"

这个爬沙堆的小男孩正是故事的主人公邢振铎，小名"乐天"。人说"三岁看到老"，这话不假，凭着男孩子那种特有的拼劲、闯劲，"乐天"一直走进了牛津大学。

缤纷童年之“勇敢者的游戏”

1983年，邢振铎的父亲邢彬从沈阳农学院农业机械设计制造专业毕业。时逢国家从大学毕业生中选拔人才以提升部队的人文素质，于是，邢彬作为被选定的全国1200名大学生中的一员，成为了一名军人。

跟很多军嫂一样，宁晓辰只能利用休假时间到部队探望丈夫，还要承担起照顾孩子、料理家务的重担。有一段时间，她因休长假到邢彬所在的部队待了一段时间，在那里，“乐天”学会了走路，并且跟军人朝夕相处。“估计那段时间对孩子以后兴趣爱好的培养有一定影响。”邢彬回忆说。

游戏是孩子的天性，每个人也许都会对小时候热衷的游戏留有深刻的印象。邢振铎曾经总结过小时候经常玩的“十种勇敢者的游戏”，其中之一叫“攻城游戏”。玩这个游戏“首先要找到合适的地点，高台、组合滑梯一般最合适。防守方与攻击方的人数比例大概是1∶2，防守方在上，直到防守方全部被从城堡踢下来或者攻击方放弃，游戏结束。高台或者滑梯越高就越刺激，而且好的组合滑梯更有战术，值得钻研”。

还有一种叫“军团式打雪仗”。“16岁以后再也没见过像样的雪了，今天看到外面下大雪，鹅毛大雪，可是五分钟后就出太阳了……军团雪仗讲究勇敢，还要有装备，簸箕是非常好的武器，因为装满雪之后，浇到对方头上绝对是致命打击；冬天苹果筐的盖子是最好的防御武器，可以做盾牌；人多的时候，站成一排作战，更有另外一种气势”。

最后介绍一种比较有趣的叫“铁皮管子”。“到了冬天，舌头会很容易粘到铁皮管子上面。勇敢的人总会舔管子很长时间，而勇敢过头的人舌头就会粘在管子上面。”

也许是受到军人气质的感召，也许是男孩子顽皮的天性，热衷于“勇敢者游戏”的“乐天”就这样做着勇敢者的梦。

缤纷童年之“终极幻想”

跟所有的父母一样，父亲邢彬和母亲宁晓辰希望孩子从小能够得到多方面的发展。邢彬一有空就会到书店去给儿子买回各种幼儿启蒙录音带、幼儿读物，“那时候他听的、看的全是这些东西”，读过国高的姥姥更是时常教外孙背唐诗。由于父亲曾经拉过一段时间的小提琴，夫妻俩也希望用音乐来开启孩子幼小的心灵。当时正好赶上部队里新来了几个会电子琴的文艺兵，就请他们给“乐天”上了一段时间的电子琴课。“乐天”进了幼儿园后，夫妻俩又为儿子添置了钢琴。经过了诸多兴趣爱好方面的尝试，孩子最后还是对画画、玩各种模型最感兴趣。

在“乐天”的家里，大大小小的汽车模型就有二三百台，那是他小时候最喜欢的玩具，他经常把各种类型的汽车摆满一地，这边一个部队，那边一个部队，形成各种战斗队形，表演自己编排的战斗故事。

五岁时，“乐天”开始自己动手创作小人书，下面配上故事性的文字。这个爱好一直持续到现在，他甚至曾经把那些故事写成一本小说。邢彬和宁晓辰夫妻俩怕儿子耽误学习，曾经几次劝说他不要在这方面用太多的心思，但儿子对此却有着自己的理解：

我小时候很喜欢摆小人啊、摆军队啊什么的。记事之后，我就觉得应该把这些和我无聊时胡思乱想的故事情节贯穿起来，于是开始用小人书的方式记录，比如左手的小人和右手的小人哪边赢了，蓝色的军队和黑色的军队哪边胜利了，把这些汇总成故事。

慢慢长大，我开始喜欢写小小说和一些零零散散的东西，以此来记录突然间想到的故事或者对生活的感受。虽然我得承认我的写作能力并不能让人拥有强烈的共鸣，但是只要我满意，能表达出我的感受就够了。也许父母眼中的我就像 Peter Pan 一样是个永远长不大的孩子，他们心中的我总会是满脑子打打杀杀的宇宙飞船。然而我觉得从某种意义上说，这的确是一种幸福，因为当这个社会上大家都以一个成年人的眼光来看待你、要求你时，父母的这种疼爱是多么珍贵的财富。

“乐天”所说的Peter Pan是迪士尼经典动画长片《小飞侠》中的主人公。他是一个永远都不会长大的男孩，生活在梦幻岛上，而在那里永葆童年确实是可能的。他领导着失落的男孩儿们一起冒险、寻宝、打击海盗。其实每个人心中都有一个长不大孩子，他喜欢幻想，喜欢生活在自己的世界中，保持着天真与单纯。在疲惫的时候，经常把他拉出来跟自己做做游戏、聊聊天，也许这样才会让人更真实地感觉到自我的存在。

文化交流大使

1998年，邢振铎从辽宁省实验小学毕业，考入东北育才学校六年制班。邢彬和宁晓辰夫妻俩对儿子抱有殷切的期望，在一次假期旅游的过程中，一家人先后走访了清华大学和北京大学，并在校园里合影留念，共同体验了水木清华和魅力燕园。夫妻俩希望儿子能够将这两所国内一流学府作为将来的奋斗目标，通过六年的努力最终成为其中的一员。

但是，高中一年级时的一次为期五个月的赴美文化交流改变了邢振铎的人生航向。

2001年年中，邢振铎作为一名交流学生来到了美国。起初，因为在落实寄宿家庭的问题上出现了一些问题，他被安排在洛杉矶住了将近一周的时间。在那里，没有朋友、没有亲人，面对的是肤色各异、口里说着不同语言的人，邢振铎初次体验到了独在异国的困顿。毕竟是好事多磨，邢振铎最终到了华盛顿一个叫Warden的小镇，被安排到当地的一个家庭中寄宿。男女主人在机场热情地接待了邢振铎，这多少缓解了他先前的不适。寄宿家庭中的美国爸爸是一个德国人，而美国妈妈则是一个意大利人，来自不同文化的巨大的包容性，让邢振铎很快融入了寄宿家庭，他此行的文化交流生涯也正式开始。

在美国高中，邢振铎在众多学科中选择了七门作为开始科目：English 10（10年级英语）、English 12（12年级英语）、Microsoft Of-

邢振铎在美国与寄宿家庭的美国爸爸在猎场

fice（微软计算机）、Psychology（心理学）、Culinary Art（烹饪）、Algebra 2（二级代数）、Zoology（生物解剖）。其中，12 英语和心理学属于 12 年级课程，计算机、烹饪、代数和解剖属于 11 年级课程，只有 10 英语属于 10 年级课程。

与国内不同的是，美国高中对学生成绩的考察是多方面的。考试成绩只占总成绩的 30%~40%，而这里的考试成绩却不是期末考试成绩，而是平时对每一章的检验；在总成绩中作业所占的比重与考试相当，大约为 35%左右；其余包括出勤情况、笔记、课堂表现、实际操作等。因此，在美国一味地准备考试不一定会取得好的成绩，重要的是在日常学习中踏踏实实地按照老师的计划进行。经过长期努力，邢振铎最终获得了 6 个 A、1 个 B+ 的好成绩，综合学分为 3.9（满分 4.0）。

在美国，课外活动也是高中生活的重头戏。有大约 60%的学生选择课后的体育训练，一学年分为春季、秋季、冬季三个赛季，每个赛季的体育训练种类都不相同，学生们可以根据各自的喜好和身体状况选择不同的训练项目。

邢振铎当时正好赶上秋冬赛季，因此他选择了摔跤项目。训练的时间定在每天三点一刻放学之后进行，内容包括两英里的长跑（约

3200米），包括俯卧撑、仰卧起坐、两头起、拔单杠在内的体能训练，摔跤训练，还有更加残酷的“放松”。几乎每天都要六点半以后才能结束训练，邢振铎的体重也由167磅减到当时最低的148磅。在152LBS这个级别总共17场比赛中，他6胜11负5次击倒对手，最好成绩是在Othello争霸赛上获得第三名，而这之后赢了三场，只输了一场。

在比赛中，受伤是司空见惯的事。曾经有报告显示，在这样的比赛中，35%的选手肌肉受伤，10%的人由于初学而暂停比赛，0.4%的选手发生骨折。始终没有离开赛场的邢振铎也难逃伤病的困扰，在一次与上届州冠军的对垒中，对方跟自己相同体重，但身高略矮，砖头一样鼓起的肌肉让邢振铎感到恐惧。既然已经站在了环心，他也只能硬着头皮比下去，结果在一个回合中邢振铎被对手一个过肩摔摔晕过去。比赛结束之后，他右眼青紫一片，而且右肘的软组织挫伤，过了很久还没有恢复。

很多时候，身体上的伤痛是可以忍受的，但内心的孤寂却很难跨越。被摔晕过去的邢振铎醒来后感到非常郁闷，“看着其他运动员都有亲属们陪着，休息时可以吃着水果、喝着牛奶，看到他们幸福的样子，我备感孤独和想家”。后来，他终于想通了，“既然已经出了国，选择了自己在外谋生的道路，就应该有个‘摔跤选手’的样儿，无畏

邢振铎在美国华盛顿州中学参加学校摔跤比赛

地向前走，无论在运动场上还是在学习生活上”。

智力竞赛队是邢振铎参加的另外一个社团组织，每周三次训练，两周一次比赛。他在学校的一线队，主要负责语法、数学及少量的历史、生物知识，四名队友配合默契，用眼色竟可以知道互相的把握性，以确定抢答的顺序。邢振铎良好的数学基础为全队帮了大忙，使一队的名次从前一年的三十多名上升到了前十五名。曾经有一道题更是撞到了中国人的枪眼上——克林顿访华时接见他的是哪位中国领导人——邢振铎自然是把分数牢牢握在手中。

忙碌而充实的校园生活随着圣诞钟声的敲响而告一段落。每到圣诞节，学校都会有半个月的假期，邢振铎则在寄宿家庭中跟家人一起为圣诞节忙碌着，装点圣诞树、大清扫，漂亮的圣诞树下堆着属于“乐天”的无数件礼物。为什么说“无数件”呢？因为寄宿家庭的爸爸妈妈居然有 1、2、3、4、5……8 个孩子!在圣诞节的早上，悬念成为惊喜的时刻终于来临，而“乐天”光是开礼物包就花了两个小时的时间。在邢振铎的家里我们看到了一张有趣的照片，一个装饰着红色蝴蝶结的圣诞花环下面，九个孩子的照片拼贴成心形，上面是九张灿烂的笑脸，而最上方正中央的一张就是“乐天”。这是圣诞节时家人精心装饰的一面墙，俨然是一个其乐融融的大家庭。

圣诞节过后，离别的脚步也渐渐临近。临走的时候，同学、教堂和寄宿家庭的亲属纷纷开派队、舞会为邢振铎送行，他还将一份有所有师生赠言的巨型条幅带回了中国。

回忆起那一段的经历，邢振铎说：“那段经历使我大开眼界，那种生活很自如，可以充分协调学习和活动的分配，我认识了很多朋友，增长了很多知识。”

在当年邢振铎的一篇名为《赴美文化交流总结》的文章中（东北育才学校《优才摇篮》第 50 期），他从一个十六七岁青年学生的视角，解读了美国社会的一些现象：

在美国的各个方面都会显示出对人才的收拢，陆军、海军、空军间歇地来到学校直接征兵，并提供大量的礼物以争取人才，甚至也劝说我这个外国人；各个大学在各季节组织活动，使学生能全面了解学校并对此感兴趣，以招收最优秀的学生。

这种人才战争在中国也日益兴盛，但尖端人才的外流也是我在美国的另一大感触。曾看过一份报告说，硅谷是美国人投资的天下，但却是以外国人作为动力的。其中强调了中国、日本等东方国家的技术型人才对硅谷动力的促进。

美国人民也向往和平，他们不喜欢战争。这半年美国不太平，“9·11事件”“炭疽病菌”使美国的经济、政治备受打击，但人民要正常生产，人民不希望打仗，军队也不爱打仗。

在将美国社会的所见所感传递给母校、同学、家人的同时，作为“文化交流大使”的邢振铎也同样向美国人民传播着关于祖国的信息，在文章的结尾他这样写道：

作为中国的“文化大使”，在我的“任期”内，我尽力让美国人了解现在的、发展中的、日趋先进的中国。这之前美国人不知道中国人是否有辫子，是否各个武功高强，不知道中国人是否都像张导的电影里那样生活在破落的农村……当我的计算机老师评价我成功完成了中国使者这一任务时，可想而知我有多兴奋。

赴美归来

当小城的飞机飞上天空，邢振铎孤零零一个人离开生活了半年之久的地方，心里感到有些沮丧。回到阔别已久的学校，坐在曾经熟悉的课堂里，好像时空被瞬间挪移一般，邢振铎感到有些不适应。在接受我们的采访时，他回忆当时的情形说：“现在想起来，感觉当时还是很不成熟的。‘适应’了美国‘民主’的我感到国内教育的强制，所以一心只想再出国。”

这种心态直接影响到了邢振铎的成绩，甚至回国之后第一次参加学校考试，他竟然考到了班级的40多名。这是从来没有过的。儿子的厌学情绪让母亲担忧，她急着找到邢振铎的班主任张卫国老师。虽然张老师当时刚刚大学毕业，教龄还不长，但他给了宁晓辰一个十分肯定的答案：“没事，半个月孩子就过来了。”其实，张老师的话并不是没有依据的，学校严谨的管理方式、争分夺秒的学习氛围，形成一种强大的向心力，吸引并感染着每一个身处其中的孩子。仅仅半个月的时间，邢振铎的厌学情绪被母校充实的高中生活所取代，他的成绩每周都在向前迈进。

提起那段岁月，邢振铎说："现在想一想，我非常感谢母校的老师们，是他们帮助我，鼓励我，我永远不会忘记。我在国内的高中生活虽然短暂，但却很快乐、很充实，和寝室同学半夜偷偷跑到厕所背历史的时光好像就在昨天。后来我自已也总结，虽然那样的教育给人很大的压力，但是当时自己不学习就真的不明智。好像晁错，虽然削藩是长治久安之策，然而看错了时机，不但招来九族之灾，还险些让景帝灭亡。能够适应当前情况和社会环境才是真理。"

虽然归国后儿子的成绩始终在上升，但是父母仍然担心他能否适应中国高考、能否考取心目中理想的大学。从老师的口中，夫妻俩了解到，由于竞争激烈和教育资源所限，以孩子目前的状态，虽然考入排名靠前的重点大学没有问题，但要想在"清华""北大"每年分配到辽宁省的有限名额中占有一席之地，希望却很渺茫。邢彬和宁晓辰有些失望，他们希望孩子能够受到更好的教育，因此萌生了送儿子出国的想法。"当时乐天在班里数学还是非常优秀的，经常是前几名，物理也不错，理科好的学生在国外是很容易出成绩的，所以我们就在考虑出国留学的事"。这自然与邢振铎的期望不谋而合，赴美归来后，他产生了去加拿大留学的愿望。为什么不是美国呢？邢振铎很清楚的是，当时美国对高中生的签证制度非常严格，而且加拿大距离他赴美交流时所在的华盛顿州很近，已经产生深厚感情的美国寄宿家庭的夫妻俩答应经常去看望他。

然而与儿子的想法不同，邢彬和宁晓辰夫妻俩更看重的是教育环境。他们认为相对于加拿大来说，英国的教育体制要更为严谨、有序。就这样，关于留学的准备工作悄然进行着。对留学行业有深入了解的邢彬首先请来了国外语言学校的校长对儿子的英语水平进行评估，对此浑然不知的乐天，以为是聊天，所以状态极为放松。校长考查后认为，当时十五六岁的邢振铎尽管在英语单词和语法方面时常出现一些错误，但总体水平还是不错的，同时鉴于他的理科成绩比较好，并有一定的国外学习经验，出国留学还是比较适合的。

经过与儿子的一番探讨，夫妻俩终于下定了送乐天去英国留学的决心，邢振铎的人生航向从此发生了改变。

曼彻斯特语法学校里的中国学生

然而，要想进入英国最好的高中是很难的，邢彬对英国留学的状况比较了解，他找来一些英国教育界的朋友帮忙出主意。“要去英国上高中就必须上英国前30名的高中，这个非常难，但是终于找到了一所，叫做曼彻斯特语法学校”，英文名字叫Manchester Grammar School。这是一所在英国排名前五的男子学校，学校以高水平的教育质量在英国闻名，在每年200人左右的毕业生中，大约有20%的学生能够进入牛津大学和剑桥大学。

入学前的考核是不能少的，对方先是给邢振铎发来了数学、物理、化学、英文四套题目，要求在规定时间内答完，以测试学生的水平。邢振铎很成功地完成了测试，试卷传真到英国之后不几天，就收到了对方校长发来的电子邮件，是一份有条件入学通知书，因为邢振铎还未满18周岁，必须在英国找到监护人，校方才能准以入学。在一家英国监护公司的帮助下，监护家庭最终得到了落实，在高一那年的暑假，邢振铎迈出了留学英国的第一步。

那个时候，这所当地闻名的高中里还没有一名中国学生，邢振铎在那里好像一个拓荒者。好在有母校扎实的英文基础和半年的赴美交流经验，他只巩固了一个月语言就正式进入高中上课了。

除了学习规定的课程之外，邢振铎还报名参加了学校里很多的俱乐部、运动队等学生组织。在数学俱乐部里，他有了更多与老师、同学交流的机会，并且作为俱乐部的一员，在学校礼堂搞了一次数学演讲。演讲的主题是关于三角和圆的“奥数”知识。此前，邢振铎曾经听取了很多老师和学生的演讲，积累了不少经验，这在一定程度上保证了演讲的顺利进行。邢振铎说：“作为一种课外俱乐部的活动，我认为那次的演讲很有意义，不但练习了表达能力、现场表现和反应能力，最重要的是准备演讲的过程。从查阅资料，制作幻灯片，到自己的练习，与辅导老师的练习，修正更改，再练习，我认为过程的意义是重大的。”邢振铎的数学演讲基本上取得了成功，得到了老师的肯定。但是他也从中总结了很多问题："因为这个数学俱乐部是全校性的，参加的人很多，从高年级到低年级，从数学班到政治班的学生都有，我的题目让一部分学生感到不解。后来我总结经验，对于这种演讲的解决方法有两种：第一种是在海报上标明低年级同学和几何基础稍差的同学不推荐来听；第二种方法是改进提纲，尽量少地引用公式和定理，尽量多地增加实际使用的生活例子，对比介绍并揭示主题。"

礼堂里，数学讲座现场气氛活跃，而礼堂外，却有两个人因为听不到讲座备感遗憾。他们不是别人，正是邢彬和宁晓辰夫妻俩。当时，正赶上他们到英国探望儿子，听说有这样一个讲座，欣喜万分。在校长办公室里，夫妻俩向校长征求意见，能不能让他们一起去听讲座，含蓄的英国人很委婉地说："这个演讲应该是在明天，但如果是我，看到我的家长去参加，我会紧张。"然而，等夫妻俩一离开，那位校长却独自到礼堂去听数学讲座。后来他们终于理解了校长的意图，怕家长的出现让孩子感到紧张，从而影响了演讲的效果。但夫妻俩并没有抱怨，他们对此的评价是：学校非常人性化。

数学成绩比较突出的邢振铎还经常利用课外时间帮助一些朋友补习统计和数学的知识。邢振铎说："给他们补习的过程中，我自己也学习到了不少东西。举例来说，我在讲述一些抽象的概念或者复杂的题目的时候，锻炼了自己的表达能力；在我自己概念模糊或者遇到困难时及时复习，巩固了过去学习的知识等等。"在为别人补习数学的过程中，他结交了很多新朋友，也通过交流，学习到了很多专业以外的知识。邢振铎说："看到朋友的成绩有所提高，考试的时候取得他们满意的成绩，对于我来说也是一件既高兴又有成就感的事情。"

真心的奉献往往会换取由衷的快乐。邢彬一直非常支持儿子参加社会公益活动，每逢自己的单位或者孩子的学校组织此类的活动，他都鼓励儿子参加。在这样的过程中，孩子能够从多方面思考社会，亲身体验到奉献的快乐，而不会仅仅囿于自己的狭小圈子里。

在英国高中，邢振铎也是社会公益活动的积极参与者。他介绍说："当时，我的班主任是一个很喜欢组织义务工作的人，在他的号召和影响下，为乌干达的一位老师来英国筹集学费的活动开始了。"作为参加那次活动的十几名师生中的一员，邢振铎和志愿者们一起在曼城体育村的自行车馆里骑单车，完成了总公里数等于尼罗河在乌干达境内总公里数的目标。

在学校大会上，班主任对全校师生作了报告。通过类似的方式，他们筹集到了大量的捐款。回忆那段经历，邢振铎说："虽然这次活动已经过去四年多了，我也忘记了我们的总公里和筹款的具体数字，但是我在自行车馆内骑单车的记忆是深刻的。使我难忘的不仅仅是我有生以来第一次在环形斜面跑道上骑车，更重要的是体育场内大家互相加油鼓劲时的叫喊声和你追我赶时撒下的汗水。"

剑桥，还是牛津？采矿，还是数学？

邢振铎就读的"曼彻斯特语法学校"设七个年级，四年级到五年级是 GCSE 课程，相当于中国国内的初中毕业水平；六年级到七年级是 A-Level 课程，叫做英国中学高级水平考试课程，与中国的高考体系对照，相当于英国的"高考"，邢振铎正是学习 A-Level 课程的学生。A-Level 课程主要是针对申请大学所学习的课程，在学习开始之前，学生必须已经决定将来申请大学所要报考的相关专业，并在众多的 A-Level 课程中选出四科作为所学科目，

邢振铎选择的是数学、高等数学、物理和化学。每一科学生都要参加六张卷纸的考试，学科成绩是这六科成绩的总分。而对于有些科目，这六张卷纸是有选择性的。邢振铎介绍说："我在数学和高等数学方面一共学习了 18 张卷纸的内容，所以最后我有三个数学类 A-Level 的成绩，分别是数学(Mathematics)、高等数学(Further Mathematics)和额外高等数学 (Additional Further Mathematics)。"

经过了一段时间的 A-Level 课程学习，邢振铎决定申请大学，但是在学校和专业的选择上他跟父母产生了分歧。因为邢振铎物理、数学非常好，邢彬和宁晓辰希望儿子报考剑桥大学，工科出身的父亲更是钟情于机械设计专业，但儿子的想法是申请牛津大学，选择采矿和材料相关专业。

在国外学习、生活多年的邢振铎此时有了自己的想法："虽然都

是英国的顶级学校，但是‘牛津’和‘剑桥’的录取方式有很大区别。‘剑桥’基本采用一轮面试加上 Step Paper 的方式考核学生，而‘牛津’则是先考试，接着三轮面试的方法来考察。我认为‘牛津’的制度更有利于我，相应的我也会更自信一些。另外我在报考前对两个学校的学院做了很多的调查研究，从个人角度讲，我更喜欢‘牛津’。”

在专业的选择上，邢振铎更强调个人爱好和长远发展的结合。“当时我比较看好采矿和材料相关专业，这里有很多原因，课程安排上、综合训练上，还有这方面的人才比较匮乏，而需求在世界范围内将越来越大等等”。

全家人讨论的结果是，父母尊重孩子的想法，让他自己来决定今后的发展方向。但是邢彬跟儿子讲了自己的看法：“儿子，你愿意选择采矿，我也同意，但是爸给你个建议，我觉得你数学这么好，将来从事金融行业非常合适。如果将来你在大学里选择数学专业，最后可以做一名精算师。在 2000 年的时候，根据报道，中国才有 10 个精算师，而且中国目前还没有精算专业。你到英国以后学数学专业，将来往精算方面发展。现在中国的股票、证券、银行都在发展，你将来回国会有用武之地，这个可能比单纯的采矿要好。”

听了父亲的说法，邢振铎开始有所动摇。“由于当时还小，虽然嘴上不答应，但是心里至少会琢磨，应该尽可能地借鉴父母的生活经验。当然后来我也想，申请这个专业可能和我的 A-level 学科并不对口，成功率会降低。而且数学和统计属于‘全能型’学科，在国外可以申请多数工作”。这样经过多方面的调查，邢振铎最终决定报考数学和统计专业，但申请学校仍然坚持他自己的想法：牛津大学。

“牛津”面试

如果在英国读 A-Level 课程的话，申请大学的时间是在第二年开学初。“牛津”和其他学校不同的是，需要在十月中旬之前完成申请。在申请过程中，首先要填写 UCAS 表格，包括个人资料、过去的初中或者高中成绩；还有为期两年的 A-Level 课程这时只进行了一部分，那么当时考了多少就填写多少；申报的六所大学（“牛津”“剑桥”只能选其一）；一篇个人介绍；还有老师的推荐信。在这里面，最重要的是优异的 A-Level 成绩，大学会以这个为依据估算学生最终的 A-Level 成绩，当然，精心撰写的个人介绍和老师的推荐信也是十分重要的参考依据。

成功地通过申请步骤之后，接下来就是面试了。

作为英国乃至整个英语世界最古老的学府，“牛津”有着极为严格的面试制度。在 2007 年 3 月出版的《大学生》杂志上有一篇名为“英伦大学印象：沉醉是那天的剑桥”的文章，记者王肇辉谈到了这样一件曾经引起广泛关注的事：在苏格兰北部一个教育相对不发达的郡，一位女生的考试成绩达到了全 A，符合牛津大学的录取标准。这是当地百年来第一个达到牛津录取线的毕业生，当地政府极为重视。但牛津教授面试后认为该学生不具备牛津大学要求的潜质，拒绝了她的入学申请。当地议会立刻将此事反映给中央议会，议员们就找到教育大臣，请他出面说情。在被牛津大学婉言拒绝后，教育大臣又找到副首相，还是遭到学校拒绝。无奈之下，副首相只得请布莱尔亲自出面疏通。虽然首相动之以情，晓之以理，但牛津大学仍然表示不能接收，理由就是一个——在招生问题上，任何人无权更改学院教授的面试结论，这是牛津几百年的传统。

面对这样严格的考核制度，学生的实力是唯一能够打开通往“牛津”大门的钥匙。而对于笔答能力较强的中国学生来说，要与成绩同样优秀的英美国家学生一起参加面试，难度无疑是很大的。不过，这似乎吓不倒在国外生活、学习多年的邢振铎。

牛津大学的面试是由一次书面考试和三轮面试组成的，共计四天时间。第一天是书面考试，第二天和第三天由学生报考的第一志愿学院组织两次面试，最后一天会随机抽取一个学院面试考生，如果学生没有被第一志愿学院录取，就有可能被第二个学院录取。

首先是书面考试——学校统一的试卷。“当时我的第一志愿是 Worcester 学院。根据申请学院的不同，面试的细节也会不同。我们学院在第一次面试前给了我一张卷纸，大概十几道题目，上面写着学生可以自己做一些上面的题目”。

到第二天，第一轮面试才真正开始。“我记得面试的时候教授问我做过哪些题目，之后同我讨论了两道我做的题目。在他给的一些暗示下，我又做出了一道我没有做出来的题目。由于我报的是数学和统计，教授在最后还问了我一道关于概率的题目。其实是给我展示了一个关于概率方面的小游戏”。第一轮面试顺利通过。

第二轮面试让邢振铎感觉到了难度。“没有之前的卷纸，而且是不同的教授面试。首先他们问我认为自己在哪方面比较擅长，我说我比较喜欢几何和微积分，于是他们就问了我两道几何和微积分结合起来的题目”。在这种让人精神高度紧张的重要考试中，学生经常会出现“思维短路”的情况。在做第一道题目的时候，邢振铎被教授更正了三四次。虽然经过很长一段时间的思考，但幸运的是，他终于想通了教授所给的暗示，顺利地做出了题目。“第二道题目也很顺利就做出来了，我估计教授同时也是在测试我的接受能力”。

最后一轮面试，也就是他院面试，意思是在牛津大学的众多学院中随机抽取的一个学院对学生进行面试。“和第二轮面试类似，教授问我对数学的喜爱程度。我说我很喜欢数学，而且在英国数学奥林匹克竞赛中进入了第二轮，也就是英国前 50 名的成绩。于是他就问我遇到了什么题目，我讲了两道我做出的题目，他并没有什么感觉，并一一给出了更好的方法。尤其是一道我考试时候做了一个多小时的题，他用三两步就得出了答案。”

在接受我们的采访时，邢振铎总结了面试时的几点心得：

首先要精心准备，建议把能找到的以前的卷纸都做了，千万不要以为这是题海战术，国外和国内很不一样，能找到的卷纸少得可怜，每份都很珍贵，练习的时候都要计时，模拟真实环境，做完一份要总结、复习，有足够提高时再做下一份。

其二，跟 A-Level 老师预约模拟面试的机会，参加真正的面试之前多做练习。

其三，真正面试时做好心理准备，遇到自己完全不懂的问题不能怕、不能沉默，礼貌地要求教授给予提示。其实面试考查的是学生的学习和表达能力，教授他们想看到学生在遇到不懂的问题时，是否可以利用他们的提示把题目做出来。

最后，做题的时候要告诉教授每一步自己在做什么，写的同时要说，所以之前要培养给其他同学讲题的能力。

至此，面试终于告一段落。为期四天的面试不仅考验着邢振铎，更煎熬着他的家人。在整个过程中，父母始终在电话旁守候着儿子的消息，并且提供适当的建议。虽然很多知识性的东西父母无法帮忙，但是他们的鼓励和安慰始终给儿子以信心和力量。很多独在异乡的人也许在能力和物质方面并不缺乏，但来自亲人的温暖在某些时候似乎有着更大的力量。

面试结束的第二天，好消息传来了。邢振铎接到了来自牛津大学Worcester学院的电话，被通知录取，正式的有条件录取通知书于几天后送达。有条件录取一般要求学生在最后一年的学习中继续保持三个A的最终成绩，能够达到要求，就将被无条件录取。在第一年，邢振铎就取得了四个A的A–Level成绩，拿到牛津大学的有条件录取通知书后，在第二年A–Level课程的学习中，他仍然保持了四个A的成绩，最终被牛津大学Worcester学院的数学与统计专业录取。

“在教育投资上，我们从来没有吝啬过”

迄今为止，孩子的教育投资在家庭支出中占有很大的比重，但宁晓辰说：“在教育投资上，我们俩的观点还是挺一致的，总觉得这个非常必要，我们从来没有吝啬过。”

邢振铎出国后，夫妻俩反而更忙了。父亲把绝大部分的精力都投入到了自己的事业上。2002年，从事财务工作多年的母亲因颈椎增生办理了买断工龄手续。离开国有单位之后，她在完全没有经验的情况下开了一间服装店。“我觉得家里每个人都在努力，我也应该做点什么，毕竟身教胜于言教”。虽然开始时有很多疑虑，但在不断总结经验的过程中，宁晓辰的事业逐渐步入正轨，生意越做越好。在被问及父母对自己的影响时，邢振铎说：“他们时常教导我不应该好高骛远，应该脚踏实地地一步步做起。一味地空想可能错过了机会，应该努力去做，拥有实干精神。”他同时提到了母亲的二次创业对自己的影响：“我认为这种实干精神对我的影响很大，于是我也学着她，借鉴着她的经验，在课余时间在英国经营eBay小生意。通过销售、跟买家沟通、记录账本等，我发现了很多理论与实践上的差别。虽然不是以赚钱为目的，但我学会了怎样尊重别人，怎样做一个诚实可信的人，同时也在经营方面积累了一定的知识和经验。”

对于未来，父亲邢彬的想法是“一代更比一代强”。“我对儿子说过，我的学习环境比你爷爷强，你一定要比爸爸强，这样才有奔头。你要是不努力学，就不会超过你爸爸。爸爸在21世纪70年代的时候能上大学，是非常不错的了。但现在你上大学就必须上更好的大学，付出更多的努力去学习，你必须比爸爸强”。虽然邢彬的事业正在稳步发展，但他并不希望儿子将来接替自己的公司。“我希望他能进入世界500强企业，接受严谨的培养和训练，学有所用，让知识在实践中得到升华，真正做一个对社会有用的人”。

在邢振铎看来，父亲的想法不无道理，他说：“世界500强的大公司多数经历了数十年的发展和磨炼，我认为工资只是一个方面，更重要的是他们有各自不同的文化和成熟的管理模式。绝大多数的国外公司，尤其是四大会计师事务所、投资银行、保险公司等都拥有着完善的人才培养计划，这同国内的很多企业是不一样的。我希望进入其中的一家公司努力学习和工作，接受系统的培训，提高自己的经验和素质。”

2008年，邢振铎即将从牛津大学毕业，他经常对母亲说：“妈，你和我爸都快熬到头了。”对于父母的付出，邢振铎怀有难以言表的感激。一次，邢振铎假期归国，在老少三代庆祝团圆的饭桌上，乐天摸着父亲的手，眼泪止不住地涌出来。父亲回忆说：“他好像觉得我是为他辛苦的，手都粗了，当时我也掉眼泪了。”

邢振铎说：“对于父母在自己身上的投入，单一的感激是没有用的，在放纵自己的同时简单地抱着愧疚感并不实在。首先，大家都明白，应该用自己的努力和成绩报答父母。另外我感觉多跟家里沟通也很有帮助，多和父母谈心，为他们提出事业上的建议。每次打电话的时候记得说些‘爸，开车慢点儿’‘妈，晚上回家注意安全’之类的话，会让他们高兴。我很理解父母在这个年纪的辛劳，如工作上的操劳、爷爷奶奶的身体等，作为孩子我应该尽可能让他们少操心才对。从心里说，我是非常感谢我的父母的。”

在某种程度上，邢振铎的父母为天下众多的父母提出了一个尖锐的问题——如果你有了钱会做什么？有人会投资房地产，有人会炒股票，有人会为自己换一辆新车，但邢振铎的父母却用来投资教育。邢彬说，他们一家三口从不讲究名牌，吃穿都很随便，但在孩子教育这方面，他们都从没吝啬过。

从经济学的观点看，出国留学属于人力资本投资，教育投资与一般的投资有明显的差别，其收益是相对滞后和多元化的。也许有人会问，既然在短期内无法见到收益，而且有那么多的不确定性，为什么还要冒这样的风险投资教育，送孩子出国留学呢？随着时代的发展，特别是知识经济的发展和全球化的发展，家庭教育投资的观念也在发生着变化。很多受过大学教育的父母对自己的孩子有了更高的期望，从一个方面来看，出国留学可以使孩子开拓眼界、增长知识、提升语言水平、建立和储备相关资源等，逐步实现人力资本的增值，这将会对绝大多数人的一生产生重要影响，其效益是难以用金钱来衡量的。然而，从另一个方面看，不考虑孩子自身特点和未来发展方向的“盲目留学”，在任何时候都是不被提倡的。

随着国民教育水平的不断提高，相信会有更多的父母在家庭教育投资方面作出多样化的选择，为子女量体裁衣，谋划未来。在出国还是不出国的问题上，已经有过很多的争论和思考。在这里，我们只希望“牛津男孩”邢振铎的求学之路能够为众多徘徊中的父母提供一个思路。然而，成功的道路有千万条，选择好一条适合自己的路就要坚实地走下去，邢振铎的那句话留给我们很多的回味：“父母时常教导我不应该好高骛远，应该脚踏实地地一步步做起。一味的空想可能错过了机会，应该努力去做，拥有实干精神。”

采访节录（网络采访）

笔者：请介绍一下你的学习习惯和学习方法。

邢振铎：我的学习方法其实很普通，下面我就简单来说明一下：

1. 笔记的记录和整理是最重要的。我的做法是上课的时候用最快的速度记录笔记，注意力放在听老师讲课上，下课的时候，笔记一定要整理。对于我来说，整理笔记很重要，既能对老师在课堂上讲的知识进行复习，又能使知识掌握得更加牢固。我整理的笔记是用活页夹，因为复习的时候需要从辅导书或者练习册上摘抄重要内容来充实笔记。随着年龄的增长，笔记会越来越多，我用自己的方法将每一页笔记编号，便于收藏和整理。

2. 奖励自己。学习是很枯燥的，尤其是学不喜欢的东西的时候，适当地奖励自己很重要。我的方法是做一些自己喜欢做的事情，如漆模型、打网球等。

3. 选择题典。我在数学、物理等学科上常常会选一些典型的题型来做，同时活学活用，题型见多了，做起题就轻松了。

4. 英语学习。多看英文电影、电视剧很有帮助，不过前提是尽量找来带英文字幕或没有字幕的，如果是中文字幕的东西就是浪费时间了。在听的时候可以很快地提高听力和语感。

笔者：父母说你非常喜欢电脑游戏，这对你有什么样的影响？

邢振铎：电脑游戏有好的也有坏的。一些好的游戏能让我学到很多东西，比如说我喜欢历史类的游戏，结合看 Discovery（探索频道）、百家讲坛、探索发现、国家地理等电视节目可以学到很多我感兴趣的课外知识，另外小时候玩的一些游戏的确增加了我的想象力。一些不好的游戏，主要是升级类型的网络游戏则会浪费很多时间。我现在玩的一些游戏主要是用来放松心情或者缓解压力的，比如劲乐团、DJ MAX 等。

笔者：听说在假期回国的时候，你曾经给美国少年网球教练当翻译，能回忆一下那件事吗？

邢振铎：2005 年暑假，我在辽宁体校为一位来自美国的教练做翻译。我是从高一开始打网球的，而且网球一直是我最钟爱的运动，因此我很高兴能接到这份工作。开始的时候还有些紧张，因为作为翻译，我不但要翻译出内容，更要翻译出语气。面对一个由整个辽宁省的资深省市级教练和省级、国家级运动员组成的班级，要作出命令和批评的语气在开始的时候还是很困难的。有一次由于在国外对汉语的生疏，在一次下午课上，我糊里糊涂地忘记了“胳膊肘”怎么说，想来想去还是想不到，情急之下说成了“膊棱盖儿”，幸好我说的时候还有手语而且我原来的教练也在场，及时地纠正了这场笑话。其实和教练与队员们的相处也没有我开始想象得那么糟，随着时间的推移，课余时间对话的增多，我开始和我的班级打成一片，这给了我自信，在上课的时候可以充分发挥。我认为，对于当时20岁的我，能有这样的经历还是很有趣、很宝贵的。

笔者：请介绍一下你现在的大学和所学的专业。

邢振铎：我在牛津大学的Worcester学院学习四年的本硕连读课程MMath Mathematics and Statistics（数学与统计）。和英国大多数专业不同，我的课程一共是四年，每年三个学期，每个学期八周的课程，一般考试都在每年的第三个学期末进行。课程的分布大概是这样的：大一和大二的第一个学期学习指定课程，从大二开始到结束都是选修课，其中包括一些核心课，比如说统计、概率等。大部分的教学分成两个或者三个部分：第一由大学组织的大课（Lecture），第二由学院组织的一对二授课（Tutorial），第三由大学组织的课时（Class）。选修课的范围比较广泛，有精算、数值分析、微积分、相对论、生物统计、图画理论等。学生想学多少就可以学多少，只要有足够的科目参加考试就可以。在参加考试之前的几个月，学生需要决定参加考试的科目，因此多选的科目不能参加考试。

笔者：听你父母说，你现在每天还要工作两个小时，请讲讲你的工作情况和感受。

邢振铎：是的。我现在在一所牛津的职业技术学校打工，时间是每天早晨6:30–8:30，具体是打扫五个学生实验室。由于学生还要学习木工，因此，锯末子、刨花经常洒在地毯上，所以我必须精心打扫干净，这样才可保证学生当天上课有好的环境。工作结束后我会骑自行车去上课。

工作确实有些辛苦，但我觉得这也是我参加社会活动和实践的一部分，而且每小时还可挣8英镑，一天16英镑。这对我来说也是非常高兴的，既解决了我的一些生活费用，也节省了父母的开支。更重要的是，我知道了如何工作，以及自己所做的工作对别人的意义和贡献。

笔者：你将如何度过你在英国的最后一个暑假？

邢振铎：我准备在一家企业实习，要学习和掌握今后工作中的经验，只有书本上的知识是不行的。当然了，我会尽量找与我专业有关的实习企业，而且这也将为我今年十月读研究生课程提供良好的感性基础，以更好的成绩完成牛津四年本硕连读课程。

笔者：请谈一谈你对国内和国外教育的看法。

邢振铎：我认为国内和国外的教育差距是很大的。首先我认为作为国内的学生，这种差距不应该是被抱怨或者盲目学习的。国内教育存在着一些众所周知的问题，如竞争激烈、考试压力大、学生操作能力差等，这是我们的国情、国力与西方国家的差距的结果。当然，不可否认的是，我们教育是有我们的优势的，其中最主要的就是中国全面而扎实的基础教育。但基本所有的英国、美国学校都有很全面的俱乐部，运动类、文化类、研究类等，这是国内很难做到的。

另外，从师资上来看国内学校也有很长的路要追赶。记得我在美国学习解剖课程的时候，我们每星期解剖一种动物，无论是解剖鲨鱼、小猪，还是鸽子，学校都供应每人一只。每解剖一种动物，我们都要尽力完成自己的观察报告。在报告中，会有三到五条必须描述的现象，其他信息自己获得了多少就写多少。所以直到现在，我还清楚地记得绝大多数的细节，例如用锯子锯猪的肋骨，当时我花了将近 40 分钟的时间，而一些美国学生 10 分钟就搞定了。所以，我觉得国外注重的是实际动手能力，而国内学生的计算和理论知识要强一些。

让孩子选择一条适合自己的路

小档案：

李沫思，女，1987年6月生人。

1994年入沈阳市南京街第一小学。2000年以排名全校第二、班级第一的成绩考入东北育才学校优才教育实验班日语特长班。

1998年11月，以小学生身份参加沈阳市人民政府举办的“沈阳市第三届外语大赛”，进入决赛，并获得外语大赛特别奖。

2004年12月，发明“便携可调式微型静音耳塞”，获得国家专利。

2005年9月，出版处女作《没人替我们成长》。

2005年12月，被耶鲁大学提前录取，并获得每年46 000美元的全额奖学金。

在接受采访之前，李沫思的母亲向我们一再强调这样一个观点：没有一样的孩子，刘亦婷也好，李沫思也好，并不是一个榜样，也不是一个固定的模式。母亲说：“这么多年，跟孩子一路走来，最大的体会就是——让孩子选择了一条适合自己的路。”

家长的责任在于发现孩子的天性

现代教育的一个重要观点就是承认人的个体差别和个体发展的多样性、丰富性，并为个体的发展提供有益的帮助。对于母亲来讲，在孩子教育的初期，家长所起的作用至关重要，家长的责任之一就是发现孩子的天性。

“有的家长说，自己的孩子没有优点，我觉得这样说不对。要培养孩子，就要了解孩子，不投入一定的精力，不让孩子参加各种训练，是无法了解到孩子的优点和天性的”。

从小，李沫思就是一个好奇心强、精力充沛的女孩，父母利用孩子的这个特点，抓住从学龄前到初中这样一段家庭教育的黄金时期，让女儿参加各种活动，先后对孩子进行了小提琴、长笛、跳舞、速滑、游泳、英语、日语、语文、数学等方面的尝试性训练。在尝试的过程中，夫妻俩发现女儿在某些项目上进入得特别快，“比如游泳，同样基础的孩子在一起学，老师讲完之后，沫思一般很快就能掌握，而且常常冲在最前边，很多家长都夸她，老师也总是首先表扬她。每次训练结束，沫思都是扬着头很自豪地跑出来，我们再激励她一番，这让她感觉特别自信”。在这样一些活动中，沫思常常能够拿出克服困难、坚持不懈的学习劲头，也表现出很好的悟性。“但是对于有的活动，她就开始找借口放松训练，其实这就明显表现出孩子的兴趣和天分的倾向”。对于这样的活动，父母主动让孩子放弃，母亲说：“我们反对让孩子克服困难做自己不感兴趣也不具备天赋的事，反对用这样的方法来磨砺孩子的意志，这不符合孩子的成长规律和教育规律，甚至在孩童时代会挫伤孩子的自信心，给孩子未来的发展造成不可弥补的缺憾。”

母亲还用中国的传统习俗“抓周”来说明自己的教育思想。虽然她认为“抓周”的习俗并没有什么科学依据，是一种最简单最原始的兴趣爱好测评方法，但其中蕴涵的道理却有着某种程度的相似性——就是在孩子成长的初期，了解孩子的天性和兴趣所在。母亲说，在孩子教育的初期，家长起到的作用至关重要，所产生的影响也是后期社会和学校教育所不能改变的。

经过一段时间的尝试，父母发现了女儿在某些方面的优势和劣势，于是，放弃了一些项目，而在另外一些项目上对孩子进行重点培养。

首先，父母和沫思一起选择了吹长笛，以此来培养孩子的美感，挖掘孩子的艺术潜能。母亲说：“艺术和创新是一对孪生姊妹，艺术的培养会给孩子的创新能力打下很好的基础，音乐给孩子带来美、带来爱，孩子会美就有爱心，而这种爱心来自于自然和淳朴，来源于音乐。”长笛的学习李沫思一直坚持了多年，到上高中时因学业紧张才告一段落，但这个时候，她已经能够将长笛作为缓解学习压力的一种方式来自娱自乐了，还曾经在与外国友人的联欢会上现场演奏。

除长笛外，父母还选择了游泳作为沫思终身训练的体育项目，并且跟女儿一起长跑锻炼体能以适应未来紧张的学习。

“另外，在数学方面，我们对她开发得也挺早的。”母亲说。当发现女儿在数学方面的兴趣时，父母主动为孩子提供接受训练的机会。在他们的帮助下，李沫思自学了小学一、二、三年级的“奥数”。到了一定阶段，同年级的训练已经不能满足孩子的要求，她就跳级参加小学六年级“奥数”辅导班，并且名列前茅，表现出很高的智力水平。

每个孩子都有自己的兴趣点，李沫思的父母在孩子教育的早期及时发现女儿的某些天赋，于是顺势推了一把，领孩子走上了个性化发展的快车道。“我们用心最多的是在学龄前和小学阶段，上初中之后，我们基本上就不管了，因为孩子感兴趣的事情你不用管，她会想办法学好”。

外语使她得到了自信

然而，最让夫妻俩感到兴奋的是女儿语言天赋的发现。在沫思上幼儿园的时候，有一次，电视里播放《玛泽的故事》英语教学片，沫思看过之后，竟然能用英语把里面的内容表演出来。女儿的表现引起了父母的注意，“我们发现她很有语言天赋，模仿能力强”。

其实，这里边还有一个小插曲。在沫思还是嗷嗷待哺的婴儿的时候，父亲准备参加托福考试，“为了练习听力，他花很贵的钱买那种特殊的收音机，听美国的频道，美国之音之类的节目，虽然有些听不大懂，但还是天天当音乐放着”。也许是父亲的无心之举为年幼的女儿创造了良好的外语环境，培养了李沫思良好的外语语感。虽然这些都是父母后来的猜测，但女儿后期在外语学习方面的出色表现，却不得不让人作如此的推断。

抓住了孩子的这样一个特点，夫妻俩开始对女儿进行英语的专项训练，并且一发不可收拾。沫思三四岁的时候，父母为她买来英文启蒙读物和英语学习广播节目的资料，之后开始参加外籍教师的听说课程，参加一切与英语有关的活动，跟外教学习成套的英文教材。

五岁起，父母天天晚上带她去离家不远的中山广场英语角说英语，鼓励孩子大胆地说，“偶尔纠正点发音，从来不批评孩子，只是表扬”。英语角里很多都是高年级的学生和热爱英语的成年人，沫思对这里充满了好奇，她想知道大家三三两两地围成一群在做什么，于是使劲往人群里钻。这个还不及一般成人大腿高的小姑娘引起了大家的关注，大人们纷纷蹲下来用英语跟她打招呼，沫思努力地寻找着自己熟悉的英文词汇与大人们沟通，而且越说越来劲。慢慢地，她成了英语角里的“红人儿”，经常是里边一个大人和一个小姑娘在聊天，外边围着一大群人。

“等到她稍微大一点了，就开始准备每天晚上去英语角的谈话主题，我们也帮她，比如说说天气，我们就帮她准备跟天气有关的单词和事例，或者明天说旅游，后天说学习”。随着主题的增多，李沫思的词汇量也逐渐增加。

英语学习上的进步给了她极大的自信心，也锻炼了她与人交往的能力，“沫思与人交往非常大胆，在她还很小还不懂得不好意思的时候，就主动跟英语高手或者外国朋友要名片，要电话，打电话约人家到英语角说英语”。

就这样，李沫思在英语角成长了三四年的时间，这段经历对她未来的发展产生了重要的影响。母亲说：“小的时候培养孩子的自信心非常重要，对未来的学习都有很大的帮助，以至于后来很多成功的选择都受益于此。过了这个关键时期，孩子知道不好意思了，大人再怎么盲目地表扬，她也不相信了。”

那一阶段的英语训练不仅在儿童语言发展的关键期开发了沫思的语言天赋，而且内容新颖的外文教材也丰富了她的知识结构，使沫思很早就接触了西方文化。李沫思曾经说过，别人认识世界的顺序是：父母、家、沈阳、辽宁……而我认识世界的顺序是：地球、国家、中国、辽宁、沈阳、我的家、我……。据母亲讲，李沫思小学开始学习“新概念”教材，到了小学六年级的时候，孩子已经学完了第三册，并能把“新概念”第二册全都背下来，“我觉得这个教材对她影响特别大，主要是观念上的影响”。

在学龄前阶段，沫思的英语已经有了一定的基础，到上小学的时候，她的英语就比较成熟了。在小学，李沫思一直是学生干部，同时还是学校英语广播站节目的设计者和广播员。1998 年 11 月，她以一个小学生的身份参加了沈阳市人民政府举办的“沈阳市第三届外语大赛”中学组的比赛，虽然大赛组委会只设置了成人、专业、业余、中学几个组别，但鉴于这个小姑娘的执著，组委会还是决定让李沫思参赛。谁知她居然一路杀进决赛，最后得到了一个特别奖，成为颁奖晚会的四名主持人之一，家里至今还保留着当年的录像资料，那么小的沫思拿着硕大的麦克风站在舞台中央。除了做主持人，她还在颁奖晚会上主演了英语短剧《卖火柴的小女孩》，并受到了市领导的亲切接见。

母亲说：“我觉得沫思能有今天，跟英语结缘是很重要的。”外语使李沫思锻炼了与人交往的能力，同时，来自各方面的赞扬也使她获得了极大的自信，并把这种自信迁移到此后其他科目的学习上。

培养孩子的想象力和创新能力

进入小学阶段，李沫思对英语、数学、语文等科目的学习抱有浓厚的兴趣，对她来说，主动学习已经没有问题。这时，父母则把家庭教育的重点转移到培养孩子的想象力和创新能力方面。

知识丰富的李沫思，是一个兴趣广泛、思维活跃的孩子，做数学题总想比别人多一种解法，写作文也总希望标新立异，但在应试考试中，这样做往往会碰壁。一次，语文老师给学生出了一个作文题目：目光，“比如妈妈的目光、老师的目光”。也许是没有认真审题，李沫思想起了小时候曾经读过的一本书《惊险动物故事》，里面的一篇文章叫《第七条猎狗》，加上自己平时对狗的观察，她写了一篇名为《狗妈妈的目光》的作文，“然后就把小狗受到侵害时狗妈妈的目光和她对狗的想象都弄到一起去了，写得特别有想象力，形象生动而且感人”。但是对于老师来讲，再好的文章，一旦跑题也不会拿到分数，于是，满分45分的作文，李沫思只得到了5分的感情分。作文上的失利使沫思的考试排名落到令她难过的地步，这让成绩一向优异的她难以接受，女儿回到家里向母亲求助，“我当时也没太注意，只是告诉她，是你跑题了。”母亲回忆说。

没想到的是，这样的事情却接二连三地发生。有一次，老师让学生以“保护环境”为主题写一篇作文，李沫思写的竟然是各种动物为保护环境而进行的一场星球大战，写得十分热闹，虽然有些不太规范，但却充满了想象力和创造力。结果可想而知，老师仍然只给了5分的感情分。这次，母亲认真了，“我觉得这是一个非常关键的时刻，如果我打击她一下，孩子的创造力和想象力也许从此就泯灭了，但是我要是鼓励她一下，她总不得分将来怎么考试呢？”后来，母亲想出了一个办法，“我们在她的面前表现出惊喜、佩服，赞扬她的想象力和创造力。并且告诉她，平时不重要的考试可以充分发挥想象力大胆写，不要在意分数，抓住机会多练，重要的考试要严格按要求写，保守点，能得分就行”。

母亲给女儿支的招儿似乎与学校的教育策略有些抵触，但在她看来，沫思的这种想象力和创造力是难能可贵的，应该得到保护。“所以，沫思做任何事情，包括在学校组织班会，她觉得跟别人做得一样没意思，要么不干，要干就一定跟别人不一样”。

母亲说，女儿什么都想发明，是一个颇具创造性思维的姑娘。李沫思的这种创造性常常表现在日常生活中。“游泳时，她觉得游泳镜太卡眼眶，容易出黑眼圈，就想发明一种无框的游泳镜。还有一次，她跟老外一起到孤儿院做义工，给婴儿洗澡，她跟我说，给孩子洗澡特别费劲，就想发明一种有松软支架的婴儿专用洗澡盆”。

思维活跃的李沫思总会迸发出各种奇思妙想，她发明了一种便携式微型可调静音耳塞，“在上自习或者坐火车的时候，旁边有人说话，自己要看书需要安静的时候就可以用。但她说其实一点动静没有也挺可怕的，于是就发明了一种可调的”。通过向专业人士求教和多次研究实验，这种静音耳塞终于试制成功，在父母的鼓励下，2004年，李沫思将这项发明成功申请了专利。

个性女孩——走自己的路

在本书所写的12名学生当中，李沐思无疑是最具个性的一个，正像母亲说的那样："沐思这个孩子的特点就是喜欢自由发展，不喜欢受限制。别人曾经这样说过：沐思想做什么不是我能左右的，个性特别强，她总是争取去说服别人，你却很难说服她。"

在母亲的记忆中，没有一件事是女儿在他们的逼迫下不情愿而做的。"我们从来没拿沐思当小孩，至少没让她感觉到，这增加了她的责任感和参与意识，这与中国的传统观念相悖，我们甚至受到周围亲戚的批评"。有时为了在某件事上达成共识，一家三口要去咖啡厅认真讨论，在沐思看来，这样比较正式和平等。

兴趣广泛的李沐思对很多问题都有自己的看法。母亲回忆说："沐思接触外国文化特别多，当时她在看李安拍的影片《断背山》，我问她'看什么呢'，她说'看《断背山》'，我问她'什么内容的'，她说'两个男人的故事'，我觉得她的意思就是'怎么样，不能看吗'。"于是母女俩就围绕同性恋问题展开了辩论。李沐思认为爱存在于各种形式及不同的对象之间，只要真诚就合理，同性恋不应该受到歧视。母亲对女儿的说法感到震惊，然后利用心理学的知识坚持说这是一种错误的性选择，最后的结果是谁也无法说服谁。母亲说："沐思就是这样一个人，不愿意让别人来干涉自己，她总有自己的想法。"

李沐思的个性和成熟还体现在她在很多事情上的执著。

她曾经给联合国教科文组织写过信。那是李沐思上高中时候的事，"她说现在有很多节日，而互联网的出现让世界发生了天翻地覆的变化，全世界的每一个角落都将受到互联网的影响，应该有一个互联网日"。有了这个想法，李沐思开始广泛查阅资料，最终选定了两个日子作为"世界互联网日"，并且写信给联合国教科文组织。在这期间，沐思还曾经把写好的英文信件拿给外籍教师帮忙修改，但是信件发出去多日还没有回音，她于是又在网上给联合国教科文组织发了一封信：我曾经请某某人帮忙修改，如果有类似的申报，这个版权应该是属于我的。"这孩子真是很有个性，她居然还能想到著作权。而且我觉得沫思这点比较好，一件事如果万一能行她就会去努力。”母亲这样评价女儿。

虽然母亲说，她觉得女儿的想法比较幼稚，但经过我们的调查，目前的“世界互联网日”（OneWebDay）创始于 2006 年 9 月 22 日，由纽约 Cardozo 法学院的副教授 Susan Crawford 成立，并且得到了包括互联网创始人 Tim Berners-Lee 爵士，以及 Craigslist 创始人 Craig Newmark 等重量级人物的认可，距今只有不到一年的时间，而此前，李沫思就已经给联合国写信提出了这一建议。虽然，这个普通中学生的建议并没有得到重视，也没有得到联合国的回复，但我们仍然会记得她为“世界互联网日”的设立所作出的努力。

家长，跟孩子一起成长

青春期是一个隐藏着诸多问题的特殊时期，孩子们经历着心理和身体上的双重萌动和蜕变。随着社会的迅速发展，青春期的困惑和问题越来越多，早年间那种粗放式的青春期教育已经满足不了孩子们的心理需要，这又为家长和学校提出了新的课题。沫思的母亲对此的回答是：让我们跟孩子一起成长。

2000 年，李沫思以排名全校第二、班级第一的优异成绩考入东北育才学校优才教育实验班日语班。“中学阶段，是孩子的青春期，对于沫思这种思维活跃、个性较强、关心社会问题的孩子来说，这期间的反应会很明显”。母亲清楚地知道女儿的优秀不是一成不变的，山外有山，人外有人，她是否能够经受得起挫折和考验呢？“沫思小时候一直认为自己是天才，但是到初中以后，我感觉到她肯定要面临挑战，虽然沫思一直很出色，但优秀的孩子汇聚在一起，其中肯定不乏更出色者”。不久，母亲的担忧得到了验证。

“当时沫思的成绩到第五名的时候她就受不了了，其实第五名也不错，但她就说自己笨了，不是天才了”。上中学以前，李沫思的学习成绩一直名列前茅，“因为小学时候的课程对沫思来说非常轻松，她原来以为自己不学也一样厉害”。但是，升入这所重点中学之后，在人才济济的日语班中，不付出一定的辛苦，要保持优异的成绩是不可能的。

对沫思的问题进行认真分析之后，母亲对女儿说：“世界上有一种教育观点叫‘十名效应’，就是说学习成绩在十名左右的孩子将来是最有发展潜力的。”实际上，这只是母亲的劝慰之词，但却着实解开了女儿的心结。“后来沫思的问题解决了，不那么咬尖儿了，但别的兴趣全上来了”。母亲问女儿：“你不想当第一名了？”女儿回答：“不是你告诉我的吗，十名效应。”

实际上，母亲早就意识到，沫思同其他普普通通的中学生一样，都要经过青春期而成长起来，在这一点上她也早有准备。从辽宁中医学院本科毕业之后，在李沫思上小学六年级的时候，母亲完成了东北师范大学教育学研究生班的课程；在沫思初中阶段，她又参加了中国医科大学组织的心理咨询师培训，并取得了国家心理咨询师的资格证书，后来又获得了高级职业指导师资格。“我的兴趣实际上也很广泛，但喜欢是一方面，还有一方面就是要跟上沫思成长的步伐。”母亲说。

有这样一个极富个性又善于独立思考的女儿，母亲的智慧也受到了挑战。“我跟沫思也是斗智斗勇，她喜欢看电影大片，新出的片子她必须看，这也真耽误学习。我不让她看，她说：‘你不让我看，我也学不进去，还不如让我看呢’。”后来，母亲想了一个办法：“有一年春节放假，我就跟她去租片，看大片，她挺高兴的。我们租了很多回来，看了一天一宿，看得头晕眼花，十分难受，她也受不了了。我跟沫思说：‘看啊，怎么不看了呢?’沫思说：‘不看了，不看了，妈你太阴险了。’从那以后她就不怎么看了。”

老师，跟孩子一起成长

其实，在青春期这个过程当中，陪伴孩子一同成长的，除了父母之外还有老师。“沫思初中时候的班主任陆远老师对她有很大的影响。她是一个非常聪明的老师，对学生了如指掌，知道用不同的方法对待不同的学生。陆远特别了解沫思，了解她的性格，总是把最有挑战性的任务交给沫思，也把很多锻炼的机会给了沫思，沫思最佩服陆老师。”母亲说。

春节假期，我们见到了这位传说中的陆远老师，对于她，也许这样的形容词最为恰当：热情、智慧。提起李沫思，陆老师的话匣子就打开了："这个孩子比同龄孩子成熟，个性很强，青春期表现得更加明显，其实很多孩子都是这样。"

初三那段时间，正好赶上每年一次的分流考试，这是育才学校的"老规矩"，通过分流考试的学生可以直升本校高中部，而没有通过考试的学生则要参加中考重新选择高中。正是在这个时候，李沫思的情绪和学习成绩出现了波动。"就是因为她懂的事太多，经常能看到成人社会的问题，她在现实生活中肯定会遇到很多挫折。"陆老师说。父母也为女儿担心，入学成绩班级第一的李沫思，如果在这个时候把握不好自己被分流出去，那对孩子未来的发展将会带来无法估量的影响。这段时间，沫思的父母经常跟陆老师就女儿在家里和学校的情况进行沟通。

陆远一边与家长沟通，一边寻找机会跟沫思交流。一次课间休息，陆老师假装四处巡视，走到李沫思旁边，见她正在看一本外语书，陆老师感觉机会来了。

"干啥呢，哥们儿，又学英语呢，你想上哪儿呀，想上'哈佛'呀？"

"那倒不是。"沫思皱皱眉头。

"光学英语，你分流考试怎么办？"

"大不了交钱嘛！"

谈话的思路顺着陆远设计好的方向发展："行，交多少钱呀？你要是总分不够，交多少钱人家都不要你。就算你总分够了，哪科小分差了不也得交钱吗？钱是好说，你妈也有，但是我把丑话先说到前头，陆老师经过这么多年的分流考试，大风大浪都闯过来了，如果交钱的话，第一个不平衡的就是你李沫思。"

谁知道李沫思并没有"服软"："那有啥不平衡的？"

"你入学成绩是班级第一，你的学号是第一呀，你要是因为成绩不好交了钱，憋气都憋死了。而且不差太多，就差 0.1 分，你面子多大呀，第一名进来的最后还得交钱，不用别人说，你自己憋气不？"

"老师，能吗？"沫思开始不那么固执了。

"你先把英语放一放，这科你就是不看也差不了，语文、日语也都是你的强项，你不就是差在化学上吗？现在离分流考试还有好几个月，你就使劲学，白天没时间晚上学，我不信就凭你那小样拼两个月拼不上来。还交钱？陆老师跟你丢不起这人，把入学第一名的选手培养成这样，靠交钱才能留下，这是学校教育的失败，是陆老师教育的失败。"

正所谓"一物降一物"，个性很强的李沫思遇到了柔中带刚的陆老师，心结终于打开了。从那以后，李沫思的心态平和了下来，向着既定的目标努力，最后顺利通过了分流考试，获得直升"育才"高中部的资格。

"我总觉得孩子有孩子的苦衷，在'育才'分流考试的压力之下，再加上她的理想在现实生活中可能要遇到一些冲击，这时候班主任能起到家长起不到的作用"。从教多年，陆远遇到过各式各样的学生，也见证了孩子们在青春期遇到的各种问题，她说："其实很多处于青春期的孩子面对压力和挫折都会有各自的表现，李沫思只是其中的一种。"

跟女儿一起学习心理学

母亲知道，对沫思这样一个极富个性的孩子来说，头痛医头、脚痛医脚的办法恐怕解决不了问题，从事心理咨询的母亲经常把有关青春期心理问题的案例讲给沫思听，潜移默化地使女儿对心理咨询产生了兴趣。李沫思经常能听到母亲在接听心理咨询电话，亲眼看到母亲帮助一个又一个的中学生摆脱青春期的心理困惑。有时学习累了，顺手翻翻放在母亲案头的心理学书籍，李沫思产生了学习心理学的愿望。

这正中了母亲的下怀。但是，当时沫思已经升入"育才"高中，过上了寄宿制的生活，只有周末才能回家。如何才能保证系统、不间断地学习心理学课程呢？这也难不倒聪明的母亲，她同时准备了两套心理学、心理咨询方面的书，自己和女儿一人一套，并利用周末回家的时间给女儿讲课，周一孩子可以把书带到学校自学，周三母亲再利用休息时间赶到学校门口，跟沫思一起复习上次课的内容并共同讨论，之后布置下次课的内容，让女儿先在学校预习，星期六回家再上课。

"高中学习也很紧张，我会给沫思留学习任务，她可能草草看两眼，然后我们就利用休息时间一起讨论再学一遍。后来她对心理学越来越感兴趣，我们就这样一起学习了两本非常重要的书"。

在心理学的学习中，很重要的一个方面是实践。一次偶然的机会，母亲接到了一个十分棘手的案例：一个逆反心理十分严重的女孩，家长几次来访，都解决不了问题。"其实做心理咨询孩子不来一点用都没有，只跟家长说不行，可孩子说什么也不来"。这时候，母亲想到了同样处于青春期的女儿，"我想起一句古诗'不识庐山真面目，只缘身在此山中'，我没有把目光集中在沫思身上，而是把沫思拽出来和我一起从事这项工作，表达爱心，学习心理学知识，在帮助别人的同时自己也得到了成长"。

于是，母亲向心理咨询公司推荐了沫思，建议让女儿跟这个孩子接触，而此时的李沫思已经对心理学产生了浓厚的兴趣。那个孩子当时正上初中，属于青春期逆反心理非常强的那种，把很多社会问题看得非常黑暗，"那个孩子极具天赋，我接触过好多孩子，很多有心理问题的孩子都是非常聪明的。她看过很多文学作品，非常想写书，沫思当时也有写书的想法——沫思的想法一直很多——但她一直没写。于是就帮她们俩联系，给她们一个见面的机会"。

两人见面后，李沫思尝试着运用母亲教她的一些心理咨询技巧——建立共情、换位思考、倾听——跟对方沟通，最终取得了对方的信任，那个孩子把所有不让别人看的日记都拿给李沫思看。经过一段时间的接触，小女孩终于走进心理咨询室接受心理咨询师的帮助，及时扭转了极端的情绪。

通过这件事，李沫思了解到，有很多人跟她存在同样的困惑。同时，也使她对心理咨询行业有了新的认识。

"没人替我们成长"

通过参与个案咨询，李沫思对心理咨询工作产生了兴趣，她发现：很多孩子的心理问题是移过性的，是自然现象，如果能够得到很好的保护，就会顺利地度过青春期；如果在这段时期受到某种伤害，则很有可能影响到此后的成长。她还发现很多问题是出现在家长身上的，但家长本身并不知道，孩子也往往因为缺乏跟父母的沟通而引发某些心理问题。

听到、看到的案例多了，沫思产生了一个新想法，她跟母亲商量，想收集一些中学生在成长过程中遇到的问题，并请心理咨询师从专业的角度对这些案例进行点评。这自然得到了母亲的支持。“然后沫思就开始收集，包括她接触的一些好朋友，她们高中生晚上一闭灯全讲爸爸妈妈，家长一般都不知道”。与此同时，李沫思还利用网络征集案例：“请你们给自己的父母写一封信件，倾吐因他们不正确的教育方式给自己带来的伤害和烦恼，我要以不记名的方式编写出来告知天下父母。”沫思的呼吁得到了网友们积极的回应。

案例征集工作结束之后，李沫思从众多案例中挑选了 40 个比较有代表性的进行整理，以孩子写给父母的信件的方式出现。随着案例收集整理工作的进行，沫思的心情由兴奋变成沉重，“当我展开一封封信件时，我的心情开始变得沉重，我的心灵受到了震撼。这里，有的是三言两语，有的是长长的故事，有的是大声呼喊，有的是胆怯地诉说。每每看完一篇，我的心里就会产生隐隐的疼痛，我的眼里时常会噙着泪水，有的时候，甚至会忍不住伏案而泣，到完成这本书的最后一篇时，我已经遍体鳞伤。”在书的开篇，李沫思这样写道。

“她写完了以后，我和几个心理咨询师把信拿来，看这里反映了什么问题，青春期的什么问题，然后家长应该怎么做”。在点评案例的过程中，母亲看到了很多自己在教育孩子的过程中犯过的错误，让她更加认识到了这本书的价值。

当所有的写作工作结束之后，李沫思为自己的心血之作取了一个酝酿已久的名字：《没人替我们成长》。中国医科大学博士生导师丁宝坤教授是这本书的序作者，当沫思拿着厚厚的书稿找到她时，她被书的名字深深打动了，“独立、自信、深刻而坦率，确实是孩子真实的声音。仔细想来，作为教育工作者，作为家长，作为心理咨询师，我们都不可能代替孩子们的成长，无论我们的愿望多美好，期望多高，理性多伟大，路，还是要靠孩子们自己去行走”。

“独立、自信、坦率”，这何尝不是我们的主人公独特个性的写照。

李沫思在东北育才学校留影

就这样，一本《没人替我们成长》出版了，用母亲的话说："这本书对沫思的重要意义在于，案例中所涉及的青春期的各种问题及心理咨询师的点评，使她处于教育者和受教育者的双重角色之间，她所遇到的问题也迎刃而解了。"

她从小就将自己定位于世界公民

每个有活力的孩子都曾经梦想成为伟大的人物，李沫思也不例外。她最初的理想是当一名伟大的外交家，做世界公民。与很多人不同的是，这不仅仅是一个伟大的梦想，它影响着李沫思人生中每一次重要的选择。

刚刚考入东北育才学校的时候，学校以随机分配的方式决定哪些学生去日语特长班。日语特长班，顾名思义，就是把日语当做特长来学习，而其他科目仍然与其他班级相同并保持一样的进度。日语班学生的负担很重，而且进入日语特长班往往意味着要去日本留学而不能参加国内高考。考虑到学业的负担以及今后的发展，有些家长都想为孩子转班。在填报志愿的时候，父母希望沫思报英语特长班，这一方面有利于高考，另一方面还可以强化英语，有利于将来去英语国家留学。但李沫思却坚持报日语特长班，她认为自己各方面基础比较好，有精力再学一门外语，一来能够向外交家的条件靠拢，二来增加了自己将来去名校留学的砝码。事实证明李沫思的选择是很有前瞻性的，此后她被耶鲁大学录取，也与她能够熟练掌握多门外语有着直接的关系。

广泛的涉猎和外语的学习，拓宽了李沫思的视野，她从小就将自己定位于世界公民。2001 年 9 月 11 日，美国遭遇了震惊世界的恐怖袭击，象征美国光荣与梦想的世贸中心双子塔在全世界的注视中轰然倒塌。当时正读初中的李沫思和同学们一起，通过电视看到了那如好莱坞大片一般戏剧性的一幕，很多孩子发出兴奋的尖叫和呼喊，而她却悄悄地走出了教室，来到美国外教的办公室里，对外教说："我对美国人遭遇这样的不幸感到非常难过。"听到沫思的话，美国老师流下了伤心的眼泪。她说，作为一个美国人，我从来没有像今天这样没有安全感。

面对这种突发事件，初中时代的李沫思能作出这样的反应，说明她从小就将自己定位于世界公民。

2003 年，东北育才学校高三年级学生王丹叶被耶鲁大学录取。虽然别人并没很在意，但李沫思却记在了心上。这给了她极大的鼓舞，她的目标越来越明确：将来一定要上"耶鲁"。

高中二年级的时候，日语特长班的学生可以选择转到高考班，参加国内高考，李沫思面临了人生中的又一次选择。是考国内名牌大学还是申请国外名校，究竟哪一条路更适合自己？母亲和女儿一起进行了细致的分析，"沫思爱好广泛，想象力强，有创新意识，语言能力强，有好的组织能力。国内名校录取以一张考卷定终身，沫思的优势无法完全体现出来。而美国大学的录取，除了学习成绩之外，还要考虑其他素质，大学鼓励个性发展，录取考虑班级的多样性，专业的选择是在选修多门课程之后，与指导教师商议决定"，这对于兴趣广泛、喜欢自由发展的李沫思来说无疑是非常适合的。

经过认真的考虑，李沫思决定留在日语班，申请国外大学。但是，如果申请不到奖学金，四年 100 多万人民币的学习费用家里是很难承受的，要想出国读书，李沫思只能靠自己的努力。这样的决定也许是孤注一掷的，但"耶鲁"是她的梦想，只要有希望，她就愿意去尝试。

备考国外大学的那段日子

目标确定之后，李沫思开始为自己制订计划并按步骤实施：上网查阅或邮寄资料，了解美国名校的录取要求及各个大学的特点，选择适合自己的学校；准备标准化考试；创造机会和条件表现自己，为申请美国名校作准备；准备申请大学所需的材料。母亲说："那一年是沫思进步最快的一年，是清点自己、认识自己、完善自己的一年。自己的目标，自己的选择，当然要自觉地付出辛苦和努力。"

在学校，李沫思抓住一切机会施展自己的才华。2004 年 6 月，"中美高中生经济论坛"在育才学校召开，在学校领导和老师的指导下，李沫思以出色的英语语言能力在欢迎会上致欢迎词，并在经济论坛上作重要发言，还主持了文艺晚会并表演了长笛演奏。

让母亲感到欣慰的是，在学习方面，女儿没用她操多少心，沫思总是能够为自己确立合适的目标，并始终保持着奋斗的热情。在日记中，李沫思曾经这样写道："学习必须有目标，抱着奋斗目标去学习和没有目标得过且过地学习，结果肯定是不同的。而这个目标需要自己不断设计、规划与调整。要在头脑中看到一个形象，看到理想中成功的自我，然后再拟订定步骤去实现。梦想在没有化成明确、具体的奋斗目标之前是比较模糊的，不稳定的，容易被别的事物诱惑而走弯路。只有将梦想的大目标化成人生一个个具体明确的小目标，走向成功才有基础。"

为了目标的实现，李沫思付出了艰苦的努力。高中过上寄宿生活后，学校每晚准时熄灯，而她却还要到厕所外，借着灯光学习到午夜，高中三年几乎天天如此。作为学校社团部的副部长和外语学会的发起人，学生会工作占用了李沫思的一些精力，"但白天因为工作占用了多少学习时间，晚上她就要用相应的时间补回来"。

特别是明确了报考国外大学的目标之后，李沫思对自己提出了新的要求。在名为《和孩子一起成长》的未刊文章中，沫思的母亲这样写道："除了正常的校内学习，沫思还要准备美国大学的入学考试，由于要用英文答所有科目，这对她的英文水平提出了更高要求，同时她还要自学中国高中教材中没有涉及到的考试内容。她有个学习计划本，每天都有计划，完成后就在后面打个挑，没完成无论多晚都不睡觉。每天完成后，她都要在后面写上'我绝不放弃，我肯定能上耶鲁'这句话，以此为自己打气。李沫思说，这个办法还真管用，使自己精力充沛，心胸也变得开阔了。"

"世间自有公道，付出总有回报"，沫思终于以托福 667 分、赛达Ⅰ2160 分、赛达Ⅱ2400 分的优异成绩回报了自己多年的辛劳和努力。

申请"耶鲁"的前前后后

在托福和赛达考试中取得了满意的分数之后，高三上学期，李沫思进入了国外大学的申请阶段。

在一次采访中，李沫思说："美国有 3000 多所大学，university 和 college 各自的前 50 名都是相当不错的，但是每个学校都有自己的特色，喜欢的人才类型也不同。有的注重标准化成绩，有的注重社会活动，有的注重家庭背景和国际背景，在对自己的情况作了详细地分析和对美国大学进行认真地研究后，我觉得我的情况更适合耶鲁。"

李沫思在耶鲁大学的留影

申请美国大学有两种方式，一种是提前申请（Early Action），要求在 11 月 1 日前提交申请，12 月中旬出最终结果，但只可以申请一所学校，一旦被录取，就不能再选择其他学校，比较有挑战性；另一种是正常的申请（Regular），一般在 1 月份提交申请，3 月末 4 月初的时候会得到通知，可以同时申请多所大学，成功的几率较高。

李沫思选择了提前申请，母亲说："提前申请只能选择一所学校，如果选择一所有把握的，后面的十所就不用申请了。但是对于申请者来说，越是好学校就越没有把握，当时沫思要是选择一个比‘耶鲁’排名靠后一点的学校就非常有把握，但是她一心想去‘耶鲁’。”

然而，就在李沫思决定提前申请耶鲁大学的时候，一件对申请非常不利的事发生了。由于耶鲁大学撤销了一名中国女留学生的奖学金，300 多名中国留学生集体向校方提出抗议。得知这一消息，母亲非常忧虑，“当时我觉得对申请不利，这件事也许会让考官在录取中国学生的时候产生顾虑，而且被撤销奖学金的是个女学生，沫思也是个女学生，美国人做事确实既公平又很情绪化，怎么办呢？”面对母亲的忧虑，李沫思坚定地说：“妈，这是我的一个梦，申请了还有机会，要是不申请就一点机会都没有了。”

李沫思就是这样一个人，只要希望还在，她就会全力以赴。

申请提交之后不久，李沫思就收到了耶鲁大学的面试通知。与很多大学不同，面试在耶鲁大学录取过程中是非常重要的一环。李沫思说：“通过面试，面试官会判断出一个学生的表达能力、价值观、责任感、自信心等等，所问的问题不仅与申请者自身的材料有关，而且会问到学生对于社会国家乃至世界的一些重大问题的观点。”

之前，对心理学早有涉猎的李沫思也曾经研究过心理学在面试当中的运用。首先，不能让面试官占据主动地位，应该争取引导面试的进程向自己所了解的领域发展；同时，要主动向考官提问，力争掌握面试的主导权。

在面试的过程中，李沫思向面试官全方位地介绍了自己多年来所取得的成绩、个人的性格特点以及对一些问题的看法。比如学生会的工作、中美高中生经济论坛、中美高中生寻根之旅夏令营、参加社会的心理咨询活动、红十字会的义工活动以及对中日关系的看法等等。同时，根据申请材料中所提到的问题，李沫思向面试官主动介绍了自己的那本书《没人替我们成长》，面试官对此表示了极大的兴趣。

2 小时 45 分钟很快就过去了，这段时间看似漫长，然而对于李沫思来说，她在中学六年来的努力、成长和所受到的教育都凝聚在这短短的 2 小时 45 分钟里，要想尽述那段历程，这点时间远远不够。那次面试，李沫思给面试官留下了深刻的印象，面试官称赞她是 one of the most competitive applicants（最具竞争力的申请者之一）。在母校组织的一次经验交流会上，李沫思说："面试不是临时能准备的，大家应该从现在开始着重锻炼自己的各种能力，包括表达能力和临场表现出来的气质。"

既想达到顶峰，又不舍弃一路上的风景

2005 年 12 月 16 日，李沫思收到了来自耶鲁大学的录取通知书，并获得每年 46 000 美元的全额奖学金。喜讯传来，来自媒体的采访预约接踵而至，但是，除了母校的要求外，其他的都被李沫思婉言谢绝了。她说："坦率地说，我是个优秀的学生，但和我一样优秀的学生很多很多，只是我们选择的道路不同，我选择了也选对了一条最适合自己的路，我很幸运，我的付出得到了最丰盛的回报。我只是个中学生，跟其他中学生一样，我也有自己的优点和缺点，现在还谈不到什么成就，今后的路还很长。"

在我们进行采访的时候，李沫思已经在"耶鲁"求学将近半年的时间，对于她来说，那里的生活紧张而没有压力，"她每天干不完自己喜欢干的事，"提起女儿的近况，母亲欣喜万分，"沫思现在如鱼得水，很快就融入了国际学生中，实际上凡是能考出去的人外语应该都不错，主要是思想观念的问题，在一些活跃的场合总能看到沫思的身影"。在学业方面，李沫思更是有自己独到的见解："很多中国学生都选择数学、经济作为自己的专业，其实我也很喜欢数学、经济，但是在'耶鲁'的舞台上，如果只盯着数学和经济，就浪费了'耶鲁'的资源，除了数学、经济之外，'耶鲁'还有全世界最好的专业和最好的资源，我一定要把这些资源利用起来。"

有同学对沫思说："真羡慕你，什么也没耽误，该学的学了，该做的做了，该玩的玩了。"

母亲这样评价自己的女儿："既想达到顶峰，又不舍弃一路上的风景。"

女儿出国了，同时也带走了那些充满了争吵或是欢笑的日子，家

里似乎安静了许多。夫妻俩时常感觉有些失落，他们偶尔会重复做一些女儿做过的事情，比如一起去看电影，去咖啡屋聊天，翻看女儿案头的时尚杂志。“以前我们反对她做的事情，现在我们都做，因为当时怕她耽误时间啊。沫思的《时尚杂志》《中国电影》什么的，她走了之后我就挨个看，我觉着看这东西确实挺有意思”。

李沫思曾经对母亲说：“妈妈，你要习惯你的失落。”

既然选择了这样的道路，就应该承受由此而来的失落；既然对未来有所期许，就应该忍受独自行走的孤寂。李沫思和她的父母仍然坚定地走着自己的路，一条他人无法复制的个性化之路。

李沫思为母校师生所作的报告（节选）

一、先和大家说说如何学好一门外语，再和大家谈谈如何学好两门外语。学习外语我们需要有决心、毅力和刻苦的精神，一定要相信自己能学好，充满信心。

1. 外语学习有三个原则：

①英语需要毅力，需要高频度的复习和长时间的努力，学习外语不可以有间断，每天每门外语至少要学习一小时，如果制定的目标比别人高，那你就要付出更多。

②学习外语，应该避免中文思维的干扰，最好达到语言与思维亲密无间的境界，做到听其声而知其意，看其形而知其意。

③学习外语，要积极为自己营造语言环境。大家在“育才”还是很幸运的，学校为学生提供了很多的外语学习机会，有外籍教师和高水平的老师。我们要充分利用这些机会，加强与外教的交流，以提高自己的外语水平。另外，我们可以多听英语广播，看英文电影、日剧。

2. 下面我们来详细谈谈阅读、听力、词汇、语法：

（1）阅读：在初中一定要注重对外文阅读能力的培养，我们先来谈谈阅读材料的选择：

①阅读材料的选择不要过难。

②不要选择哲理性过强的材料，可以选择自己喜欢的小说来阅读，把自己的兴趣点与外语学习结合起来，从这一点来突破，提高自己的外语学习能力。

③培养猜测词汇的能力，在阅读中遇到生词不要立刻去查字典，而要养成根据上下文猜测词义的习惯。

④ 准备一个记录本，摘录阅读中好的句型和意群，对写作和记忆生词很有好处。

⑤ 阅读时间的选择，尽量用课外的时间来阅读。

⑥ 阅读材料一定要选择现代的文章，感受外国的文化。

（2）听力：分精听和泛听两种，两种都很重要。

精听要做到听力材料里的每一个词都要听得清清楚楚。不一定每天都能做到精听，但至少每周都要听。我推荐的精听材料是：《英语初级听力》《step by step》。

泛听要每天都听，可以听一些英语的电影原声对白。

（3）词汇：需要下工夫去背，每天至少要背 20 个单词，如果目标更高，则要背更多。背单词可以利用零碎的时间，一个单词背的次数多了就记住了。任何单词记忆方法的应用都是建立在一定词汇量基础上的，没有一定的词汇量，记忆方法用处不大。

（4）语法：语法很重要，也容易提高。我们大家在上课的时候，一定要把老师上课讲的语法知识记牢，慢慢积累，便于以后应用。

3. 双语学习：

（1）两门外语都要学习，不能采用交替学习的方式。

（2）在时间分配上，需要我们有统筹分配的能力。

（3）建议大家准备一个计划本，做好日计划和月计划，可以合理安排自己的时间，还可以对自己的长期和近期作出系统的规划，并做到及时调整。每天的计划页上都可以写一句鼓励自己的话，不断激励自己。

（4）字典：可以选一本双外语字典，这样在查字典的时候可以同时提高两门外语的水平。

二、申请外国大学的过程：

1. 美国大学需要的人才所具备的基本条件：

Passion 激情、学习的热情

Creativity 创造力

创造力如何体现呢？一个是在你的申请材料里体现，比如你有什么专利或在实验室中有什么出色的表现，可以体现你的创造力。另外一个体现你创造力的地方就是在你准备申请材料的时候，比如说别人写的材料全是介绍自己如何优秀的，而你递上去一份非常有自己风格的，体现自己创造力的材料，录取官的眼前就会一亮，他就会对你非常感兴趣。

Leadership 领导才能

大家一定要在学校的各种活动中锻炼自己的领导能力和组织能力，机会是要靠自己去争取的。

Determination 决心、毅力

是指学习的动力、想要做一番事业的动力，通过在面试的时候和你的谈话、你申请材料中的推荐信都可以表现出来。

Integrity 正直

美国大学需要非常诚实的学生。

美国不同的大学还会有其他的不同要求，比如有些学校重视学术能力，需要你有一些奖项；有些学校重视你的经历，需要你参加一些活动。

2. 申请的步骤：

最重要的步骤就是参加标准化考试，考试在高一到高二之间，高二结束的时候必须全部考完，取得最后的分数。因为高一就要参加考试了，所以要抓紧初中的时间开始学习，不可能等到高一要考试了才开始努力。语言能力不是短时间内能提高上来的，所以要抓紧初中阶段的学习，努力培养需要长时间积累的能力。

3. 申请时需要的材料：

（1）高中 GPA（成绩单）

（2）Recommendation（推荐信）

（3）Essay（申请短文）

（4）Extracurricular Form（其他的证明材料）

（5）Common Application（学校申请的表格）

4. 申请留学的时间流程：

（1）准备阶段（高一到高二）

高二结束时应该把托福、赛达都考完，如果赛达没考完，在高三上学期也必须考完。

（2）申请期（高三上学期）

通常申请八至十所大学，美国大学有两种申请：

①一种叫做 Early Action，也叫提前申请，提前申请阶段是在 11 月 1 日截止提交日期，到 12 月中旬出最终结果；

②另一种叫做 Regular，是正常的，正常的是在 3 月末 4 月初的时候通知。

在高三上学期和高三下学期之间会有一次面试，在 1、2 月份，面试对我们来说是非常重要的。面试会深奥很多，这个面试不是临时能准备的，大家要从现在开始着重锻炼自己这种表达能力、表现出来的气质。

（3）等待期（高三下学期）

到这一时期才进行了一半，递交申请以后，要时常与录取官联系。有时候，即使你被延迟了，延迟就是说他有可能录取你，但录取你并不是他的第一选择，这时如果你多和面试官联系，让他觉得放弃你这个学生真的是很可惜，会增加很多录取的机会。

（4）签证期

此内容略。

给孩子生活的动力和热情

小档案：

王岭，男，1981年6月生人。

1988年入沈阳市皇姑区岐山一校读小学。1994年考入东北育才学校优才教育实验班日语特长班。2000年荣获东北育才"大友太郎奖学金"，于当年10月赴日本留学。

2001年3月考入日本东京大学法学部。2005年考入东京大学法科大学院。2007年3月法务博士毕业后备考日本律师资格考试，到目前为止还鲜有中国人通过这一考试。

2003年4月荣获美国国际教育协会授予的"高盛全球百名青年领袖"称号。

偶然在网络上撞进了王岭一个同门学弟的博客空间"那时花开"，看到了这样一段情真意切的文字，征得"博主"同意之后截取片段摘录如下：

他是让我骄傲的，很荣幸有这个朋友。与王岭相识很晚，就是在他即将离开育才的那个晚上，只有一个晚上，让我多了一个朋友。王岭是个天才，也只能这么说了。他本是学理的，虽然身在日语班（要多修一门日语），但成绩一直在整个学年名列前茅。后来高三的时候，他想考东京大学的法律系，这个对全世界留学生只招一人的热门专业，所以临时改学文科。短短的时间从理科生变成文科生是让人担心的，但他却以全日本第一的成绩去了东大。临走的时候，他在我的校友录上写下了一直影响我的一句话，Be a real man……。我想他是个生活在计划中的人，并非随遇而安，所以他不会缺少生活的动力和热情。

看得出来，满篇的褒扬之辞确是发自肺腑的。那么，王岭是一个怎样的人，会被同侪称为“天才”，他所取得的这诸多成绩背后又有着怎样的故事呢？让我们随着王岭母亲的讲述，一同走进他的生活，倾听关于他的成长故事。

把孩子放到大自然中去

大自然是一位无比高明的老师，生动而美丽的野生动物、气势磅礴的山川峡谷、宁静空灵的原始森林都是她的作品，包括人类这样一个极具智慧的物种。人类是大自然的孩子，所以请把孩子放到自然当中去。

2006年一个冬日的午后，笔者与王岭的母亲王红进行了交谈，我们注意到，“自然”和“胸怀”是她提到次数最多的两个词，“我们夫妻俩在培养孩子上观点比较一致，我们特别重视孩子胸怀的培养，从王岭小的时候我们就提出：把孩子放到自然当中去”。

在王岭刚刚开始蹒跚学步的时候，父母就带着儿子一起去爬山。孩子还小，不能自己爬上去，他们就把孩子抱上去，到了山顶夫妻俩已经是满头大汗了。但是登高才能望远，孩子看到的是与山脚下完全不同的景色，第一次见识到了自然的壮美。

母亲王红是一名政治老师，从王岭四岁开始，每逢暑假她就带着儿子去看海，十三年从未间断，王岭十七岁那年，他在一篇名叫《Can you feel the love tonight》的短文中写道：

……我听到她的声音，就仿佛有一种吸引力，迫使我要去到她的深处回答一个幽远、空灵的召唤。

这召唤跨越空间，也穿越时间，让所有褪色的往事都重新闪亮，那是昔日重现……

初识海，是四岁那年在人头攒动的大连，那时的我除了向面前的海中扔几粒小小的石子和在妈妈的保护下在海滩上踏几朵浪花外，还能做些什么呢？幼小的我的眼中，是不是觉得她很神奇？

五岁那年在沙滩上，兴奋地奔跑嬉戏；六岁那年套个救生圈游来游去；七岁那年在大石缝里抓寄居蟹、小鱼；八岁那年认识了触手多的是海星、海葵，贝壳硬的是海蚶、牡蛎……

十三年了，这是第十三次看海。

同往常一样，她就在这里等着我，而我仍旧是不远千里寻着她，她的眼神不变，我的执著不变。

“我觉得这一课对孩子的成长非常重要，带孩子到大自然中去，让他看山看海，拓宽孩子的视野，使他有一个宽阔的胸怀”。母亲的意图在儿子的文章中得到了更为真切的表达：

海缄口不语，可在青黑的天色下，青黑的大海前，我的思想也好似被镀上了一层青黑色的膜，它超越了都市的喧嚣，超越了幼稚的思考力，超越了一切不快与对世俗利益的追求，强大起来。

这足以使我更深一步品味海，品味她的博大、她的细腻、她的暴戾、她的柔情。

细腻的笔法、磅礴的思绪、深切的感悟，品味一个人的文字就像品味这个人，从字里行间往往能读到很多无法言传的东西。

不只是海边，对于王岭父母来说，身边就有俯首即是的风景。每到周末，夫妻俩就带着王岭到家附近的公园去“放孩子”，让孩子观察花草的生长，跟昆虫嬉戏，“在草丛中捉到的小虫都会令孩子发出欣喜的笑声”。

四岁起每年一次的看海，七八岁时在天安门广场看着国旗冉冉升起，十岁时登泰山、游孔府。背包旅行的经历填满了长长短短的假期，很多春节都是三十刚过，大年初一一家三口就打点好行装上路了，正像王红说的那样：“衣服可以不买，家具可以不换，但是孩子旅游的钱必须有，目的就是培养孩子内心的东西，这样的付出我们感觉太值了。”

“大志者要有大胸怀。”这是夫妻俩的共识，“现在很多家长用各种补习班把孩子的时间安排得满满的，很盲目地去学一些东西，认为孩子学会了什么东西是最主要的，不了解一些深层次的东西对孩子的影响有多重要。其实有些东西孩子长大之后再学都是来得及的，但是品格上的深层次的东西如果小时候没培养好，再补就很麻烦了”。

通过旅游，让孩子走入社会

每个人的一生都经历着来自自然、走入社会、最终回归自然的过程，既然我们生来就无法回避走入社会这样一个事实，那么就让我们的孩子尽早去了解社会吧，而旅游是一个能够让我们暂时脱离自己所生存的环境，转而去体验各种社会环境的好办法。

"我们觉得其实旅游的过程也是让孩子走入社会的过程，举个很简单的例子，有一次我们带孩子坐火车到哈尔滨去看冰灯。火车就是社会的一角，在火车上，孩子接触到周围的各种人，也融入到里面去了。""还有一次，我们带孩子去关门山，正好遇到一队大学生，住在一个农民家，孩子跟这些大学生在一起，我们觉得他从小接触的事物很宽泛，对孩子的成长、思维发展都是很有好处的"。

育才学校校刊《优才摇篮》第 3 期上曾经刊登了王岭初中时代的一篇文章《一枚指北针》，文中讲述了旅途中他与一位香港老妇人的一次偶遇：

1994 年，那是一个冬天，我和爸爸来到五岳独尊的泰山。当我们在十八盘奋力向岱顶攀登时，我看见前方不远处，有一位身穿大红羽绒服、肩背牛皮包、头发花白的老奶奶正倚着护栏大口大口地喘着粗气，我快步跑上去，随手把玩耍着的拐杖递给了她，她会意一笑，拄着拐杖跟着我登上去，我看到她胸前的卡片上清晰地印着几个字：新界老年妇女旅游团。

那天的携手登山和第二天早上的并肩观日使这位香港老妇人对王岭留下了深刻的印象。三天之后，在济南火车站的站台上他们又一次相遇了，老妇人送给王岭一枚指北针——银色的不锈钢外壳，黑色底盘，淡绿色夜明指针，样子很精致。

如今，我仍时常把玩这枚指北针，争取早日读懂它的每一道刻度来诠释指北的语言。那微微颤动着的指针仿佛告诉我：香港就在祖国的南海边，祖国就是一个强大无比的磁场，无时无刻不牵动着海外游子的心……

无论漂泊了多少年，归期已不再遥远。读懂它的日子是 1997 年 7

月 1 日。就把这指北针放在这儿，因为，它的家在这里，在脚下。

1997 年正值香港回归祖国，三年前旅途中的那次偶遇与这样一个重要的历史时刻相交，于是思想的火花在这个青年的心中迸发了。

1999 年 4 月，读高中二年级的王岭参加了由日本神奈川县中日友好协会主办的日本见学活动。短短一周的时间，见学团队穿梭在东京、横滨这两个世界闻名的大都市之间，不同文化之间的碰撞让这个中国青年思绪万千：

有人说：到横滨不去镰仓就不算到过横滨，这话不假。建于 1252 年的镰仓大佛由青铜铸造，高 13.35 米，重 121 吨，被日本人誉为国宝……我忽然觉得这与我从前在洛阳龙门石窟看到的卢舍那大佛是那样的相似，或者说此时的我与站在许许多多中国的文物古迹前有着相近的感觉。也许善于吸收外来文化的大和民族正是广泛地汲取了外国的文化精髓才孕育出了今天有独特魅力的日本文化吧。怪不得问日本人想去哪里的时候，很多人毫不犹豫地说：中国敦煌。

告别了横滨港，见学团队坐上开往东京的新干线列车，时速 200 公里以上的速度为旅途带来了便利，但王岭又在想些什么呢？

这在时间上无疑是一种让人心动的选择，但是事实上，这也使从车上观赏风景不再成为可能，让人几乎无法接受失去生活余俗的那份苍白的高效。但日本的社会还是接受了新干线，如此便利的工具毕竟是符合现代人高速的生活节奏的，我想，中国，有一天也一定会拥有自己的新干线。

夜风习习，站在霓虹闪烁的东京街头，一个中国青年的心声在空中回荡：

人们生活在这个城市里，这个地价奇贵、物价奇高的城市，这个高速发达的资本主义国家引以为自豪的城市。然而我却深深地知道：这里现在不是，今后也将不会是我的家，我与这个城市并不那么调和。她也许会暂时接纳我，但她不会永远包容我。我愿意来这片海岸冲浪，绝不是因为她的沙滩美丽，而是要在她的浪头里学会搏击，把握住自己的方向，不迷惘，不彷徨，等待，等待一个为我所深爱的土地大显身手的年代……

人的思想在不停地行走中一步步升华，旅途中的某些人、某些事都为旅人提供了不断思索的素材，生命由此变得真实而生动。

赏识人、包容人、关心人

“有人问，胸怀宽阔对孩子的成长到底有什么好处？我觉得这样孩子就会赏识别人、包容别人、关心别人。”王红继续说道。

“所谓赏识人，就是多看别人身上的优点，有哪些是值得自己学的，取长补短，而不是看别人的毛病。他很小的时候班里有个同学跑50米可快了，王岭回家来就弄个尺子，量好50米，我就陪他天天练。他觉得自己哪方面比别人差就向别人学习”。

从小学到中学再到大学，直到现在，每到一个新环境，王岭总会跟母亲提到这个环境中最优秀的人是谁，优秀在哪儿，自己跟人家比差在哪儿，“他很少说自己比别人强的地方”。在不断地向更高标准看齐的过程中，自身也逐步得到了提升。

有一件事让王红至今念念不忘。在育才中学，每年的初二下学期都要进行分流考试，也就是决定哪些学生直升育才高中，哪些学生去参加中考。这是一个残酷而充满挑战的过程，同时也历练着每一个孩子。当时，王岭所在的班上有个女生，平时学习一直处于中游水平，但在分流考试时没有发挥好，老师在公布名单之前要找每一个分流出去的学生谈话，其中就有这个学生。“当时她正在为班里做板报参加年级比赛，但她回来之后还是把板报工工整整地写完了，参加年级比赛的时候拿了二等奖”。这件事让王岭和母亲都非常感动，作为班长，王岭把这件事写成广播稿件送到了学校广播站：“……她是一个胜利者，她经受住了挫折，战胜了失败，她一定会成功。”一时间全校震动。“一个十几岁的孩子能有这样好的承受能力，太可贵了，像这样的事在王岭的成长过程中起到了很大的作用。”母亲说。

能够包容人，特别是包容别人的错误也是一种难能可贵的品质。“有一次临近考试的时候，他的一本很重要的复习书不见了，但是考完之后这本书又神奇地回来了，他说他知道是怎么回事，就是被其他同学拿走了，我问他为什么不去问问这个同学为什么这么做，他居然说‘我没去问，要是问了今后他在班里怎么待，不能去问’。”王红说儿子的有些做法让她这个当妈妈的都很信服。

“另外，王岭特别知道体贴和关心别人。”王红讲起了几件儿子小时候的事。

小学三年级的时候，王岭的一篇作文获奖了，被通知去北京领奖。母亲给他带了二十七块钱在路上花，但他只用了三块七，剩下的钱给老师、父亲、母亲、奶奶、姥姥各买了一份小礼物。回来之后，老师拉着王红问：“你那儿子怎么培养的，到外边连瓶汽水都不买。”母亲心里非常高兴，因为儿子心里装着亲人。

有一次，正赶上寒假全家出去旅游，王岭听说沈阳要下雪，就跟母亲说：“妈，早点回去吧，咱们得扫雪。”于是他们提早结束了旅行赶回沈阳。对此，母亲仍然非常高兴，因为儿子心里装着学校，装着老师和同学。

还有一次，学校号召给灾区同学捐献学习用品，王岭把母亲给他新买的书包和他一直都舍不得用的一支钢笔捐了出去，而自己仍然背着那个旧书包。这件事同样让母亲难忘，因为儿子心里不只装着亲人、老师和同学，还有那些素不相识但却需要帮助的陌生人。

直到现在身处异国他乡，虽然面临着生活上和学业上的双重压力，但他仍然不忘与一些学业上、生活上遇到阻力的同学联络，为他们提供力所能及的帮助。王岭曾经对母亲说：“那些处境比较好的同学不用太在意，越是那种陷入困境的同学越是要去帮助，应该出现在他们最需要你的时候。”

“有人认为孩子就得学奸点，免得受委屈，其实他们错了。我跟爱人有个共识：心有多宽路就有多宽，要让孩子从小懂得关心别人、宽容别人、礼让别人是件快乐的事，今后走向社会，孩子的路会越走越宽。道理很简单，你不懂得宽容别人、关心别人，怎么能得到别人的关心和宽容呢?”王红的一席话入情入理。

其实，赏识人、包容人、关心人这样的好品质都是由一个人的胸怀决定的，而这也很容易让我们联想到王岭小时候那些投入自然和投入社会的经历。因为时间的原因，我们只能通过网络采访身在日本的王岭，当我们问起“从小的这些经历对你日后的成长有什么作用”时，王岭是这样回答的：

用古人的观点“读万卷书，行万里路”是实现个人理想的必经之路，父母在我小的时候带我出去旅游，锻炼了我的身体，磨炼了我的意志，培养了我对自然与文化遗产的热爱，并且极大地开阔了我的视野，使我增长了见识，现在想起来，他们给了我千金难买的经历，给了我宝贵的精神财富。

让孩子从小开始阅读

王红说她很崇尚这样一句话：一个平凡的孩子如果从小开始阅读，他可以成为一个不平凡的人。行万里路与读万卷书其实同样重要，如果说带孩子走进自然、走进社会是对现实的触摸的话，那么让孩子走进阅读则是对历史、对未来、对很多现实中不可见的东西的间接获得。

“王岭三岁的时候，当时中央电台有一个虹云老师的节目，讲到汉语拼音，我就让他每天坚持听。学会汉语拼音之后就开始阅读了，每天阅读一个小故事、一个谜语、一首诗。”夫妻俩非常注重孩子成长过程中环境的创造，他们买来各种书籍给孩子读，《上下五千年》《世界五千年》《十万个为什么》《少年科学百科全书》《一百个科学家的故事》，几乎囊括了当时市面上所能见到的各种大部头少儿启蒙图书。

在幼儿园的时候，每当有客人来观摩教学，老师都要叫上王岭，并且把他安排在最前排随时发言，“他也特别愿意展示自己，我觉得展示自己是自信的象征，因为他觉得自己行，他的自信从哪儿来？这跟他从小开始阅读有很大关系”。

王岭一直是老师的得力助手，上学前班那会儿，他站在前边代替老师给小朋友们读报纸，老师则在一边批改作业，“老师特别喜欢他，总是让他念这念那，在这个过程当中，一方面小朋友学到了知识，另一方面他自己也挺得意的，阅读培养了孩子的自信”。

阅读不但让孩子学到了知识，还培养了很多好品质，“比如说，我从小培养他在阅读的过程中学会坚持，看《365夜》那本书的时候，我要求他每天阅读一个故事，只要孩子形成了习惯，坚持下来是一点问题都没有的”。

身为老师，王红很忙，常常是两节大课90分钟连着上下来，没时间照顾孩子，就只能把儿子先放在办公室，"我在这边给学生上90分钟的课，他在那边就能看90分钟的书，有时候办公室的老师都奇怪，这么小的孩子怎么能坐得住呢，而且一动不动。一本书看完了就看台历，台历上面有小知识，他就从头到尾地看"。

经常听有些家长说自己的孩子"不吃书"，其实阅读是一种思考的过程，思考并不仅仅局限于书本，游历名山大川、探访古刹幽境是一种阅读，穿梭都市丛林、行走麦田农庄也是一种阅读，重要的不是过程和形式，而在于你是否在思考，这才是阅读的本质。这种习惯往往形成于潜移默化中，形成于日常生活中，形成于脚踏实地的践行中。

培养自控能力，做自己的主人

在王红看来，一个孩子要取得成功，智力因素只占不到50%，或者更少，她说："现在的孩子都很鬼很聪明，但聪明的孩子不一定能成功，我们更看重非智力因素的开发，尤其是对孩子毅力和自控能力的培养，脚踏实地的习惯应该从小养成，做什么事都要坚持，这种习惯太重要了！"

在王岭四岁的时候，喜欢书法的王在新、王红夫妻俩就教儿子学习书法，其实儿子写得并不是太好，而且经常把墨汁弄得到处都是，小手小脸都黑了，但他们还是坚持让儿子每天练上30分钟，就算因为什么事情耽搁了，事后也要补上。王红说："我只是要求他每天坚持坐下来写，每天写一篇儿就可以了，我不太注重他写的效果怎样，但我注重这个过程，就是要培养他的毅力和自控能力。"

除了练习书法，在其他很多方面父母都贯彻着这一思想，"再比如写日记，他小学三年级的时候就开始写，我对他说既然写就要养成习惯，其实写的水平怎样不是很重要，能坚持到底才是最重要的"。

用王红的话说，培养孩子最主要是要培养出一种原动力，也就是一种内在的动力，让孩子最终成为自己的主人，"那种内在的动力和行为习惯的培养都需要从小做起，孩子长大了再培养很难，我觉得在儿子成长过程中这些点滴的小事特别多"。

喜欢吃零食几乎是每一个孩子的天性，但王红对孩子并没有一味迎合。当时王岭家附近有一个小食品批发市场，孩子上学、放学都要从市场穿行，面对琳琅满目的小食品王岭也总要看上几眼，并不时地跟妈妈说起，“我对他说，人要有控制自己的能力，那东西对身体并不好，妈妈希望你以后走到那里一眼也不看”。为了培养孩子面对诱惑的抵御能力，母亲特意陪着孩子在市场里转了几个来回，有空还进行跟踪，“我发现，孩子真的变了，对周围的一切再也不看一眼”。

正像王红说的那样，即使是一个很聪明的孩子，如果没有毅力，没有勤奋刻苦的精神，也不会成功。上小学的时候，王岭的学习成绩一直名列前茅，小学毕业前夕，王岭提前考取了重点中学，为了给王岭留出足够的自主学习的时间，班主任陈老师免除了他的一切作业，但是王岭从没落过作业，即使有事耽误了，第二天也会找同学问清再补上。

升入中学后，学校在外语方面为学生增设了外教课。为了练习口语，王岭每天很早就赶到学校，为的是在外教老师洗漱的时候，能够在走廊里与他们攀谈几句。

直到现在，已经拿到博士学位的王岭对自己的要求仍然非常严格，备考日本律师资格考试的过程相当辛苦，学习完全靠自主，对一个人的自制能力要求极高。每周六晚上，王岭都要通过电脑网络跟父母视频通话相互沟通情况，但晚间的学习时间对于备考阶段的王岭来说相当宝贵，于是他建议父母把见面时间改在周六早上七点，但母亲担心儿子每天要学到很晚，早上起那么早会影响休息，“可是他说，这个时间不能变，要是晚点起来，不知不觉一上午的学习时间就没有了，定七点就是七点”。

说到这，也许有人会问：难道在孩子成长过程中智力因素就不重要吗？王红的回答是：智力因素也很重要，开发孩子的智力是父母的主要责任之一，不仅仅是教孩子识字、背古诗、学外语，更重要的是培养孩子的能力，父母给予孩子的不是金子，而是点石成金的能力。“平时带他出去，每走过一段路，我就会问他刚才看到了什么，这就是对观察力的培养。或者去亲戚家玩，回来我就会问他感受到了什么，孩子小的时候对能力方面的开发我们做了很多”。

对能力的培养，就是坚持不懈地训练，在这个训练过程中非智力因素起到了很大的作用，“王岭的智力因素比较好，但是他的非智力因素也非常好，有的时候在家学习累了，我让他睡一会儿，他总让我帮忙看时间，到时间就叫他起床，很有毅力”。上中学时，老师也经常在家长会上表扬王岭的自控能力强：“下课时候出去踢球满身是汗，进教室五分钟就能恢复状态，进入状态特别快。”

当被问及有什么独特的学习方法时，王岭送给我们两句话——集中精力以提高效率，历练精神以克服压力——话虽简短，却字字珠玑。学习是一件苦差事，即使对于某些智力水平较高的人，也没有所谓的捷径，要想取得一定的成就，仍然需要不断地磨炼意志、历练精神。

家庭教育无大事

有人说，父母是孩子的影子，父母的一举一动都会在孩子身上留下或多或少的印记。行文至此，让我们把目光重新投向王岭的父母，来探究孩子成长的奥秘。

1974年，王在新和王红高中毕业之后双双进入工厂学徒，有了夜大之后两个人又重新拾起书本，王在新选择了辽宁大学中文专业，王红则先是读了辽宁大学哲学专业，之后又读了沈阳师范大学的教育学专业。1980年，也就是入学的当年，两人携手步入了婚姻的殿堂。第二年的春夏之交就迎来了一个新的生命，那就是王岭。虽然喜事连连，但来自工作、学业、生活上的多重压力让夫妻俩着实分身乏术，“常常是我先去上课，他在家带孩子，然后我回来换他，他再骑车去上课”。1983年，国家恢复了社会招聘，夫妻俩参加人事局的统一考试被重新录用，王红成为了一名政治老师，王在新则进入了政府机关。

“我们俩的一生实际上也是一个不断奋斗进取的过程，在对孩子的教育和培养中就灌输了这个思想，对孩子的要求也很严格”。

在家庭教育方面，父亲王在新属于那种原则上的事从不含糊的严父。王岭上初中时，有一次要参加外语过级考试，班上一个同学有一本书对这个考试非常有帮助，王岭向他借但是没有借到，情急之下趁那个同学不注意把书拿回了家。“拿来之后儿子就让我给复印，说第二天再给人家拿回去，当时我也觉得这事不太好，但是既然孩子拿回来了就复印一下吧，明天再送回去，也就没当什么大事”。此时，在屋里的父亲听到了娘俩的对话，二话不说，冲出屋来，一拍桌子说道：“王红，你要是给他复印了你会后悔一辈子，绝对不能印，把书马上送回去。能不能通过考试不在这一本书，就算它真那么重要，也不能这么做，坚决不能给他复印。”父亲的坚持给了王红很大的触动，最后，夫妻俩联系到了那位学生的家长，并亲自把书送了过去。面对星夜赶来的夫妻二人，对方家长非常惊讶：“你们两口子太较真了，不就是一本书么，复印一下就复印一下吧。”

这就是父亲王在新，原则上的事，说不行就不行。

对于王在新来说，在孩子培养过程中没有大事，都是看似无关痛痒的小事，但在小事上一定要把好关。母亲王红回忆起去冰峪沟旅游时发生的一件事：翻越了几座山坳的一家三口已经满头大汗，看到河滩边有可以出租的马匹，母亲建议给儿子租一匹代步，王在新则坚决反对：“不让孩子骑马，有能力就坚持走，这叫锻炼。”“我感觉父亲的作用有时候是母亲所替代不了的，我在一些认识上还有浅显的地方。”王红说。

也许，在很多人看来，复印一本书、骑一次马都算不得什么大事，但孩子的品行却正是在这些小事中逐渐形成的，“很多家长总说自己没有时间管孩子，或者说自己的文化水平不高管不好孩子，我觉得教育孩子实际上不需要有多高的文化，非常简单，一点也不深奥，只要你扎扎实实从日常小事做起”。

还记得王岭在给我们的问题回复中曾经提到的一段话：

父母给了我无私的理性的爱。从早期教育到留学东瀛，他们给了我这个时代父母能够给子女提供的最多、最好的机会。虽然不能用一两件事例说清楚，但都是父母的愿望、智慧和日常的点滴小事在潜移默化地影响着我。

一个全面发展的阳光男孩

思忖了很久才选定了这个小标题，似乎这样才能更完整、更贴切地表现我们的主人公。

王岭从小就是一个品学兼优的好学生，上小学开始，年年被评为校优秀学生，四次被评为区优秀学生，两次被评为市优秀学生。两次被评为市希望之星，并获得了全国万名好少年的光荣称号。所写文章多次获奖并被收录成书。高中时期参加全国日语能力一级考试，获得沈阳赛区第一名；1998 年在辽宁省中学生日语演讲比赛中取得佳绩，并多次在学校组织的演讲比赛中取得好名次。

据王红讲，王岭在学习方面的主要特点是不偏科，“在理科方面他虽然不是绝对的尖子学生，但他不偏科，只要不是特别难的题他都能做出来，而且文科方面语文、外语都很好。日语班的学生把日语作为一个特长来学，其他学科跟别的班一样进度，而且考试排名次也不算日语成绩，即便这样，在高三时的几次模拟考试里，他考过全年组第一、第二的好成绩。”在备战日本高考的那段日子里，本是理科生的王岭却选择了文科专业，虽然父母表示反对，但他对自己作了认真地分析：虽然理科不错，但是单科拿出来却不能跟那些参加国际竞赛的尖子生比，那些人才是将来理科方面的顶尖人才；而且自己的文科要比理科好，在这方面发展更能发挥自己的潜能。最终王岭以一番入情入理的剖析说服了父母。

时至今日，虽然王岭已经中学毕业多年，但老师们提起自己的爱徒仍然神采飞扬、赞誉有加。王岭初中时的班主任陆远老师说：“这个孩子说日语特别流利，每次考试都考不败，英语演讲、日语演讲、语文演讲，他都能给班里拿到好成绩，歌唱得也特别好，是个参加各类活动的活跃分子。”高中时代的班主任宋玉良老师说：“王岭对学习特别专心，有拼搏的韧劲，同学关系好，班长工作也比较周到，即使不去日本留学也是‘清华’‘北大’的苗子。”

行文至此，我们产生了一种希望时光倒流的想法，去体验一下王岭读书时那个诱人的校园——挥汗如雨的苦读，激情澎湃的宣讲，情意深长的歌唱，与这样一位青年为友，相信会有如沐春风的感觉。

如今，身在东瀛的王岭正在更宽广的舞台上展现着自己，并实现着自己的人生理想。2003 年 4 月，王岭荣获美国国际教育协会授予的“高盛全球百名青年领袖”称号，并赴美交流。虽然只有五天的时间，

王岭赴美参加“高盛全球百名青年领袖”交流活动

但内容安排得相当充实，他为我们描述了那段经历：

最宝贵的经验是和来自世界十几个国家和地区的年轻人汇聚在纽约这个大都会，尽管种族、民族、国家、宗教、文化、社会背景等等都不相同，大家还是可以分享友谊，畅谈理想。

用目标为人生导航

“在孩子成长过程中还有一个非常重要的东西就是目标的确立。”王红特意强调了这一点。审视王岭的成长轨迹，正是一个经过不懈奋斗逐步达成目标的过程。

母亲王红是一位明智的家长，她懂得在适当的时候为孩子助力，“王岭上小学的时候我就总去打听哪个中学比较好，非常重视这些，我总觉得在儿子的成长过程中，这是家长应尽的责任，你应该了解更多的信息，知道现在哪条路比较好走，比较适合自己的孩子，我把这些信息传递给儿子”。于是，报考育才中学就成了王岭学习生涯中的第一个重要目标。小学五年级时，王岭以优异的成绩考入了东北育才学校预备班，又经过一年的选拔，在小学六年级的时候，正式进入东北育才学校日语特长班，成为日语班成立以来招收的第三批学生。

在预备班学习的一年时间里，王岭了解到东京大学，了解到这样一所世界知名学府的相关情况，于是，他萌生了报考东京大学的想法。升入中学后，随着学习的深入，这一目标变得愈加清晰，终于在2000年，王岭凭借优异的学习成绩荣获东北育才“大友太郎奖学金”，并于当年10月赴日本留学。

2001年3月，王岭以771分的成绩考取了东京大学法学部，而满分是800分，他的这个成绩创造了当时日本文科高考历史上的一个新纪录。这里还有一个故事，按照惯例，东京大学法学部每年只招收一名私费留学生，可就在那一年却破格招收了两名留学生，一名是王岭，还有一名学生来自韩国，大王岭五岁，在日本学习多年，也非常优秀。在非此即彼的考量中，面对两名同样优秀的学生，校方作出了两全的选择。

当我们请王岭为后辈学子介绍一下报考东京大学的经验时，他回答说：“由于各类程序最近两年来有所变更，我的经验已不足为鉴，但学习成绩优异，有自信心是考入东京大学所必须的。”也许没有方法的方法才是最高境界，优异的成绩和充足的自信，相信王岭当年也是凭借着这些博得了东京大学的青睐。

认准了目标的王岭也是一个坚定的执行者，在报考研究生的时候，他仍然只填报了一个志愿——东京大学法科大学院，并作好了万一落败第二年再考的准备。“当时法科大学院第二年招生，这个学制在中国还没有，美国和几个主要发达国家有，600个学生当中只有他是外国人，其余都是日本人。”母亲说。克服了入学初期的不适应和巨大压力，2007年3月王岭顺利地从东京大学法科大学院毕业，获得法务博士学位。

对于已经取得法务博士学位的王岭来说，毕业之后找一份理想的工作不成问题，但王岭有自己的打算，他的下一个目标就是取得日本律师资格。“如果他今年能考上，他有可能就是第一个拿到日本律师资格的中国留学生。”王红说。

在国外，律师这个职业意味着很高的社会地位和丰厚的收入，在

世界上最难攀越的山，其实是自己

小档案：

丛林，男，1985年2月生人。

1991年入沈阳飞机制造厂小学。1997年考入东北育才学校优才教育实验班2000年获新加坡中华总商会和教育部提供的全额奖学金，赴新加坡华侨中学留学。2002年考入新加坡华中初级学院。2004年参加英国中学高级水平考试(A-level)获得满分全优的成绩。2005年考入哈佛大学，并获得每年46 850美元的全额奖学金。

曾获得新加坡数学奥林匹克竞赛(SMO)金牌（团队第二）、新加坡物理奥林匹克竞赛(SPHO)金牌（理论成绩第一）、新加坡化学奥林匹克竞赛(SCHO)金牌（总成绩第二），第四届新加坡科技创新大赛(SSEF)团队金牌（组别最佳）(以上成绩本可以参加国际物理奥林匹克竞赛IPHO，国际化学奥林匹克竞赛ICHO和英特尔ISEF大赛，但因国籍关系未能代表新加坡参赛)，以及澳大利亚国际数学竞赛（高中组）金牌满分（全球共四人获满分），“物理诺贝尔奖第一步——世界大学生和中学生物理科学研究比赛”优秀奖及杰出贡献奖，南洋理工国防部材料科学挑战赛团队最佳创新奖，材料研究学会优秀奖，新加坡华侨中学数学、高级数学、物理最佳学生奖，新加坡华中初级学院数学、高级数学、物理最佳学生奖及学部最佳学生奖，2005-2006年度、2006-2007年度约翰·哈佛学者奖——本科学生的最高奖项。

书法作品曾获韩、中、新国际书画展银奖，上海国际书画精品展金奖。

丛林，一个很常见的名字，当我们进行网络检索的时候实在无法对本文的主人公进行准确定位。然而，一旦在关键词中将“哈佛”与“丛林”并置，一切都变得那么明了，偌大的“丛林”中，只有他与“哈佛”有着不解的缘分。这既是一种偶然也是一种必然，让我们一起来探寻其中的规律。

成长的足迹

1985年2月，丛林出生在辽宁沈阳一个普通家庭，父亲丛志良是派出所民警，母亲李乃艳是幼儿园的保健医。儿子的到来给这个家庭带来了无限的欢乐，翻开母亲为儿子亲笔书写的“成长日记”，就像看到了那双小脚丫走过的长长的路……

一个多月:眼神能跟着大人走；

五个半月:能听懂别人叫自己的名字，自己能把着奶瓶吃奶，能伸手要东西；

七个月：能自己坐起来，会爬行；

十个月：能独立站立片刻，出十个牙，非常淘气，上下窗台自如，会叫“爸爸妈妈”，别人说话，他能够用眼睛寻找到；

十一个月：会叫“奶奶”，会蹲着；

一岁：电视关了知道拉着别人的手去开，懂得穿好鞋再下地，大人说什么东西他能拿来，玩具摆了一大堆，弄不好不罢休，直到自己满意为止；

十五个月：教他识图片，大人说什么他能指对，能学些简单的词，如“椅子”，会叫“爷爷、大大、哥哥、姑姑、姥姥”；

二十三个月：能数十个数，背“春眠不觉晓”、“小白兔”等诗歌，认识“大、小、上、下、马、丛林、李”等字；

三岁：上幼儿园。特别知道干净，别的小朋友坐地上玩，他都是蹲着，从来不往地上坐；东西也不随便乱放，谁见他都喜欢，甚至夸奖几句，很有人缘；

四岁半：会20个数以内的加减法，会讲《希瑞》《变形金刚》《黑猫警长》《西游记》等故事给别人听，认识很多字，爱听讲故事，基本每晚睡前都得讲一本，爱买书、录音带，自己也能看。在幼儿园当班长，爱管事；

五六岁：会100以内的加减法，爱看儿童片《小熊杰里米》《忍者神龟》等，喜欢买动画书，会背“小九九”乘法口诀；

没有上学前班，直接上小学一年级。

在夫妻俩的记忆中，从小儿子身上就有着一股子自立和要强的劲头。

在丛林四岁的时候，有一次区幼儿园举行插塑拼图比赛，为了能取得好成绩，丛林拼命地练习。插上拆、拆了再插，总有个图案跟丛林较劲儿，急得他哭起了鼻子。可小丛林仍然倔强地一遍又一遍地反复练习，直到跟练习册上的图案分毫不差，自己觉着满意了才破涕为笑。最后，他代表幼儿园取得了插塑拼图比赛的第一名。

父亲曾经发明了将拼音和汉字分写在卡片两面的识字方法。虽说是游戏，可丛林总是很用心地边玩边记，当他从爸爸手中赢来了厚厚的一叠卡片时，上面的字也已经深深地印刻在头脑中，逼得丛志良不断地书写新的卡片。

夫妻俩讲起儿子的童年往事，那一幕幕似乎还在昨天，然而，多年后的哈佛男孩也正是这样一步步成长起来的。

游戏新说

很多家长都怕孩子玩电子游戏耽误学习，但丛林父母却对游戏的意义有新的阐释：游戏能调动和刺激人的竞争意识和创造意识，在给人带来成就感的同时也就激发了人的潜能。

对于儿子的发展，夫妻俩最看重的就是顺应孩子的天性，开发非智力因素。丛林从小喜欢看动画片、玩游戏机，父亲就从书店和音像店给他买了几十部卡通书和各种类型的游戏卡。丛林六岁半上小学，夫妻俩向儿子承诺：如果考试得了双百或者考了班级第一名，就奖励一套游戏卡。说到这，很多持反对意见的人会有疑虑，难道就不怕孩子玩上瘾吗？事实正好相反，电子游戏不但没有让丛林沉迷其中，反而成了孩子的加油站，当儿子在游戏中经过计算、打拼得到满分时，父亲就会鼓励他：“玩电子游戏能得满分不容易，在学习中能争得第一就更需要本事了。”

在小学阶段，丛林的成绩始终占据着班级“三甲”的位置。

目前，很多教育学家致力于游戏对青少年影响的研究，对其可以说众说纷纭、莫衷一是。曾经有一位高考状元在介绍自己的学习经验时，竟然把游戏对自己的影响放在了一个重要的位置上，他发现，在“游戏”和“高考”之间存在着惊人的相似性，游戏世界，不凭身体，全凭智慧，而在高考面前，不论出身，就论实力。也许有人会说，这样的方法并不适合于自己的孩子。确实如此，在问题的另一端，还有很多孩子因沉迷于游戏而荒废了学业，迷失了自我，甚至丧失了生命。

“玩”并不是一件坏事，这里面蕴涵了太多的道理，而处理好学与玩之间的关系则是孩子自身能力的体现，也常常考验着家长的智慧。

锻炼身体是对意志和毅力的考验

用丛林母亲的话说：“孩子他爸最大的嗜好之一就是锻炼身体。”父亲丛志良是一名游泳爱好者，并且常年坚持参加冬泳，在他看来，锻炼身体是对意志和毅力的考验。

有了父亲做榜样，丛林也与游泳结了缘。在一篇名为《阳光男孩成长历程》的文章中，父亲写道：“暑假，我带他到新阳游泳池玩，见到了不少小同学、小朋友，玩得特别开心，回家后我开导儿子，戏水不光是玩，更重要的是锻炼身体，游泳游好了也能拿第一，而且在日常生活中，这也是一项求生的本领。”第二天，丛林让父亲给他报名参加了少儿游泳训练班，几天下来，虽然进步很快，但是却因感冒发烧而中止了训练。然而孩子的兴趣已经培养起来了，退烧后丛林主动要求继续训练，直到学会为止。一次，在父亲的保护下，儿子终于游出了他人生中的第一个100米。

丛林出国之后，父亲在给儿子的家书中这样写道：“亲爱的儿子，爸妈爱你！亲人都在关爱着你！家中一切都和你在家时一样没变化，都很好，你放心地学习吧！爸爸天天坚持冬泳，希望你和爸爸一样把身体锻炼好，这也是意志和毅力的考验啊！”

警察该怎样做父亲

在《人民公安》2006年第19期中，我们看到了作者刘元林的一篇题为《警察该怎样做父亲》的文章，他从一名长期扎根公安战线的老新闻工作者的视角分析了警察父亲丛志良培养出哈佛儿子的个案，从而为众多警察父亲提出了一个尖锐的问题：警察该怎样做父亲。

作者的写作视角新鲜、独到并且切中人物的特性——哈佛儿子也许并不鲜见，但能够培养出哈佛儿子的警察父亲却着实是凤毛麟角，这与警察职业的特殊性有着很大的关系。正如文章中所谈到的：“作为一种高风险的职业，在面临健康风险、人身安全风险的同时，我国很多警察还面临家庭的风险，其中包括子女成长和前途的风险。随便和身边的警察朋友聊聊就不难得知，很多警察都为自己的子女发愁：厌学、成绩差、沉湎网络、嗜烟好酒、惹是生非、不愿跟家长交流……。虽然没有这方面的统计数据，但警察的‘问题子女’所占比例一定是比较高的。”随着社会治安形势的日趋严峻，警察特别是基层民警的工作和精神压力越来越重，加班加点的超负荷工作是家常便饭，拿不出更多的时间来陪伴家人、教育孩子，“然而这些都不应该成为一些警察父亲‘不作为’的借口”，主要原因还是教子不得要领。在这方面丛志良无疑为众多的警察父亲做出了榜样。

除了锻炼身体之外，丛志良的另一个爱好就是学习。1980年，他从辽宁省警察专科学校毕业，被分配到派出所成为一名“片警”。凭着对知识的热爱，丛志良花费了六年多的时间，自修了大专和本科的全部课程。除了值班或执勤，工作的闲暇时间都会被他用来看书学习。父亲伏案苦读的身影定格在儿子的心底，也许正是从那时起，孩子就开始据此勾画自己未来的样子。正像母亲说的：“孩子学习的扎实劲像他爸。”

实际上，老丛还是一个好较真的人。一次期末数学考试，正读小学三年级的丛林一进家门就坐在桌子旁琢磨手中的试卷，母亲连喊了好几声“吃饭”，他都没有听到。原来，那张数学试卷因为一道应用计算题丢了六分而没有得满分，儿子在草纸上反复演算也没有发现错误，于是拉起父亲的手就要去找老师。当时正值大雪纷飞的寒冬，地上的雪下了足有半尺厚，母亲劝道："今天别去了，明天再说吧。"可脾气倔强的儿子就是不同意："明天老师都休息了，今天就得弄明白。"而父亲则二话没说，领着儿子顶风冒雪出了家门。一个多小时之后，遍身银装的父子俩站在了老师的面前，这让老师非常惊讶，他跟丛林一起认真地演算了这道试题，最后得出结论：丛林的这个解法比大纲上的更好，不仅不该扣分，反而应该加分。老丛在这件事情上的坚持给了儿子动力，他非常欣赏儿子好较真的性格，因为他也正是这样一个认真的人。李乃艳说："他爸就是这样的，领导把工作交代给他，肯定放心。"

丛志良虽然没有在学业上给予儿子过多的指导，但是他一直在用自己的品格来影响孩子。在文章的结尾，刘元林说："以后评选'我所喜爱的人民警察'，能不能把'家庭幸福'列为要件之一。本来嘛，如果连身边的老婆、孩子都不喜欢你，却愣说人民群众喜欢你，是不是有点那个？"

做老婆、孩子喜欢的人民警察，从这一点上讲，丛志良当之无愧。

"我曾经在班级考试倒数第二"

在一次名为"求学之旅"的报告会上，丛林打趣地说："我在班级考试倒数第二，倒数第一的那位考进了北大！"场下一片笑声。也许谁也不曾想到，这个考入世界名校的男孩居然曾经在班级考试倒数第二，但事实确实如此。

1997 年，丛林在沈阳市皇姑区三台子地区六所小学统考中排名第一，同时，被东北育才学校最后一届公费班录取。"虽然孩子以前学习很好，但是刚上育才的时候就感觉吃力，半学期下来就有学不懂的东西。"母亲说。于是，在这所人才济济的省重点中学数学特长班里，一贯成绩出众的丛林在入学后的第一次考试中，居然排名倒数第二。

初次住校的不适，学业上的大跳跃，学习条件的艰苦，让这个当时只有十二三岁的小男孩平生第一次体会到了失败带来的重创。回忆起当时的情景，母亲说："孩子回来掉眼泪，我也跟着发愁，后来我就给老师打电话，老师说很多孩子都已经提前学完了新书，所以老师讲课进度比较快。我就跟儿子说，如果想补课我们就找老师补课，要是实在不行就转到普通中学，只要孩子努力就行了。”然而，倔强的丛林既不同意补课更不同意转学，他选择了自学。父亲更是以自己花费六年时间完成大专和本科学业为例，开导儿子：“心急吃不了热豆腐，学习是个慢功夫，要一点点来。”

榜样的力量是无穷的，儿子的心中又浮现出父亲伏案苦读的情景，他的信心更足了。调整好状态，丛林为自己制定了为期三年的“渐进式奋斗目标”，按照计划，预计初三就可以进入到班级前几名了。“从那时候开始不论假期还是周末，他肯定先把老师要讲的课预习完，最后感觉到了即使不用老师讲自己也能学懂的程度才满意。”父亲说。这期间丛林还尝试自学高中物理。就这样，虽然缺少外界帮助，但也为他将来学习物理打下了一定的基础。丛林坚定地执行着自己制定的学习时间和进度安排，即便是双休日回家仍然手不释卷，并时常向老师和同学虚心请教。

课下卓有成效的自学保证了丛林能够紧跟老师的课堂进度，就这样，他的学习成绩保持了稳步上升的势头，初二开学时进入中上游水平，到了初三则排在了全班前五名，有一次期末考试还排到了第一名。2000 年 6 月，丛林在学校组织的初中直升高中的分流考试中，数学获得满分，语文、英语也得到了最高分，获得直升育才高中部的资格。

这收获似乎让人等得久了些，但却锤炼了一个少年的心志。从倒数第二到名列前茅，他能够自主地制订计划，坚定而稳步地实施，并最终在强手如林的同侪中崭露头角，这需要有很强的自我控制能力和踏实严谨的作风，而那时的丛林还只是一个十几岁的孩子。回忆起那段岁月，丛林写道：

那时的校园没有缤纷的课外活动，甚至连澡堂都没有，可她是一样的可爱。虽然大部分时间都在读书，可畅游在知识的海洋中是何等快意，废寝忘食又算得了什么。在北国最冷的冬天，是我们在路灯下“闻鸡起舞”出席早操，头顶上是鹅毛般的雪花啊，那是满天如柳絮的诗句。付出总会有回报的，它也许来得很晚，可是终会来的。我们一起期待收获的季节，我还记得朋友们脸上的微笑和孩童般天真的表情。

世界上最难攀越的山，其实是自己

2000 年，丛林从东北育才学校初中部毕业前，正赶上育才学校向新加坡华侨中学推荐学生，丛林经过母校的推荐，和其他六名同学一起顺利通过选拔考试，获得新加坡中华总商会和教育部提供的全额奖学金，飞赴新加坡华侨中学留学。

提起那次的经历，丛林初中时的班主任佟国荣老师说："之所以在一个班几十名学生中只推荐丛林到新加坡留学，主要是因为他的非智力因素非常突出，特别要强，而且认真，做人做事都很踏实。虽然丛林的成绩不是最好的，但他自控能力很强，这对一个孩子来说是很了不起的，把他放哪儿都让人放心。"

佟老师说得没错，让一个只有 15 岁的孩子漂洋过海去留学，确实需要他有很强的自我控制能力，否则一旦脱离了老师和父母的看护，很容易出现问题。而在这一点上，丛林无疑是让人放心的。在去新加坡读书的第一年，家里为他买了一台笔记本电脑，但第二年放假就被他送了回来，因为那一年是他报考新加坡华中初级学院的关键一年，他曾经亲眼目睹了一些学生因沉迷于电脑游戏或者电影当中而耽误了学业，为了避免类似的事发生在自己身上，他干脆把笔记本电脑送回家，放了整整一年。

但 15 岁的年龄毕竟还稚嫩了些，起初的日子并不好过，初到异国的不适应、学业的衔接都让丛林感到孤独和痛苦。一心向学的他无法理解为什么这里的考试只要考到 75 分以上就是 A 等，让他感到没有成就感，而且很多功课的内容在国内就已经学过了，与国内巨大的升学压力和紧张的学业相比，这种没有压力的学习方式让丛林感到极不适应。于是，这个往日积极乐观的孩子开始变得少言寡语，无法融入正常的校园生活，一时间家里的电话成了热线，互联网上的他，24 小时在线。在向家人的倾诉中，从小要强、自立的丛林有很多次竟哭起鼻子来。儿子的悲观情绪让父母担忧。

有一天，夫妻俩在网络上收到了儿子寄来的一封邮件，让他们大吃一惊的是，儿子居然想退学回国重读，"这里的文化、教育和生活方式我都不适应，有些功课的内容我在国内已经学过了，没有什么成就感，我每天都非常非常地想家……”。

那一夜，夫妻俩一夜未眠。这还是以前那个要强的儿子吗？这一次他为什么选择了退缩？翻看亲笔给儿子书写的“成长日记”，15年来儿子成长过程中所发生的一幕幕又重新浮现在眼前，母亲提笔给儿子写了一封长信：

亲爱的儿子：

你可知道，其实妈妈更想念你啊。今夜无眠，我又在翻看你的“成长日记”，我忽然想到，你的成长足迹是用你自己的双脚走出来的，今后的路也需要你脚踏实地去走，任何人也不能代替。所以，我决定明天就把这本成长日记寄给远隔千山万水的你，以后的内容要由你自己来写，你要用坚实的脚步书写自己的成长之路、人生之路。

看着手中那本“成长日记”，很多是丛林自己都不曾记起的，但却那么真切，似乎可以触摸到生命的脉动。“脚踏实地去走，任何人也不能代替”，丛林读懂了父母意味深长的话语中所蕴涵的殷殷期望和浓浓爱意。

为了找到导致儿子悲观情绪的症结，丛志良查阅了大量相关材料后得出结论：虽然新加坡也属于应试教育，但在他们的教育中，课外活动仍然占了很大比例，有很多机会可以接触社会。由于两国的文化和教育体制的不同，儿子的这种不适应是正常的，也是暂时的。于是，丛志良鼓励儿子从悲观情绪中走出来，从单纯的课本中走出来，充分利用新加坡开放自由的教育氛围，积极参与课外活动和竞赛，培养主动研究问题的能力和创新精神。

父亲的鼓励，加上一段时间的磨合，丛林终于摆脱了低落的情绪，逐步融入到了新加坡的教育环境和文化氛围中。在课余，他积极参加各类活动，在书法、乐器、射击、健身、各种球类和体育比赛等活动中都能看到他的身影。据丛林讲，有一次他同时做四个研究课题，每天只睡六个小时，困了就喝咖啡提神，虽然忙碌但却充实而快乐。

2002年9月，他以全优的毕业成绩升入新加坡华中初级学院，并在新加坡全国高中学生数学、物理和化学奥林匹克竞赛中，夺得了三

丛林在新加坡

块金牌，被多家媒体喻为“中国神童”。在澳大利亚国际数学竞赛中，丛林又夺金牌，并成为新加坡唯一的满分得主，而全球也只有四人获得满分。

2004 年末，在波兰科学院主办的“物理诺贝尔奖第一步——世界大学生和中学生物理科学研究比赛”中，丛林在南阳理工大学完成的《纳米材料研究报告》夺得优秀奖、杰出贡献奖。同月，在新加坡全国科研工程展览中，丛林独立完成的另一项科研成果获银奖。

在丛林沈阳家中的书房里，一排并立的木质书架上高低错落地摆放着各式奖杯、奖牌和证书，明晃晃金灿灿，让人眼前一亮。从数、理、化奥林匹克竞赛的金牌，到书法大赛的金奖、银奖，丛林什么都落不下，正如华中初级学院的校长对丛林的评价：“你把领奖的路给踩平了！”

然而最难得的并不是奖杯本身，初到狮城时那个沉闷抑郁的少年不见了，经历了艰难的心智磨砺之后，他终于战胜了自我，重新振作起来。在给母校的一封信里，丛林这样写道：“没有这些磨炼，我也不会成为今天的我。我在成长，若生命中没有了那些失败、遗憾和挫折，那我也许早已忘记了自己的存在。我最喜欢华中的校训‘自强不息’，困难总是暂时的，而克服困难的斗志是永恒的。”

正如著名企业家王石所说的：“人生如登山，每个人都是一座山。

世上最难攀越的山，其实是自己。”

把“勤学好问”功夫练到极致

如果说丛林在学习上有什么窍门的话，那就是不弄清楚不罢休的“勤学好问”精神。他还曾经为自己做了一幅文字画像：“本人智商比别人高不了多少，只是‘勤学好问’功夫练到极致，遇到难题从来不愿一个人闷头死抠，而是缠着老师问个没完没了，或者找同学聊个天翻地覆，从不感到羞涩或不好意思。有时聊着聊着就开阔了思路，突发灵感，本来不会解的题突然有了新的解法……”

升入新加坡华中初级学院后，丛林幸运地遇到了他的室友李志鹏，这个孩子来自南方，虽然家境贫寒，但却非常上进、好学，和大多数浮夸、贪玩的同学完全不一样。这让丛林有种久逢知己的感觉，两个人很快成了好哥们儿，不但吃住在一起，而且也成为了学业上的伙伴。

“华中”每学期都要针对某项课题组织一次科学研究活动，由学校出面联系一些大学教授帮助指导。虽然丛林很认同这种研究型的学习方式，但对学校规定的某些课题不是很感兴趣。于是，他和志鹏商量，决定自己寻找研究课题。他先是在各大学的网站上寻找相关学科教授的电子邮箱，然后发信函过去，介绍自己是一名高中学生，对这些学科非常感兴趣，表示想做一些这方面的选题研究，希望能得到老师的指导。

很快，便收到了新加坡国立大学数学系一位教授的回信，他根据丛林现有的知识储备为他选定了一个全新的研究课题。这一课题要求丛林针对自己发现的一种数字概率现象进行大胆的设想和严谨的科学求证。那段时间，丛林除了完成正常的学习任务之外，还同时进行六七个选题的研究，吃饭睡觉的时间都被压缩得所剩无几。那位教授非常欣赏丛林勤奋、严谨、高效的钻研精神，在整个研究过程中，他给予丛林精心的指导和热情的帮助，他们之间建立了深厚的友谊。

2004 年 6 月，通过那位教授的鼎力举荐，丛林和好友李志鹏的这个选题论文在新加坡国家数学学会的权威刊物上全文发表。这是一本主要由博士、教授发表论著的学术刊物，发表以高中生为第一作者的论文还属首次。

勤学好问，四处拜师，让丛林受益匪浅。但是对很多孩子来说，这并不是一件十分简单的事，总觉得问问题很丢脸，怕别人嘲笑自己无知。然而，知识的积累过程并不是单向的，敢于提出问题的人是勇敢的思考者，它为大家创造了一个双向交流的机会，只有在这样的过程中，知识才能在探讨中得到新的生发。领悟到这一点，相信迈出求知的第一步并不是什么难事儿。

约好了一起去“哈佛”

2004 年 9 月，丛林在新加坡华中初级学院以全优的成绩毕业，并在英国中学高级水平考试(A-level)中取得满分全优的成绩。而此时，善于自我规划的丛林早已有了心仪的目标——哈佛、普林斯顿、斯坦福、耶鲁、康奈尔五所世界名校。

准备材料的过程并不复杂，让丛林没有想到的是，参加各种活动的经历竟然在这个时候帮了他的忙，使他的申请材料变得那么厚重。

按照美国的惯例，每名学生只能选择一所提前录取的大学，因为在此之前有学长成功申请了斯坦福大学，这增强了丛林对自己的信心，他首先选择了斯坦福。2004 年 12 月的一天，来自斯坦福大学的录取通知书寄到了丛林的手里。

紧接着，丛林的名字又出现在了耶鲁大学提前通知录取的 90 多名学生中。因为，耶鲁大学每年都会在上万名的申请者中选择大概不到一百名提前通知录取，为优秀的申请者预先留出位置，之后再发正式通知书。

由于校方招生态度很积极，经常跟丛林联络，他开始对耶鲁有了初步的感觉。然而，就在 4 月的第一周，这个美国高考惯例中正式发放录取通知书的时间，丛林同时接到了“哈佛”“普林斯顿”“斯坦福”“耶鲁”“康奈尔”五所世界名校的录取通知书，其中“哈佛”“耶鲁”和“普林斯顿”还为他提供了全额奖学金。

经过仔细权衡，丛林最终选择了“哈佛”。其实，作这个选择，还有一个似乎不能称其为原因的原因——丛林曾经跟几个同时也被几所大学录取的同学说过：大家一起去“哈佛”。说过的话要算话，而且他坚信“哈佛”能够为自己未来的发展提供一个更为广阔的起飞平台。

读到这里，也许您会对开篇的那个问题作出自己的解答，丛林与“哈佛”的相遇有偶然性的因素，但他最终走入名校却是必然的。丛林曾经多次否认别人赋予他的“神童”的称谓，因为取得这一结果的过程并不轻松，在20年的奋斗历程中，他经历了太多的挫折，又付出了太多的努力。从班级倒数第二到名列前茅，从初到狮城的悲观抑郁到之后的摘金夺银，丛林不断地超越着自我，磨炼着自我，并且仍然在踏实前行。

走在通向科学梦想的路上

进入“哈佛”之后，丛林的主要学习方向集中在物理和数学两个方面。在第一学年里，丛林以全A的成绩完成了九个科目的学习，而学校的要求是完成八个科目即可。他所选择的这些科目大多数难度较高，丛林对母亲解释说：“要是选择难度不大的，虽然挺轻松，但是有点不甘心。”选择了难度较大的科目就意味着要投入更多的精力和时间，但丛林不在乎。

在完成学业的同时，他还利用假期时间在网上为一家美国公司作金融投资方面的数据分析。这是一家以“教育未来的商界领袖”为初衷的知名信息公司，每年都有大批“哈佛”学子申请加入该公司实践，而丛林幸运地成为了那一年该公司从“哈佛”招募的两名学子之一。

2006年的暑假，丛林向学校申请了一份物理学科的科研课题，带着对量子信息学领域的诸多疑问回到了新加坡，并见到了高中时的同学和老师。在教授的指导下，丛林展开了一个全新课题的研究，内容是对已经在学术领域通用了80多年的“绝热近似”理论命题条件是否严谨进行重新验证。

物理和数学是丛林钟爱的两门学科，与金融投资领域相比，他对科学研究还是倾注了更多的热情。对于丛林来说，通过大量的演算、实验来证明一个哪怕是很小的问题，虽然看似枯燥，但自己却乐在其中。

丛林作为国际物理奥林匹克竞赛2006年学术委员组成员在新加坡

对于未来，丛林的初步打算是继续求学，并希望自己将来能够继续在物理和数学领域作学术方面的研究和探索。虽然通向科学梦想的路很遥远也很艰辛，但这个中国男孩儿却对未来充满信心。

学会关心

在文章的最后，我们希望借丛林的故事与大家探讨一个看似与学业本身并无多大关联的问题，就是“学会关心”。

用母亲李乃艳的话说：“丛林最大的优点就是特别能关心人、关心事。”

多年留学在外，但丛林与家人的情感沟通却丝毫没有减少，亲人的生日他从来不会忘记，父亲节、母亲节，他总要打电话问候一下，虽然没有很多的语言，但那份心意却让亲人们感觉到温暖。父母亲也总会收到他从国外寄来的礼物，送给母亲的高档洗浴用品、首饰，送给父亲的名牌皮鞋，儿子的孝心让父母觉得欣慰。

对于同学，他也总会留有一份热心。到新加坡留学之后，他对从母校陆续赴新留学的学弟学妹们非常关心，经常把大家召集在一起交流经验，放假回家更是要把同学们请到自己家里来聊天谈心。母亲说：“因为丛林自己走过来了，他知道挺不容易的，希望自己的经验对后来的这些学弟学妹可以有借鉴作用。”

出国留学后，丛林还经常回到母校东北育才学校为同学们作报告。丛林对培育过自己的母校怀有深深的感情，在一篇名为《梦在育才》的散文中，他这样写道："班主任佟国荣老师无微不至的关怀、语重心长的教诲，王惠玲老师一声'高手'给我的鼓励，李冬云老师帮我面对求学的选择，王忠信老师'人是什么？力是什么？'惊天一问带我步入物理的殿堂。还有李老师、司老师、苗老师、王老师、田老师等等。世有伯乐，然后有千里马。千里马常有，而伯乐不常有。我愧不敢自称千里马，但老师们对我们的栽培和鼓励是令我永生难忘的。当然还有我可爱的同班同学，关爱太深，故事太多，当我闭上眼，我还常常漫步在操场，静坐在课堂，点点滴滴浮现眼前。梦醒时分，发现眼角泛着感激的泪光。"这让我们不禁心头一热，似乎看到一个独自在异国求学的孩子，在某个清冷的夜晚兀自醒来，望着窗外皎洁的月光，怀想着故乡的师长、学友和校园中的美好往事。

正像丛林的初中老师所说："丛林跟同学们相处特别和谐，乐于助人，留学后经常和我们联络，其实他进步的因素还在于他的情商。"小标题中的"学会关心"实际上也是丛林母校东北育才学校校训当中的一句话。在美国著名教育学家内尔·诺丁斯的著作《学会关心——教育的另一种模式》一书中也曾经有过相关的阐述。诺丁斯认为，教育必须立足于培养有能力、关心人、爱人也值得人爱的人；所谓"学会关心"，就是关心自己、关心身边最亲近的人、关心与自己有各种关系的人、关心与自己没有关系的人、关心动植物和自然环境，以及关心知识和学问。

诺丁斯强调，要向学生强调这样的信息：学校教育不是通往上流社会的阶梯，而是通向智慧的道路。成功不能用金钱和权力来衡量，成功更意味着建立爱的关系，增长个人才干，享受自己所从事的职业，以及与其他生命和地球维系一种有意义的连接。

其实"关心"往往与"爱心"有着相近的含义，以我们的主人公为例，他对人、对事的热心主要来自于内心深处的爱心，通过爱心来建立一种有利于相互之间增长个人才干的和谐氛围。正像丛林的一位同学所评价的："丛林是一个幽默有趣、乐于助人的人，跟他在一起，大多数人都会感到快乐。"

从“青苹果”到“红苹果”

小档案：

高尚，男，1982年生人。

1989年入沈阳市新北小学，1993年转入沈阳市珠江五校。1995年考入东北育才学校优才教育实验班日语特长班。2001年10月赴日本留学。

在日本关西语言学院学习半年，现就读于东京医科齿科大学齿学部，毕业实习阶段。

朱蓓蓓，女，1983年生人。

1990年入沈阳市振兴街第二小学实验班。1995年考入东北育才学校优才教育实验班日语特长班。2001年10月赴日本留学。

在日本关西语言学院学习半年，2002年考入东京大学经济学部经营学科。现就职于日本三菱商事。

与其他篇章不同的是，本章的主人公不是一个，而是两个。他们来自不同的家庭，曾经为各自的未来奔忙，但在生命的某一个结点上，两条原本平行的人生轨迹相交了。从青涩到成熟，从茫然到坚定，像很多童话故事描写的那样：王子和公主从此过上了幸福的生活。

幸福常常因为来之不易，才让人备觉珍惜。从“青苹果”成长为“红苹果”，当我们共同品咂香甜的时候，也许曾经的青涩更值得回味。

孩子是上天赐予我们的礼物

1982年，伴随着一声响亮地啼哭，高敏和李燕夫妻俩终于迎来了儿子高尚，父亲说：“孩子好像是上天赐予我们的礼物。”

为了要一个聪慧、健康的孩子，父亲高敏提前几个月就戒掉了烟酒，“也可能是优生的关系，这个孩子确实挺聪明的”。高尚识字比较早，母亲李燕回忆说：“上幼儿园的时候，在报纸上看到的字，只要是认识的我就让他在上面用铅笔画个道，证明记住了，没学过的能连贯下来就让他往下连。”高尚特别认真，报纸上的铅笔道道越画越多，“家里来客人，他拿张报纸拖在地上，只露个小脑袋尖儿，就开始给客人读，人家都叫他神童”。

看到亲戚家的姐姐背起了书包，还没到上学年龄的高尚有想法了，“人家买书包，他也要买，也想上学，就跟着人家一起学。”母亲说。到了上小学的年龄，高尚已经自学了一部分小学的课程，“上学以后，他认为老师讲的他都会了，就特别淘气”，对上学还没有多少概念的高尚经常因为调皮或是上课时说话被老师罚站。母亲了解到这一情况，教导儿子说：“儿子，就算你会了也得好好学，不能影响别人，何况还有更深的知识呢。你看妈妈当初要是学习再努力一点，不是能有更

童年的高尚

好的发展吗？”高尚把母亲的话记在了心里，第二天放学回家，还没来得及放下书包，他就兴奋地跑到母亲跟前：“妈，我观察过了，我们班还空着两个座，你去吧。”儿子的话让李燕哭笑不得，“他真拿你说

的话当回事儿呀!”

“小时候发现他记忆力特别好。”母亲回忆说。一次教师节，省市领导到高尚所在的幼儿园视察，老师为孩子们排练了一个诗朗诵的节目，谁知演出的头一天，领诵的小男孩突然病了，正在老师一筹莫展的时候，高尚自告奋勇：“老师，我来试试吧!”时间紧迫，老师也只能同意试一试了。让老师没有想到的是，高尚只用了一个下午的时间就把整篇稿子背了下来，第二天的演出非常成功。老师们既高兴又惊讶：这个孩子用一下午的时间把之前排练了很久的朗诵稿背熟并且表演得很到位。回到家里，高尚兴奋地对母亲说：“妈，老师说我脑子像录音带，老师说的我都能录下来，他们坐在第一排给我提醒我都没用。”

采访中，我们看到了很多高尚儿时的照片，照片上的男孩儿帅气中透着一点点调皮，高高的额头让人想起父亲的那句话：“这孩子确实挺聪明。”能得到上天赐予的这样一份礼物，高敏和李燕夫妻俩着实令人羡慕。

家庭教育无时无刻不在进行

1983年，一个女婴降生在盛京古城的另外一个角落，父亲朱理、母亲孙经玲为女儿取名朱蓓蓓。

父亲朱理是东北大学的老师，母亲是一名英文翻译，夫妻俩平时工作很忙，没有太多的时间陪孩子，又担心把孩子留给老人被宠坏了。在蓓蓓几个月大的时候，他们就把女儿送到幼儿园，早早过上了集体生活。

父亲每天骑车去幼儿园接送蓓蓓，虽然工作很忙，但只要一有空，夫妻俩就拿出识字卡片来教女儿认字。孙经玲说：“我觉得很多家长教育孩子的误区在哪呢，‘学习’，其实有的时候你一提这两个字孩子就烦，我认为孩子小的时候应该让她在玩中学。什么叫学习？首先应该引起她的兴趣，她才爱学。”母亲抓住女儿喜欢听故事的心理，把识字融入故事当中，比如讲到“小兔子进了大门”，她就会让女儿在一大堆识字卡片中找出“门”字，“找不对就继续找，什么时候找对了才能继续讲故事"。这样，到蓓蓓两岁的时候，一桌子的识字卡片她已经都认全了。朱理和孙经玲是一对细心的父母，在他们为女儿做的《成长记录册》中，我们看到了这样一段记录："两岁半，蓓蓓已经认识134个汉字，能背诵《静夜思》，会唱《小白兔》等八首歌谣。"

这样的学习也培养了孩子的记忆力，孙经玲说："我觉得所谓聪明和不聪明，记忆力很重要，为什么有孩子你说一遍她就记住了，有的孩子说十遍也记不住，可能这就是所谓的'笨'，实际上是记忆力不好。从小逐渐培养，慢慢刺激，记多了，记忆力也就好了。"

在朱理和孙经玲的教育理念中，"家庭教育无时无刻不在进行"。"比如周末骑自行车带她去姥姥家，路过一个建筑工地，就让她形容一下这种热烈的劳动场面。她刚开始只能说单个的词，然后再连成句子，再把句子连成文章，逐渐引起了她的兴趣，刚开始是我们让她说，后来不知不觉她自己就喜欢说。"母亲说。

下雨了，父亲带女儿去公园，坐在长椅上观察小鸟的情态，回家之后，蓓蓓就根据自己的观察写了一篇生动的作文。上学路上，母亲利用短短十几分钟的时间用英文跟女儿聊天，每天如此，蓓蓓的外语语感在不知不觉中得到了提升。

父亲朱理说："我特别注意细节，因为细节决定孩子的各个方面。"在蓓蓓很小的时候，有一次朱理骑自行车带女儿出门。"她跟我聊天的时候突然说出他们孩子之间经常说的一句话，虽然不能算脏话，但是大人听了很不舒服"，一气之下，朱理把宝贝女儿赶下了车，"你自己在这待着，好好反省，我办事去了"。望着父亲远去的背影，蓓蓓站在原地不停地抹着眼泪。几分钟后，躲在远处悄悄看着女儿的朱理回来了，看着眼前哭得跟"花猫"似的女儿，他也有些心疼，但这次教训把蓓蓓的一些坏习惯"扼杀在了萌芽中"。

小学时代的分镜头演绎

1989年，高尚上小学了。到了1992年，也就是高尚读小学三年级的时候，正赶上家里搬家，为了上学方便，父母决定为儿子转学。经过一系列复杂的转学手续，高尚终于从新北小学转到了珠江五校。看到父母为了自己转学在人力、物力上的付出，原本淘气顽皮、不谙世事的高尚好像突然长大了，入校第一个月就做了班长，虽然以前成绩也很好，但转学之后他的学习更踏实了。

虽然老师们都很喜欢这个新来的学生，但让高尚在新学校“一炮走红”，还是因为一次数学比赛。珠江五校每年都要从六年级学生当中选拔一些学生参加全国华罗庚数学竞赛，母亲听到这个消息非常高兴，虽然当时高尚读四年级，但她仍希望儿子能获得一个锻炼自己的机会，并且相信儿子的实力。于是她找到老师要求给高尚报名，老师的回答是：“六年级才勉强选出来两个人参加比赛，你儿子才四年级，能行吗?”既然学校不能报，李燕直接找到了皇姑区教委，对方说：“数学竞赛的题是六年级学的，你儿子四年级还没学呢。”在李燕的一再坚持下，对方终于同意给高尚报名了。没想到的是，珠江五校的参赛选手中，高尚获得了全国少年三等奖。获奖证书从北京一直邮到了珠江五校，高尚在学校名噪一时。

读到这里，也许有人会问：难道高尚是数学天才？他的数学为什么会这么好？可以肯定的是，他确实有这方面的天赋，但要想取得一定的成绩，却必须要付出辛劳，单凭天赋是远远不够的。

在转入新学校之前，一个偶然的机会，高尚一家了解到了东北育才学校。高敏回忆说：“当时一个朋友的孩子考上了育才学校，他们请客吃饭，我们全家都去了。感觉那个学校不错，我儿子也想试一试。”

报考育才学校要学“奥数”，但学生的数学基础必须达到小学六年级才可以学，为此，夫妻俩为儿子找了一位退休的杨老师补习数学。高尚的接受能力很强，原本预计一年半时间才能学完的三年级至六年级的课程只花了半年就结束了，这是杨老师之前没有预料到的。课程快要结束的时候，老师让高尚叫来了母亲，她对李燕说：“你儿子真行，课都讲完了。我怕他不理解，就拿每年的考试卷子给他做，他经常答满分，说明都掌握了，高尚可以去学‘奥数’了。”接下来，高尚就顺理成章地进了“奥数”辅导班，一直学到小学毕业。

下面，让我们把镜头重新切换回1990年，那一年，朱蓓蓓也背起书包上学了。当时，正赶上振兴街第二小学筹建实验班，通过考试在全市范围招生，学制五年，主要为东北育才学校少儿班输送优秀人才，朱蓓蓓就是实验班的一员。

"实验班原来预计四年毕业，但是后来四年数学学完了，语文还没学完，最后就五年毕业了。"母亲回忆说。原本六年的课程要用五年时间学完，还要备考重点中学，孩子们的学业压力无疑是很大的。因此，蓓蓓学了三年多的钢琴到上小学的时候被迫中断。虽然学习钢琴的时间不是很长，却把孩子的一双手锻炼得灵活、有力，"后来她打字特别快，刚开始学校举行手动打字机比赛，那种手动打字机特别不好打，一般孩子的手没劲弄不好，但蓓蓓弹过钢琴，十个手指头都能使上劲。老师考核的时候，26 个字母她用了不到 4 秒钟就打完了。"母亲说。

同在一个城市却互不相识的两个孩子，一个——朱蓓蓓，在向着更高的目标努力的过程中，度过了短暂而充实的小学时代；另一个——高尚，拟订了升学计划，并为此而努力着。那时他们还不知道，在不久的一天，他们将在育才学校相遇，并最终结为终身伴侣。

向着共同的目标努力

进了"奥数"辅导班，高尚的成绩迅速提升，很快就被老师作为重点培养的学生之一。

不知不觉到了升学的年龄，每年的这个时候，很多重点中学都要提前进行招生考试，以选拔优秀的学生。高尚同时报考了几所学校。辽宁省实验中学首先发榜，在沈阳市的众多考生中高尚排名第七，这样的成绩无疑是令人羡慕的。

在被实验中学录取的同时，高尚也正在等待东北育才中学的复试结果，而两者之间只能选其一。"复试结果还没下来，如果没有被'育才'录取，实验中学也放弃了，不就把孩子耽误了吗？"夫妻俩一时没有了主意，最后只得征求儿子的意见。高尚选择了放弃实验中学，原因是即便是考上了也还要交一笔费用，"当时我们家生活并不富裕，我爱人在企业，孩子看他妈挺辛苦的，不想让家里拿这笔钱"。"孩子的想法是上育才，我们担心他考不上，但他说'我绝对能考上，那个你们就帮我放弃了吧'"，夫妻俩尊重儿子的意见，为他办理了手续。

校长、老师，包括很多考生的家长都为他们感到惋惜："考第七，这孩子成绩多好，放弃太可惜了。"

终于等到了育才学校发榜的那一天，父亲高敏去学校取考试成绩，"当时孩子他妈不敢去，怕受不了那个打击"。学校门口人山人海，都是来看成绩的学生和家长，人们既紧张又兴奋。高敏慢慢地打开写着儿子考试成绩的小纸条，上面几个黑色的铅字让他感觉到瞬间的窒息——已被录取——儿子真的考上了！回到家里，看着在等待中煎熬了多日的儿子，高敏装出一脸抑郁，"儿子，育才没考上，咱们上别的学校也行"，高尚自然非常失望，过了一会儿，父亲把写着考试成绩的小纸条送到儿子眼前，高尚猛醒过来，搂着父亲的脖子高兴得不得了。

高尚考上了理想中的学校，与此同时，在振兴二校实验班就读的朱蓓蓓也作着同样的努力。用五年时间结束了六年的小学课程，朱蓓蓓顺利通过了育才学校的笔试，最终进入复试。外语面试的当天，母亲给女儿精心打扮了一番，几条粗细均匀的"竹节辫"，用红黄蓝绿各色的头绳扎起来，可爱又漂亮。主持面试的外籍教师见到蓓蓓后说："你的头发太漂亮啦！"整个面试的过程非常顺利，朱蓓蓓的表现让考官很满意，最后她得到了 A+ 的好成绩。母亲拿出女儿当时考试的"原始档案"——初试、复试、录取通知书，给我们看，虽然事隔多年，它们仍然保存完好。

"他是一个对自己做的事情很执著的人"

这是在采访过程中，朱蓓蓓对高尚的一句评价，而在高尚父亲高敏那里也得到了验证。

升入东北育才学校之后，高尚主动报名进了日语特长班，虽然比其他班多学了一门外语，但大家心里都清楚，要想比别人收获更多，首先就要比别人付出更多。"育才"的学习氛围十分浓厚，置身其中的高尚对父亲说："我们班没有什么天才，但大家都非常勤奋。"

在高敏看来，儿子学习时的那种全心投入的态度让他很有感触，

“我觉得他能在学习的时候注意力高度集中，能去除一切杂念，这一点在我观察儿子的时候特别有感受”。时至今日，高敏还时常想起炎炎夏日里儿子在写字台前挥汗如雨的样子，“夏天时候他一般下午一点到三点学习，精力特别集中，就穿个小裤衩，后背汗淋淋的。他妈在后边悄悄给他扇扇子，他回头看一看就继续学习了，他学习的时候别人不能打扰”。

时间对每个人都是平等的，但相同的时间在每个人手中的价值往往不同。在高尚家，父亲高敏的主要任务之一就是接送孩子上下学，“无论是之前骑摩托车，还是后来开‘沈飞吉普’带着他，路上的30多分钟时间他总能利用上。有时候我们爷俩聊天，大部分时间他都是听日语或者英语磁带”。

不只是学习，玩起来的时候高尚也挺“疯”。父亲是高尚的第一任游泳老师，一家人经常在周末去游泳馆游泳，“在这个时候，我们就感觉孩子做事特别认真。下水以后两个小时他基本就不上岸了，有的时候我游不动了，就让他跟我一起上来休息，他说差20分钟，还得继续游，就在里边一趟一趟地游”。

在学习感到疲劳的时候，高尚总会用体育锻炼来缓解精神上的紧张。在周末或者假期约上三五好友，一起去打打篮球，直打到大汗淋漓才肯回家，简单冲个热水澡，再精神饱满地投入到学习中来。

“行动比说教更重要”

1995年，朱蓓蓓跟很多同班同学一起考上了东北育才学校，并且被分到了不同的班型“有考上少儿班的，数学特长班的，计算机特长班的，英语特长班的，只把我们女儿分到了日语特长班。”母亲说。考虑到日语班的学业压力比较大，别的课程照常学，日语还要达到大学本科毕业的水平，母亲孙经玲担心女儿吃不消。但这种事情由不得自己，朱蓓蓓就这样进了日语特长班，跟高尚成了同班同学。

朱理和孙经玲夫妻俩都是学文科出身，这对女儿产生了一定的影响。“其实我们俩各有分工，英语都是她辅导，语文方面都是我辅导。”朱理说。

现在，父亲朱理主要从事对外汉语教学工作，他认为，在语文的学习方面，行动要比单纯的说教效果更好。“我不赞同孩子在写作文的时候模仿范文，我觉得通过观察看到的东西更好。”因此，要描写春天，朱理会把女儿带到公园里，亲手拨开草坪，观察初春时节油亮、脆嫩的小草；学到“涟漪”这个词，父亲就把石块扔到水里让女儿观察泛起的层层波纹。

初三那年的暑假，学校要求学生作暑期社会调查。“学校让搞社会调查，我们两人骑上自行车，真出去搞社会调查”。朱理带着女儿骑着自行车来到沈阳南运河的源头东塔闸门，从那里顺流而下，对南运河水污染与治理的情况进行实地调查。

调查报告的题目叫做《水的死亡与再生——对南运河水污染与治理的访查》，曾经发表在东北育才学校校刊《优才摇篮》（1998 年 3 月，第 11 期）上，并且被收入《东北育才学校建校 50 周年纪念文选》一书中。文章真实地反映了南运河受到污染的现状：

我们骑着车顺流而下，开始了对南运河污染的调查。沿途中看到无数个粗的细的排水管，翻滚着红色、白色、黑色、黄色的脏水，无情地流进那本来就不干净的河水中，河水中混入多种颜色的脏水，变得叫不出颜色。河水两岸，大大小小的垃圾堆、散落的破筐、塑料袋和一些看不出模样、叫不出名字的破东西，这一切都在污染着河水，破坏着环境。越往下走，水越脏，味越臭。走了大约 14 公里，在一个叫龙王庙的地方，南运河重新流回到浑河，在两河交汇处，呈现出一个很明显的色差，此时的我突然想到了一个成语“泾渭分明”。我很伤感——为下游的另一座城市，为河里的鱼虾，为美丽的大海。

亲眼目睹了南运河的污染状况后，父女俩来到了南运河污水截流工程的施工现场，这让朱蓓蓓看到了污染得以治理的希望所在，在文章的结尾，她写道：

这真是一件利国利民的大好事，相信在不久的将来南运河水会变得洁净起来。用科学技术可以解决污水问题，可是，河中那些还在不断增加的垃圾又怎么处理呢？这可不是技术能解决的问题，唯一的办法是积极宣传教育全民树立环境保护意识，自觉遵守社会公德，不再往河里扔垃圾，也只有这样才能保持河水的洁净。

“青苹果”之恋

1998年，高尚和朱蓓蓓顺利通过“分流考试”，直升育才学校高中部。多年同窗，他们彼此之间有了一定的了解，朦朦胧胧中一种青涩而单纯的情愫开始潜滋暗长。

镜头之一：高尚父母

高中二年级的时候，朱蓓蓓参加了学校举办的日语口语大赛并取得了名次，获得免费去日本旅游的机会。当时高尚因为得了重感冒请假在家休息，母亲李燕回忆说：“蓓蓓打电话到学校找高尚，但是没找到，有个女同学告诉她高尚病了，这个女同学就打电话到我们家，我问儿子谁打的电话，他理直气壮地告诉了我。”但是，等到朱蓓蓓打来电话的时候，只要母亲问起，高尚就会压低声音，简单地回答说是同学。敏感的李燕察觉儿子的表现有些异样，在她一再追问之下，儿子才说：“是朱蓓蓓，到日本旅游去了，我有病了，打电话来问一下。”那么多同班同学，为什么这个小姑娘大老远地从日本打来电话问候呢？谁知并没有过多的追问，高尚就“交代”了自己的小秘密，把一打情书交给了母亲。

“我儿子为人诚实，有什么事在父母面前都是如实汇报，从不夸大。”父亲说。在父母的印象中，儿子高尚在他们面前从没撒过谎。“我们对孩子就是把他放到朋友角度，跟孩子没有隔膜，他什么都敢跟你说，如果我们总是很严厉，孩子怕你了，就不敢说了。”父亲高敏道出了其中的缘由。

得知儿子开始恋爱了，母亲的表现平静而理智：“儿子，你也不小了，但这个时候谈恋爱也只能正常地发展，别让它影响你什么。另外很多人在这个时候虽然爱得轰轰烈烈，但是有结果的很少。你们都是同学，互相比较了解，妈妈也不太了解那个女孩，不能说不行，但妈妈希望你不要沉迷在这里边，影响了学习，要把握好自己。”

跟儿子谈过之后，李燕把这件事告诉了丈夫。高敏的态度更为宽容：“我没感觉突然，因为我们也是从这个年龄走过来的。首先我们认为他们班里没有坏孩子，如果说女孩能博得男孩的喜欢，或者男孩能博得女孩的喜欢，他们刚刚相爱或者刚有朦胧的爱，我们也别打扰，让他们自我约束一点就行，什么时候能订下终身他们自己掌握。”对儿子一如既往的信任让父亲相信儿子有能力把握住事情的发展，最终找到属于自己的幸福。

镜头之二：朱蓓蓓父母

得知此事之后，朱蓓蓓的父母又有怎样的反应呢？

“可能他们两个人高二时候就比较好了，但是当时我不知道。”母亲孙经玲说，“记得有一次我去开家长会，一个学生家长就跟我说‘现在这些孩子都早恋’，那时候我还说‘咱们孩子挺单纯，没有那种想法’，人家实际上是告诉我呢，但是我说不知道人家也就再没说什么。”后来母亲知道这件事情，还是蓓蓓自己主动“交代”的。

高中三年级的时候，日语班的学生都在为出国留学作着准备，“他们七月份高中毕业，十月份去日本准备参加高考，在家待着的这段时间她就跟我说了这个事”。

“妈，我有一件事想告诉你。”

“什么事呀？”

见女儿笑而不答，母亲似乎猜到了什么：“不是看上哪个男孩了吧！”

“你怎么这么会猜呢？”

为什么选择在出国之前告诉父母呢？孙经玲问了女儿这样的问题，蓓蓓对母亲说：“我平时什么都跟你说，这个事要是没告诉你被你发现了就不好了。”

孙经玲说：“我就从来不会在孩子面前以家长身份自居，蓓蓓有什么话全跟我说，我们就是朋友。”在蓓蓓很小的时候，孙经玲就跟女儿有一个约定，每天睡觉之前母女俩都会有五到十分钟的谈话时间，交流孩子这一天学习、生活的心得，“孩子也有喜怒哀乐，她跟你说了一些事情，你必须站在她的角度考虑问题。不应该单纯地责备她，应该启发她，帮她提出一些解决问题的办法。”

在这个问题上，父亲朱理的态度是反对的：“我当时的反应就是这是不允许的，怕耽误孩子学习，家长在这一点上的观点是共同的。”

一家人认真地坐下来探讨这件事情，朱蓓蓓很得意地翻出一本《读者》杂志给父亲看，上面有一篇文章，描写的是在苹果园里采摘果实的年轻人，“首先看到一个苹果挺好，想摘下来，但是往前一看，另一个也不错，最后走出苹果园的时候，一个果子都没挑出来”，蓓蓓是想用这个蕴涵哲理的小故事来譬喻自己目前的选择。

虽然父亲心里并不赞同这件事，但也没有对孩子进行严厉的批评，而是接着女儿的话题讲下去，他对蓓蓓说：“你现在进苹果园看到的都是青苹果，都是没有成熟的苹果，以后它们很可能会被风刮掉了，被冰雹打了，或者被虫子咬了，有很多不可预计的情况。”父亲的一番话让女儿无以应对。

但女儿马上就要出国，又处在准备日本高考的关键时刻，在这个问题上，做父母的无论如何都要给出自己的建议，并提出解决问题的方法。

孙经玲说：“经常说早恋影响学习，当时我就怕影响她学习，但她觉得好的人你要是说不好，她肯定不高兴，何况我们还不了解那个孩子。”单纯拆散两个孩子肯定是行不通的，左思右想，母亲终于想出了一个经得起推敲的说法：“你们俩现在大学还都没有考上，前途现在还是未知数。而且女孩子找对象一般都要往上找吧，如果你考上一个很好的大学，高尚考的那个学校不好，你俩这事不能成，他本身也会自卑，你也会不知不觉地骄傲。如果高尚考好了，你没考好，这事也不能成，因为在好学校里比你优秀的女孩很多，人家为什么偏选你呢？你们俩不管谁高谁低都不行，想在一起就必须都考好，那才有可能。”

做母亲的当然希望女儿能够找到属于自己的幸福，但在留学、高考这样人生的关键时刻，任何怠慢和忽视都会带来无法挽回的后果，“我只是想用这种方法激励她必须考好，别把工夫浪费在其他事情上”。

镜头之三：学校老师

对于学校和老师来讲，“早恋”更是一个危险的词汇。面对优质教育资源相对匮乏和升学竞争激烈的现实情况，恋爱是一件奢侈并且代价高昂的事情，很多颇具潜力的学生都因此与心目中理想的学府失之交臂，同时身心的健康成长受到影响。

两个学生之间的微妙关系很难逃过老师的法眼，高尚和朱蓓蓓分别被叫去谈话、做思想工作，虽然没有采取比较强硬的措施，但学校的态度很明确：男女同学之间这种特殊的关系是不允许的。

高三毕业即将离校的时候，家长们来到学校帮助孩子搬运行李(育才高中部采取寄宿制学习方式)。高尚的母亲李燕回忆说："当时，儿子的班主任老师对我说，你儿子搞对象你知道不？其实当时我已经知道了，但我不能马上说知道，只是说不太清楚，就问她女孩是谁。一会儿，蓓蓓抬着东西就下来了，老师告诉我，就是这个小姑娘，伶牙俐齿的，你儿子也挺优秀的，以后发展空间都很大，怎么这么早谈恋爱呢?"

后来，日语班的学生去日本准备参加高考，随同的一个辅导老师也说了相似的话："出去以后世界就宽了，自己要好好学习，将来选择的余地也多。"老师的话点到为止，虽然简短但却是一片好心。

英文中有一个非常有趣的说法叫做"puppy love"，"puppy"的意思是"稚嫩的小狗"，整个词常常用来形容尚未成熟的少男少女之间那种纯真而稚嫩的感情，中文所说的"早恋"在含义上似乎可以与此画一个约等号。由此可见，"不成熟"是中外对这种感情的共同看法，很多人也曾经为失败付出过代价，在这种情况下，这段"puppy love"究竟能走多远，每个人似乎都难以给出肯定的回答。

有爱的日子并肩奋斗

对于这段似乎过早萌生的感情，双方父母在表达了各自的态度之后，都以一种顺其自然的态度静观其变。

2001年10月，日语班的学生来到日本关西语言学校学习，准备参加12月份的日本高考。"独在异乡为异客"，在那片陌生的土地上，两个年轻人开始为未来并肩奋斗。

离家在外，很多事情都要自己拿主意，包括填报高考志愿，"一离开家长孩子全都自立了，一下就成熟了，还得让他们自己出去闯荡。"孙经玲说。蓓蓓曾经对父亲说："在国外，高尚总帮我拿主意，像你似的。”总以为父亲的地位在女儿心目中无可撼动，现在却被女儿拿来跟一个毛头小伙子相比，这让朱理感觉有些不大舒服：“怎么能像我呢?”但有人能够在女儿需要的时候助她一臂之力，还是让父亲感到安慰。

母亲的那番话给了蓓蓓很大的鼓励，只有两个人共同努力取得好成绩，才可能有一个幸福的未来。这段原本青涩的感情不但没有在学业上给高尚和朱蓓蓓带来任何影响，相反却变成了两人携手并进的动力。考试的结果让人满意，高尚考上了东京医科齿科大学齿学部，朱蓓蓓被东京大学经济学部经营学科录取。

谈到为何选择报考医学院校，高尚的母亲说：“出国之前一个日本老师给开了一次家长会，说在日本律师、医生的社会地位和收入方面都不错，为什么到日本不学医学专业呢。通过人家这么一介绍，我们也想试试考医，儿子也同意了，而且他爷爷就是搞医的，最后到日本就报的这个专业。”而高尚对此的解释更具个性：审视自己的智商与能力，认为必不能兼济天下。与其最后觅得个让四年大学寒窗形同虚度的差事，倒不如多花两年习得个一技之长，也好独善我身。

提起自己目前就读的大学和所学的专业，高尚的回答非常幽默：用育才老校长常说的一句话，东京医科齿科大学齿学部在日本算是：“国内一（三声）流，世界知（三声）名”（老校长是山东人）。

上了大学以后，朱蓓蓓也利用课余时间打些零工，一是锻炼自己，二是为父母减轻一些经济上的负担。“她曾经在超市里收银，后来到一所学校当汉语老师。”母亲说。做老师是父亲的专长，蓓蓓曾经耳濡目染，做起来自然手拿把掐，不少比自己年龄大很多的人还要叫她“蓓蓓老师”。在日本的大学里，必修的课程相当少，基本上都是选修，老师也不会点名调查出席情况，所以学生自我管理的空间很大。如何在学业和日常生活之间寻找最佳的平衡点是一门学问，用蓓蓓的话说：“只有能够管理好自己的人才能顺利毕业。”

日子在指间一天天滑过，转眼到了大学三年级的下学期，日本的大学生在这个阶段就开始准备就职了。因为一直在考研究生和就职之间徘徊，朱蓓蓓只报了几家自己喜欢的公司，“日本公司开始面试都是从大学三年级的四月份开始。报名的公司越多，需要的时间和交通费用也就越多，管理好自己的时间是最重要的。因为在一家公司决定录用你之前，基本上都要经过几次面试”。

朱蓓蓓报考了为数不多的几家公司，三菱商事便是其中之一，它是日本最大的综合贸易公司，是世界500强企业，在全世界拥有200多个分支机构，也是日本大学毕业生求职时的首选。那一年，三菱商事计划聘用100名新职员，而报名者达几万人之多。这样，对报名者资格的审查就相当严格，只有东京大学、早稻田大学和庆应大学等几所知名大学的毕业生才有资格报考，其中庆应大学和早稻田大学是日本著名的私立大学，并称“日本私学双雄”；东京大学更是被公认为日本最高学府，是一所闻名于世界的综合性大学。经过各个环节的考察，朱蓓蓓最终成为被三菱商事录用的100名新职员中的一员，在这100人中女性职员只占10%，而蓓蓓是唯一的一名中国姑娘。

朱蓓蓓在日本

母亲对此的评价是：“这孩子面试发挥比较好，在学校的时候，上台演节目、演英文短剧都很喜欢，属于那种人越多越来神儿的，我跟她说，你应该去当演员。”朱蓓蓓本人对就职三菱商事的事感觉很自然：“考上三菱也没有什么特别的故事，就是每次面试的时候，感觉都不错，就按部就班地考上了。接触每家公司职员的时候，能感觉到每家公司气氛的不同，三菱的气氛和我自己想要的一样，所以就决定进三菱了。"

在异国他乡并肩奋斗的日子里，他们彼此依靠着、鼓励着，曾经青涩的感情经过岁月的淘洗变得成熟而坚定。"青苹果"总有成熟的那一天，2006年5月，高尚和朱蓓蓓携手步入了婚姻的殿堂，结婚那天，新娘演奏了至今仅存的一支能够完整演绎的钢琴曲，以此纪念那段曾经青涩的感情。

高尚、朱蓓蓓：那是一段很美好的情感升华过程

朱蓓蓓顺利进入三菱商事就职，高尚也正在医院实习，因为学制六年，他要等到2008年才能毕业。但幸福正在不远处向这对年轻的小夫妻亲切挥手，未来的生活将会更美好。

回首这段漫长的情感历程，高尚说：和RPG游戏一样简单，没有用秘笈，按部就班地练级，从同学到朋友，再到恋人，不知不觉就练成了大侠。

当笔者问及："高中时期的感情对你们有什么影响？在这个问题的处理上，你对老师和家长有哪些意见和建议。"高尚的回答也许会引起很多人的思索："我觉得只要还有这样的提问，就证明国内中学青春期教育还是空白。很正常、很美好的一种情感升华的过程，所以也就根本不用心存杂念却又装作小心翼翼地干涉。加以正常的引导，完全可以事半功倍，也不会出现，国内一进大学就忙着整天激情燃烧的岁月了。有了一个现象，与现行体制不和谐，不去正面解决，先进行取缔，这也算是有中国特色吧！"

同样的问题，朱蓓蓓的回答是这样的："当时或许因为年轻，认为老师不应该反对我们。但是现在想想，老师也有老师的立场。对我们自己而言，我觉得对于学业没有任何的影响，相反倒是很安心地来到了日本。"

虽然表达方式不同，但看得出来，对于那段曾经青涩的感情，虽然旁观者的心中充满了惶恐和不安，但两个年轻人却平静而自然地品咂着那段情感升华的美好过程。

在采访过程中，朱蓓蓓的母亲向我们透露说，在那一届日语特长

班赴日留学的23个学生当中，已经结婚或者正在准备结婚的就有5对。这样的数字让我们感到惊讶，当我们向当事人探究其中的奥妙的时候，朱蓓蓓回答说："对于我们来说，孤身一人来到日本有些时候确实会感到寂寞。剩下的大概就是所谓的缘分吧，毕竟在一起六年，还是彼此都了解一些的。"

高尚的回答总是幽默中透露着些许深意："每个人都有不同的风花雪月，也可能月老天天重复一种工作心里烦得慌，这次就没一根一根而是一捆一捆地给系上了。我对这件事儿，也没有什么发言的权利。但不能不承认身处他乡，突如其来的空虚与寂寞也许对此是一种解释。……这种社会现象也不是一两句就能说清的。一个避重就轻的说法：'这也算是一种缘吧。'"

双方父母：恋爱是一种动力

回忆起当年自己在这一问题上的表现，双方家长都有很多感慨。

高尚的父亲高敏说："当时老师也经常找双方家长谈话，但我们做家长的只是点到为止，既不放任也不限制，自己的事情让他们自己处理，其实事态也是这么发展的，他们没有过多地沉浸在感情当中。现在我们两家做亲家了，人家老岳母就说：'只要是我姑娘认为好的孩子，那就是好，我们就信任他，'我们俩也是这么想的。"

朱蓓蓓的父亲朱理说："知道这件事之后，我们并没有评价人家男孩子怎样，我们是看他们的前途。"母亲孙经玲说："所谓早恋，我觉得老师和家长在这方面特别紧张，实际上也许大人很紧张，但孩子感觉没什么。另外在这方面应该做好引导，让他们把这个事情变成努力奋斗的动力，而不是横加阻拦，那么大的孩子都有逆反心理，你越不让做的事情他还越想做。"

在高敏和李燕的眼中，儿媳妇朱蓓蓓是一个淳朴、稳重、优秀的好姑娘："他们俩处对象以后我们看出来了，这个小女孩太好了。他们俩在街上走，她总跟在高尚后边，很文静；在商场试衣服的时候，她也不像别的女孩那样嘻嘻哈哈地闹，就在那里坐着，等高尚穿好了，她过去看一下。"

蓓蓓的母亲说："从日本回来，这两个孩子天天拉着手，过马路等红绿灯就手拉手在那里等着，别人谁闯他们也不闯，我还逗他们：'你们俩这样估计今天都不一定能过去马路。'"两人还没结婚的时候，回国都住在各自家里，"他们俩就是发短信，从早上起来就开始聊，好像有说不完的话"。

在蓓蓓家，我们看到悬挂在墙上的一幅小夫妻俩的婚纱照，温柔美丽的新娘和帅气英俊的新郎，让我们再一次想起那个古老的传说：王子和公主从此过上了幸福的生活。

看着眼前这幸福的一对，我们在猜想，如果当初家长一味反对，坚持拆散他们，那么今天将会是怎样的结果，面对终成眷属的孩子们，父母是不是会对自己当初的行为产生疑问甚至进行反省。

这世界唯一不变的就是变。随着中国社会的飞速发展，随着青少年心理成熟期的提前，随着孩子们所面临的各种压力的增多，我们曾经大张旗鼓加以反对的所谓"早恋"就真的只是孩子们青春期单方面的躁动吗？很多家长和老师所采取的"一刀切"的措施就真的可行并且有效吗？实际上，在我们的故事当中，高尚和朱蓓蓓的父母并没有采取特别的行动，也没有起到过多的作用，他们更多的是作为理智而宽容的旁观者在注视着孩子们的发展。

读到这里，也许有人会说，故事中的主人公高尚和朱蓓蓓是各方面都很优秀的孩子，自觉性强并且在学业上很少让父母操心，同样的方法用在其他孩子身上也许就不那么奏效。确实是这样，我们承认任何问题都有例外也有各自不同的特点，但这里我们想说的是：青春期的恋情并不可怕，甚至是美好的。曾经走过青涩岁月的父母、师长如果能以己之心来理解孩子，那么当他们从迷茫、困惑中走出时，留给他们的将绝不是一段青涩的回忆，而是一份美好而丰硕的收获。

正像电视剧《十六岁的花季》中一段独白所说的那样："十六岁的歌委婉动听，未必上口；十六岁的诗热情奔放，未必押韵；十六岁的梦纯洁真实，未必成功。难怪诗人席慕容无不留念地说：十六岁的花只开一季。但是朋友，只要你拥有过十六岁，你就拥有过一份和太阳一样滚烫、一样血红的青春！"

采访节录

笔者：怎样看待父母对孩子的付出；请讲一讲在你成长过程中，父母对你的影响。

高尚：当我自己问自己这样的问题的时候，往往很茫然。但是，每次在我小学、中学寒暑假开学前，为写作业而抄袭着作文选里那些最俗套、最煽情的段落的时候，却总是很心安理得。因为，那些镜头，总是似曾相识——雪夜，补习班教室外那不少于教室里学生数目的人群；清晨，醒来就已出现在桌上的早餐；机场，国际出口那等待着光鲜艳丽的土里土气。我不是标榜着完全理性的父母于子女无恩论的支持者，所以这些点点滴滴不会让我无动于衷。但我也不认为，每提到此，就要感恩戴德，泪眼婆娑，这么朴素的感情不需要那些恣情的杂质。付出是无私的，不图回报的，那么坦然地接受后，让他们看到我们的快乐与幸福也许是最质朴的回报。

我的家庭是一个中等程度的家庭（父亲是一名普通法官，母亲做财务工作，现已退休），我的父母努力给我创造了一个宽松并且优越的生活环境，而且他们对生活的态度也潜移默化地影响了我，使我对物质没有很强烈的欲望。也许他们自己也没有意识到，但这种影响是在小资拜金主义充斥着整个社会，尤其是那些所谓的精英层的今天，我最要感谢我父母的。

笔者：请讲一讲在你成长过程中，父母对你的影响。

朱蓓蓓：耳濡目染，很自然地就受了他们的影响。我觉得比起什么惊天动地的大事情，我更重视平常一些琐碎的小事。

在去日本的飞机要起飞之前，看到他们在机场边上一直在向我招手，眼泪一下子就涌出来了。那个时候我就决定一定要让他们放心、开心。在那之后，不顺利的事情我不会讲，只有顺利的事情才让他们知道。现在我还没有太大的能力去孝顺他们，也许让他们安心就是最好的孝顺吧。

2006 年世界大学排名前十名简介

1. 美国哈佛大学 Harvard University

一所享誉世界的美国私立综合性大学，致力于培养在各个领域中发展全面的顶尖人才，科学、人文的研究都很出色。报考哈佛大学，需要考核考生的学习成绩和基本智能，分数不是决定因素。“哈佛”的理念是不拘一格招收人才。

自创办以来，该校为美国培养出了众多的政治家、科学家、企业家、作家和学者，其中包括七位总统及数十名诺贝尔奖获得者和普利策奖获得者。

学校网址：http://www.harvard.edu

2. 美国斯坦福大学 Stanford University

斯坦福大学是美国最知名的私立大学之一，美国著名高技术园区硅谷的崛起和发展与斯坦福大学的作用密不可分，这所大学与企业界联系很紧密，很多公司坐落在校园内。

该校效仿欧洲名牌大学的教育模式，立足于使学生获得广泛的自由人应受的教育和实用教育，注重开发学生的想象力和发展他们的个性，使学生的智力和个性都得到良好的发展。

1998 年，美国总统克林顿的独生女切尔西选择了斯坦福大学，成为该校的“新鲜人”（freshman）。无疑，这也是斯坦福大学实力的又一证明。

学校网址：http://www.stanford.edu

3. 美国耶鲁大学 Yale University

一所与“哈佛”“普林斯顿”齐名的美国私立大学。该校较强的学科是社会科学、人文科学和生命科学，并以盛产政治家闻名，曾经培养出五位美国总统；在当今美国乃至世界政治、经济、科学、法律、文化等领域，几乎都能找到担当领导角色的“耶鲁”毕业生。

215

英才辈出的耶鲁大学学生学习起来几近疯狂，但同时，“耶鲁”人可说是“能学会玩”，学生可以灵活地自行休假。只要成绩优异，学生可以在任何时候离开学院一学期或一学年，利用这一时间去工作，去从事自己感兴趣的科研工作或去旅游放松。

学校网址：http://www.yale.edu

4. 美国加州理工学院 California Institute of Technology

这所私立大学创建于 1891 年，宗旨是为教育事业、政府及工业发展需要培养富有创造力的科学家和工程师。迄今为止，它已培养了一万七千名学生，其中有 22 人获得诺贝尔奖，还有大批获得美国政府颁发的各种科学学术奖项。

学校治学严谨，提倡学生一进校就参加各项科研活动。学生多为立志献身科技事业的青年，他（她）们发奋读书、刻苦钻研。学校聘用的教授和讲师都是一流的科学家，很多是诺贝尔奖得主及其他科技奖得主。

学校网址：http://www.caltech.edu

5. 美国加州大学伯克利分校 University of California at Berkeley

这所大学成立于 1868 年，坐落于风景秀丽气候宜人的旧金山湾区，是美国历史最悠久的大学之一，历经 100 余年的发展。该校已成为全美国也是全世界最著名的研究型大学之一。学校拥有强大的师资阵容及卓越的学术声望，目前拥有超过 1600 名专职教职人员，其中先后有 18 人获得诺贝尔奖，216 人获得美国艺术与科学院院士资格，3 人获得普利兹新闻奖，81 人获得过富布莱特奖，19 人获得麦克阿瑟奖。学校规模庞大,拥有 300 余个可授予大学以上学位的专业。学校图书馆为全美三大综合性研究型图书馆之一，共拥有各类图书 938 万册，期刊 8 万余种。

学校网址：http://www.berkeley.edu

6. 英国剑桥大学 University of Cambridge

成立于 1209 年，是世界上历史最悠久的高等学府之一，也是英国规模最大的高等学府，这里曾走出过78位诺贝尔奖获得者，学术成就享誉世界。

剑桥大学位于风景秀丽的剑桥镇，31个学院错落有致地分布在只有10万人左右的小镇里，著名的康河横贯其间。学院制是剑桥大学的特色之一，这些学院建于不同的时代，最早的已有七八百年历史。每个学院都有各自的风格和独立的个性。剑桥大学负责生源规划和教学工作，各学院内部录取步骤各异，每个学院在某种程度上就像一个微型大学，有自己的校规校纪。

学校网址：http://www.cam.ac.uk

7. 美国麻省理工学院 Massachusetts Institute Technology

创建于1861年，至今已有140多年的历史，是美国一所综合性私立大学。位于马萨诸塞州的剑桥（Cambridge）小镇，查尔斯河（Charles River）将其与波士顿的后湾区（Back Bay）隔开。今天麻省理工学院无论是在美国还是在全世界都有重要的影响力，也是竞争最激烈的大学之一。

该校一直是工程教育界的巨擘，美国星战计划的高级雷达电子装置，就是由该学院研究的。麻省理工学院非常注重培养学生的创新、独立研究及工程能力，设有一系列的实践创新能力培养项目。

学校网址：http://www.mit.edu

8. 英国牛津大学 Oxford University

建立于13世纪，是英国第一所国立大学。曾培育出无数杰出人士，包括5位国王、26位英国首相、多位外国政府首脑（如美国前总统克林顿）、近40位诺贝尔奖获得者以及一大批著名科学家。学院制也是牛津大学的一大特色，该校包含36个学院，除了各自有不同的建筑特色之外，每个学院都是独立自主的教学机构，提供学生课业及生活上的指导。

学校网址：http://www.ox.ac.uk

9. 美国加州大学旧金山分校 University of California at San Francisco

是一所位于美国加利福尼亚州旧金山的公立大学。它是加州大学十个分校之一，以医科和生物技术而闻名。它的医学院在全美国排名五名以内。由于它主要是一所医学院，所以它大部分的学生都是已有学士学位的研究生或医学生。

学校之最：第一个发现了动物细胞内的致癌基因（迈克尔·毕晓普与哈罗德·瓦尔慕斯，1989 年获得诺贝尔奖）；第一个建立了艾滋病患者的特别看护机构，也是第一批验证 HIV 病毒是艾滋病致病因素的学校；第一个发现了朊蛋白，在研究人类脑神经退化而成痴呆的古兹菲德 – 雅各氏病（CJD）病原体作出贡献（斯坦利·布鲁希纳，1997 年获得诺贝尔奖）；首次成功地对子宫中婴儿进行手术；在美国密西西比河以西第一个设立护理学博士点的学校。

学校网址：http://www.ucsf.edu

10. 美国哥伦比亚大学 Columbia University

哥伦比亚大学位于纽约市中心，于 1754 年成立，属美国常青藤八大盟校之一。该校在医学、法律和 MBA 方面出类拔萃，在自然科学学科，如化学、生物、计算机、地理等，学科的排名也很靠前。

哥伦比亚大学教育研究生院是世界上最大的教育学、应用心理学和心理健康学方面的综合研究生院。它拥有众多的研究中心，是美国上述学科最好的研究生院之一。

学校网址：http://www.columbia.edu

2006年世界大学排行榜100强

据美国《新闻周刊》2006年8月13日报道，《新闻周刊》根据学校的开放性、全球化程度以及科学研究水平对各大学进行了排名，并列出了全球大学100强名单。

1. 美国哈佛大学 Harvard University
2. 美国斯坦福大学 Stanford University
3. 美国耶鲁大学 Yale University
4. 美国加州理工学院 California Institute of Technology
5. 美国加州大学伯克利分校 University of California at Berkeley
6. 英国剑桥大学 University of Cambridge
7. 美国麻省理工学院 Massachusetts Institute Technology
8. 英国牛津大学 Oxford University
9. 美国加州大学旧金山分校 University of California at San Francisco
10. 美国哥伦比亚大学 Columbia University
11. 美国密歇根大学 University of Michigan at Ann Arbor
12. 美国加州大学洛杉矶分校 University of California at Los Angeles
13. 美国宾夕法尼亚大学 University of Pennsylvania
14. 美国杜克大学 Duke University
15. 美国普林斯顿大学 Princeton University
16. 日本东京大学 Tokyo University
17. 英国伦敦大学帝国理工学院 Imperial College London
18. 加拿大多伦多大学 University of Toronto
19. 美国康奈尔大学 Cornell University
20. 美国芝加哥大学 University of Chicago
21. 瑞士联邦理工学院苏黎世分校 Swiss Federal Institute of Technology in Zurich
22. 美国西雅图华盛顿大学 University of Washington at Seattle
23. 美国加州大学圣地亚哥分校 University of California at San Diego
24. 美国约翰斯霍普金斯大学 Johns Hopkins University

25. 英国伦敦大学学院 University College London
26. 瑞士联邦理工学院洛桑分校 Swiss Federal Institute of Technology in Lausanne
27. 美国得州大学奥斯丁分校 University Texas at Austin
28. 美国威斯康星大学麦迪逊分校 University of Wisconsin at Madi-son
29. 日本京都大学 Kyoto University
30. 美国明尼苏达大学 University of Minnesota Twin Cities
31. 加拿大英属哥伦比亚大学 University of British Columbia
32. 瑞士日内瓦大学 University of Geneva
33. 美国圣路易斯华盛顿大学 Washington University in StLouis
34. 英国伦敦经济学院 London School of Economics
35. 美国西北大学 Northwestern University
36. 新加坡国立大学 National University of Singapore
37. 美国匹兹堡大学 University of Pittsburgh
38. 澳大利亚国立大学 Australian National University
39. 美国纽约大学 New York University
40. 美国宾夕法尼亚州立大学 Pennsylvania State University
41. 美国北卡罗来纳大学 University of North Carolina at Chapel Hill
42. 加拿大麦吉尔大学 McGill University
43. 法国巴黎综合理工学院 Ecole Polytechnique
44. 瑞士巴塞尔大学 University of Basel
45. 美国马里兰大学 University of Maryland
46. 瑞士苏黎世大学 University of Zurich
47. 英国爱丁堡大学 University of Edinburgh
48. 美国伊利诺伊大学 Urbana Champaign 分校 University of Illinois at Urbana Champaign
49. 英国布里斯托尔大学 University of Bristol
50. 澳大利亚悉尼大学 University of Sydney
51. 美国科罗拉多大学 Boulder 分校 University of Colorado at Boulder
52. 荷兰乌得勒支大学 Utrecht University
53. 澳大利亚墨尔本大学 University of Melbourne

54. 美国南加州大学 University of Southern California
55. 加拿大阿尔伯塔大学 University of Alberta
56. 美国布朗大学 Brown University
57. 日本大阪大学 Osaka University
58. 英国曼彻斯特大学 University of Manchester
59. 美国加州大学圣巴巴拉分校 University of California at Santa Barbara
60. 香港科技大学 Hong Kong University of Science and Technology
61. 荷兰瓦赫宁根大学 Wageningen University
62. 美国密歇根州立大学 Michigan State University
63. 德国慕尼黑大学 University of Munich
64. 澳大利亚新南威尔士大学 University of New South Wales
65. 美国波士顿大学 Boston University
66. 美国范德比尔特大学 Vanderbilt University
67. 美国罗切斯特大学 University of Rochester
68. 日本东北大学 Tohoku University
69. 香港大学 University of Hong Kong
70. 英国谢菲尔德大学 University of Sheffield
71. 新加坡南洋理工大学 Nanyang Technological University
72. 奥地利维也纳大学 University of Vienna
73. 澳大利亚莫纳什大学 Monash University
74. 英国诺丁汉大学 University of Nottingham
75. 美国卡内基米隆大学 Carnegie Mellon University
76. 瑞典兰德大学 Lund University
77. 美国得克萨斯 A&M 大学 Texas A&M University
78. 澳大利亚西澳大利亚大学 University of Western Australia
79. 法国巴黎高等师范学院 Ecole Normale Super Paris
80. 美国弗吉尼亚大学 University of Virginia
81. 德国慕尼黑理工大学 Technical University of Munich
82. 以色列耶路撒冷希伯来大学 Hebrew University of Jerusalem
83. 荷兰莱顿大学 Leiden University
84. 加拿大滑铁卢大学 University of Waterloo

85. 英国伦敦大学国王学院 King's College London
86. 美国普度大学 Purdue University
87. 英国伯明翰大学 University of Birmingham
88. 瑞典乌普萨拉大学 Uppsala University
89. 荷兰阿姆斯特丹大学 University of Amsterdam
90. 德国海登堡大学 University of Heidelberg
91. 澳大利亚昆士兰大学 University of Queensland
92. 比利时卢汶大学 University of Leuven
93. 美国艾莫利大学 Emory University
94. 日本名古屋大学 Nagoya University
95. 美国凯斯西保留地大学 Case Western Reserve University
96. 香港中文大学 Chinese University of Hong Kong
97. 英国纽卡斯尔大学 University of Newcastle
98. 奥地利因斯布鲁克大学 Innsbruck University
99. 美国马萨诸塞大学 University of Massachusetts at Amherst
100. 英国萨塞克斯大学 Sussex University

后记

2007年春节前的一天，笔者接到一位老朋友的电话，他在电话中称：我发现了一个十分独特的群体，你是否有兴趣写一写他们的故事？他说的群体，就是书中介绍的12位成功学子。写作者的职业直觉告诉我们，这确是一个难得一见的好题材。于是，经他穿针引线，我们走进了东北育才学校，并在学校的帮助下，联系到了书中的12位学生及他们的家长。随后，就是马不停蹄的采访和没日没夜的写作。于是，就有了这本小书。

在本书的采访、写作和出版过程中，得到许多来自各方面的支持和帮助，可以这样说，没有他们，就没有这本书。

前面提到的那位朋友，是东软集团的侯宁先生，作为此书写作的提议者，相信要感谢他的不仅是我们，还有广大的读者朋友。因为没有他的那个电话，这本书就不会存在。

东北育才学校校长苏文捷为写作本书所需的采访提供了很多有益的帮助；常务副校长高琛、副校长刘子军，以及苏建一、高丹、宋玉良、陆远、杨永坤、李秀华、廉丽丽、范海英、柳玉英、闫方等诸位老师，也对我们的采访予以大力配合，为我们提供了珍贵的写作素材和难得的采访线索；校办的李百灵老师和司机冯师傅，在紧张的采访过程中，舍弃周末和春节休假的时间，始终陪伴着我们。

令我们最为感动的还是这12位学子的家长，他们不但培养出了能够走进世界名校的优秀儿女，而且愿意将自己的家教心得拿出来与天下所有的父母分享。在采访过程中，他们的积极、热情和坦诚都深深地打动了我们。

当然，还有本书的12位主人公，他们当中的很多人虽然在异国求学，学业繁忙，但仍然能够认真地对待我们提出的采访问题；还有很多人把回国休假、与家人团聚的一部分宝贵时间留给我们，积极配合我们的采访。在他们的身上，我们读懂了“优秀”的真正含义。

辽宁教育出版社副社长李文山先生，本书的责任编辑李姝女士为本书的出版、发行付出了大量劳动。

在本书即将付梓之前，我们向以上及所有帮助过我们的人，致以深深的谢意。